28120

HISTOIRE
PHILOSOPHIQUE
ET
POLITIQUE.
TOME SEPTIEME.

Tom. 7.

HISTOIRE
PHILOSOPHIQUE
ET
POLITIQUE

Des établissemens & du commerce des Européens dans les deux Indes.

TOME SEPTIEME.

A LA HAYE,
Chez Gosse, Fils.

M. DCC. LXXIV.

TABLE
DES CHAPITRES.

LIVRE DIX-HUITIEME.

Colonies Angloises fondées dans la Pensilvanie, dans la Virginie, dans le Maryland, dans la Caroline, dans la Georgie & dans la Floride. Considérations générales sur tous ces établissemens, Page 1

Chap. I. Les Quakers fondent la Pensilvanie. Leurs mœurs, Ibid.
II. Sur quels principes s'établit la Pensilvanie, 11
III. Prospérités de la Pensilvanie, 16
IV. État fâcheux de la Virginie dans les premiers tems, 39
V. Administration de la Virginie, 44
VI. Le Maryland se sépare de la Virginie, 52
VII. La Virginie & le Maryland ont les mêmes cultures, 55
VIII. Origine de la Caroline, 65
IX. Législation religieuse & civile établie par Locke dans la Caroline, 66

TABLE

X.	Climat & productions de la Caroline,	73
XI.	Comment la Géorgie a été fondée,	83
XII.	Obstacles qui se sont opposés aux progrès de la Géorgie,	87
XIII.	Histoire de la Floride. Cette province passe des Espagnols aux Anglois,	91
XIV.	Par quels moyens l'Angleterre peut rendre la Floride utile,	98
XV.	Étendue des possessions Angloises dans l'Amérique Septentrionale,	101
XVI.	Arbres particuliers à l'Amérique Septentrionale,	105
XVII.	Oiseaux particuliers à l'Amérique Septentrionale,	108
XVIII.	Les Anglois ont peuplé d'animaux domestiques l'Amérique Septentrionale,	110
XIX.	Les Anglois ont porté les grains d'Europe dans l'Amérique Septentrionale,	113
XX.	Les Anglois ont senti la nécessité de tirer leurs munitions navales de l'Amérique Septentrionale,	115
XXI.	L'Angleterre commence à tirer son fer de l'Amérique Septentrionale,	120
XXII.	L'Angleterre aspire à tirer ses vins & ses soies de l'Amérique Septentrionale,	123
XXIII.	De quelle espece d'hommes l'Angleterre peuple les colonies de l'Amé-	

rique Septentrionale, 127

XXIV. *A combien s'éleve actuellement la population dans les provinces Angloises de l'Amérique Septentrionale,* 143

XXV. *De quel bonheur jouissent les habitans dans les colonies Angloises de l'Amérique Septentrionale,* 146

XXVI. *Quels sont les gouvernemens établis dans les colonies Angloises de l'Amérique Septentrionale,* 149

XXVII. *Monnoies qui ont cours dans les colonies Angloises de l'Amérique Septentrionale,* 162

XXVIII. *Les colonies Angloises de l'Amérique Septentrionale sont gênées dans leur industrie & dans leur commerce,* 165

XXIX. *La métropole a voulu établir des impôts dans les colonies de l'Amérique Septentrionale. En avoit-elle le droit ?* 171

XXX. *Les colonies doivent-elles souffrir qu'on les impose,* 185

XXXI. *Jusqu'où les colonies doivent-elles pousser leur résistance aux impositions,* 190

XXXII. *Seroit-il utile aux colonies de rompre les liens qui les unissent à la métropole,* 194

XXXIII. *Conviendroit-il aux nations de l'Europe de travailler à rendre les colonies Angloises indépendantes de leur métropole,* 196

LIVRE DIX-NEUVIEME.

Cʜ. XXXIV.	Religion,	202
XXXV.	Gouvernement,	208
XXXVI.	Politique,	258
XXXVII.	Guerre,	275
XXXVIII.	Marine,	289
XXXIX.	Commerce,	303
XL.	Agriculture,	323
XLI.	Manufactures,	334
XLII.	Population,	348
XLIII.	Impôt,	365
XLIV.	Crédit public,	379
XLV.	Beaux-Arts & Belles-Lettres,	387
XLVI.	Philosophie,	398
XLVII.	Morale,	411

Fin de la Table des Chapitres.

E

HISTOIRE
PHILOSOPHIQUE
ET
POLITIQUE,

Des établissemens & du commerce des Européens dans les deux Indes.

LIVRE DIX-HUITIEME.

Colonies Angloises fondées dans la Pensilvanie, dans la Virginie, dans le Maryland, dans la Caroline, dans la Georgie & dans la Floride. Considérations générales sur tous ces établissemens.

LE luthéranisme, qui devoit changer la face de l'Europe, ou par lui-même, ou par l'exemple qu'il donnoit, avoit occasionné dans les esprits une fermentation extraordinaire; lorsqu'on vit sortir de son sein orageux une re-

I.
Les Quakers fondent la Pensilvanie. Leurs mœurs.

Tome VII.   A

ligion nouvelle, qui paroiſſoit bien plus une révolte conduite par le fanatiſme, qu'une ſecte réglée qui ſe gouverne par des principes. La plupart des novateurs ſuivent un ſyſtême lié, des dogmes établis, & ne combattent d'abord que pour les défendre, lorſque la perſécution les irrite & les révolte juſqu'à leur mettre les armes à la main. Les Anabaptiſtes, comme s'ils n'avoient cherché dans la bible qu'un cri de guerre, leverent l'étendard de la rébellion, avant d'être convenus d'un corps de doctrine. Les principaux chefs de cette ſecte avoient bien enſeigné qu'il étoit inutile & ridicule d'adminiſtrer le baptême aux enfans, ainſi qu'on le penſoit, diſoient-ils, dans la primitive égliſe; mais ils n'avoient pas encore une fois mis en pratique ce ſeul article de croyance, qui ſervoit de prétexte à leur ſéparation. L'eſprit de ſédition ſuſpendoit chez eux les ſoins qu'ils devoient aux dogmes ſchiſmatiques, ſur leſquels ils fondoient leur révolte. Secouer le joug tyrannique de l'égliſe & de l'état, c'étoit leur loi, c'étoit leur foi. S'enrôler dans les armées du Seigneur, s'inſcrire parmi les fideles qui devoient employer le glaive de Gédeon; c'étoit leur deviſe, leur but, leur point de ralliement.

Ce ne fut qu'après avoir porté le fer & le

philosophique & politique.

feu dans une grande partie de l'Allemagne, que les Anabaptistes songerent à donner quelque fondement & quelque suite à leur créance, à marquer leur confédération, par un signe visible, qui l'unît & la cimentât. Ligués d'abord par inspiration pour former un corps d'armée, ils se liguerent en 1525 pour composer un corps de religion.

Dans ce symbole mêlé d'intolérance & de douceur, l'Église Anabaptiste étant la seule où l'on enseigne la pure parole de Dieu, elle ne doit & ne peut communiquer avec aucune autre Église.

L'esprit du Seigneur soufflant où il lui plaît, le pouvoir de la prédication n'est pas borné à un seul ordre de fideles ; mais il s'étend à tous, & tous peuvent prophétiser.

Toute secte où l'on n'a pas gardé la communauté des biens qui faisoit l'ame & l'union des premiers Chrétiens, est une assemblée impure, une race dégénérée.

Les magistrats sont inutiles dans une société de véritables fideles : un Chrétien n'en a pas besoin ; un Chrétien ne doit pas l'être.

Il n'est pas permis à des Chrétiens de prendre les armes pour se défendre ; à plus forte raison ne peuvent-ils pas s'enrôler au hasard pour la guerre.

Ainſi que les procès, les ſermens en juſtice ſont défendus à des diſciples du Chriſt, qui leur a dicté pour toute réponſe devant les juges, OUI, OUI ; NON, NON.

Le baptême des enfans, eſt une invention du diable & des papes. La validité du baptême dépend du conſentement volontaire des adultes, qui peuvent ſeuls le recevoir avec la connoiſſance de l'engagement qu'ils prennent.

Tel fut dans ſon origine le ſyſtême religieux des Anabaptiſtes. Il paroît fondé ſur la charité & la douceur ; il ne produiſit que des brigandages & des crimes. La chimere de l'égalité eſt la plus dangereuſe des toutes dans une ſociété policée. Prêcher ce ſyſtême au peuple, ce n'eſt pas lui rappeller ſes droits, c'eſt l'inviter au meurtre & au pillage ; c'eſt déchaîner des animaux domeſtiques, & les changer en bêtes féroces. Il faut adoucir & éclairer, ou les maîtres qui les gouvernent, ou les loix qui les conduiſent : mais il n'y a dans la nature qu'une égalité de droit, & jamais une égalité de fait. Les Sauvages même ne ſont pas égaux, dès qu'ils ſont raſſemblés en hordes. Ils ne le ſont que lorſqu'ils errent dans les bois ; & alors celui qui ſe laiſſe prendre ſa chaſſe, n'eſt pas l'égal de celui qui l'emporte. Voilà la premiere origine de toutes les ſociétés,

Une doctrine qui avoit pour base la communauté des biens & l'égalité des conditions, ne pouvoit guère trouver des partisans que dans le peuple. Les paysans l'adopterent avec d'autant plus d'enthousiasme & de fureur, que le joug dont il les délivroit, étoit plus insupportable. Condamnés la plupart à l'esclavage, ils prirent de tous côtés les armes, pour accréditer une doctrine qui, de serfs, les rendoit égaux aux seigneurs. La crainte de voir rompre un des premiers liens de la société, qui est l'obéissance au magistrat, réunit contre eux toutes les autres sectes, qui ne pouvoient subsister sans subordination. Ils succomberent sous tant d'ennemis, après avoir fait une résistance plus opiniâtre qu'on ne devoit l'attendre. Leur communion, quoique répandue dans tout l'empire & dans une partie du Nord, ne fut nulle part dominante ; parce qu'elle avoit été partout combattue & dispersée. A peine étoit-elle tolérée dans les contrées, où l'on permettoit la plus grande liberté de créance. Dans aucun état, elle ne put former une Eglise autorisée par la législation civile. Ce fut ce qui l'affoiblit; & de l'obscurité, la fit tomber dans le mépris. Son unique gloire, fut d'avoir contribué peut-être à la naissance des Quakers.

Cette secte humaine & pacifique, s'éleva en

Angleterre parmi les troubles de la guerre sanglante qui traîna un roi sur l'échafaud par la main de ses sujets. Elle eut pour fondateur George Fox, né dans une condition obscure. Son caractère, qui le portoit à la contemplation religieuse, le dégoûta d'une profession méchanique, & lui fit quitter son attelier. Pour se détacher entiérement des affections de la terre, il rompit toute liaison avec sa famille; & de peur de contracter de nouveaux liens, il ne voulut plus avoir de demeure fixe. Souvent il s'égaroit dans les bois, sans autre compagnie, sans autre amusement que sa bible. Avec le tems même, il parvint à se passer de ce livre, quand il crut y avoir assez puisé l'inspiration des prophetes & des apôtres.

C'est alors qu'il chercha des prosélytes. Il ne lui fut pas difficile d'en trouver dans un tems & dans un pays, où les délires de la religion enthousiasmoient toutes les têtes, troubloient tous les esprits. Bientôt il se vit suivi d'une foule de disciples qui, par la bisarrerie de leurs idées sur des objets incompréhensibles, ne pouvoient qu'étonner & fasciner les ames sensibles au merveilleux.

La simplicité de leur vêtement, fut ce qui frappa d'abord tous les yeux. Sans galons, sans broderies, ni dentelles, ni manchettes, ils bannirent tout ce qu'ils appelloient ornement ou superfluité. Point de plis dans leurs habits ; pas même un bouton au chapeau, parce qu'il n'est pas toujours nécessaire. Ce mépris singulier pour les modes, les avertissoit d'être plus vertueux que les autres hommes, dont ils se distinguoient par des dehors modestes.

Toutes les déférences extérieures, que l'orgueil & la tyrannie imposent à la foiblesse, devinrent odieuses aux Quakers, qui ne vouloient avoir ni maîtres, ni serviteurs. Ils condamnoient les titres fastueux, comme orgueil dans ceux qui les usurpoient, comme bassesse dans ceux qui les déféroient. Ils ne reconnoissoient nulle part, ni EXCELLENCE, ni EMINENCE ; & ils avoient raison : mais ils se refusoient aux égards réciproques, qu'on appelle politesse ; & ils avoient tort. Le nom d'AMI, disoient-ils, ne devoit se refuser à personne, entre des citoyens & des chrétiens. La révérence étoit une gêne ridicule & cérémonieuse. Se découvrir la tête en saluant, c'étoit manquer à soi pour honorer les autres. Le magistrat même ne pouvoit leur arracher aucun signe extérieur de considération. Revenus à l'ancienne majesté des langues, ils tutoyoient les hommes, même les rois.

A 4

L'auſtérité de leur morale, ennobliſſoit la ſingularité de leurs manieres. Porter les armes, leur paroiſſoit un crime : ſi c'étoit pour attaquer, on péchoit contre l'humanité : ſi c'étoit pour ſe défendre, on péchoit contre le chriſtianiſme. Leur évangile étoit la paix univerſelle. Donnoit-on un ſoufflet à un Quaker, il préſentoit l'autre joue : lui demandoit-on ſon habit, il offroit de plus ſa veſte. Jamais ces hommes juſtes n'exigeoient pour leur ſalaire, que le prix légitime dont ils ne vouloient point ſe relâcher. Jurer devant un tribunal, même la vérité, leur ſembloit une proſtitution du nom de l'Être ſaint, pour de miſérables débats entre des êtres foibles & mortels.

Le mépris qu'ils avoient pour la politeſſe dans la vie civile, ſe changeoit en averſion pour les cérémonies du culte dans le rit eccléſiaſtique. Les temples n'étoient, à leurs yeux, que des boutiques de charlatanerie ; le repos du dimanche, qu'une oiſiveté nuiſible; la cène & le baptême, que des initiations ridicules. Auſſi ne vouloient-ils point de clergé. Chaque fidele recevoit immédiatement de l'Eſprit-Saint, une illumination, un caractère bien ſupérieur au ſacerdoce. Quand ils étoient réunis, le premier qui ſe ſentoit éclairé du ciel, ſe levoit, &

philosophique & politique. 9

révéloit ses inspirations. Les femmes même étoient souvent douées de ce don de la parole, qu'elles appelloient don de prophétie. Quelquefois plusieurs de ces freres en Dieu, parloient en même-tems ; mais plus souvent régnoit un profond silence dans toute l'assemblée.

L'enthousiasme qui naissoit également & de ces méditations, & de ces discours, irrita dans ces sectaires la sensibilité du genre nerveux, au point de leur occasionner des convulsions. C'est pour cela qu'on les appella *Quakers,* qui signifie en Anglois *Trembleurs.* C'étoit assez de ridiculiser leur manie, pour les en guérir à la longue : mais on la rendit contagieuse par la persécution. Tandis que toutes les autres sectes nouvelles étoient encouragées, on poursuivit, on tourmenta celle-ci par des peines de toute espece. L'hôpital des foux, la prison, le fouet, le pilori, furent décernés à des dévots, dont le crime & la folie étoient de vouloir être raisonnables & vertueux à l'excès. Leur magnanimité dans les souffrances, excita d'abord la pitié, puis l'admiration. Cromwel même, après avoir été l'un de leurs plus ardens persécuteurs, parce qu'ils se glissoient dans les camps pour dégoûter les soldats d'une profession sanguinaire & destructive ; Cromwel leur donna des marques publiques de son estime. Il eut la politique de vouloir les attirer dans son parti, pour lui concilier plus de respect & de considération ; mais on éluda, ou l'on rejetta ses invitations ; & depuis il avoua que c'étoit l'unique religion dont il n'avoit pu rien obtenir avec des guinées.

De tous ceux qui donnerent de l'éclat à cette secte, le seul qui mérita d'occuper la postérité, fut Guillaume Penn. Il étoit fils d'un amiral de ce nom, assez heureux pour avoir obtenu la confiance du protecteur & des deux Stuarts qui tinrent après lui, mais d'une main moins assurée, les rênes du gouvernement. Ce marin, plus souple & plus insinuant qu'on ne l'est dans sa profession, avoit fait des avances considérables, dans différentes expéditions dont il avoit été chargé. Le malheur des tems n'avoit guère permis qu'on le remboursât durant sa vie. Après sa mort, l'état des affaires n'étant pas devenu meilleur, on fit à son fils la proposition de lui donner, au lieu d'argent, un territoire immense dans le continent de l'Amérique. C'étoit un pays, qui, quoique entouré de colonies Angloises, & même anciennement découvert, avoit toujours été négligé. La passion de l'humanité, lui fit accepter avec joie cette sorte de patrimoine, qu'on lui cédoit presque en souveraineté héréditaire. Il résolut d'en faire l'asyle des malheureux, & le séjour de la vertu. Avec ce généreux dessein, il partit vers la fin de l'an 1681, pour son domaine, qui fut appellé dès-lors Pensilvanie. Tous les Quakers que le clergé persécutoit, parce qu'ils refusoient de payer la dîme & les autres taxes imposées par l'avarice & l'imposture ecclésiastiques, demandoient à le suivre : mais par une prévoyance éclairée, il ne voulut en amener d'abord que deux mille.

Son arrivée au nouveau-monde, fut signalée par un acte d'équité, qui fit aimer sa personne & chérir ses principes. Peu satisfait du droit que lui donnoit, sur son établissement, la cession du ministère Britannique, il résolut d'acheter, des naturels du pays, le vaste territoire qu'il se proposoit de peupler. On ne sait point le prix qu'y mirent les Sauvages ; mais quoiqu'on les accuse de stupidité pour avoir vendu ce qu'ils ne devoient jamais aliéner, Penn n'en eut pas moins la gloire d'avoir donné en Amérique un exemple de justice & de modération, que les Européens n'avoient pas même imaginé jusqu'alors. Il légitima sa possession, autant qu'il dépendoit de ses moyens. Enfin il ajouta, par l'usage qu'il en fit, ce qui pouvoit manquer à la sanction du droit qu'il y

II. Sur quels principes s'établit la Pensilvanie.

acquéroit. Les Américains prirent pour fa nouvelle colonie autant d'affection, qu'ils avoient conçu d'éloignement pour toutes celles qu'on avoit fondées à leur voifinage, fans confulter leurs droits ni leur volonté. Dès-lors s'établit entre les deux peuples, une confiance réciproque dont rien n'altera jamais la douceur, dont une bonne-foi mutuelle refferra de plus en plus les heureux liens.

L'humanité de Penn ne pouvoit pas fe borner aux Sauvages. Elle s'étendit fur tous ceux qui viendroient habiter fon empire. Comme le bonheur des hommes y devoit dépendre de la légiflation, il fonda la fienne fur les deux pivots de la fplendeur des états & de la félicité des citoyens ; la propriété, la liberté. C'eft ici qu'il faut fe dédommager du dégoût, de l'horreur ou de la triftefle qu'infpire l'hiftoire moderne, & fur-tout l'hiftoire de l'établiffement des Européens au nouveau-monde. Jufqu'ici ces barbares n'ont fu qu'y dépeupler avant que de poffédér, qu'y ravager avant de cultiver. Il eft tems de voir les germes de la raifon, du bonheur & de l'humanité, femés dans la ruine & la dévaftation d'un hémifphère, où fume encore le fang de tous fes peuples, policés ou fauvages.

Le vertueux légiflateur établit la tolérance

pour fondement de la société. Il voulut que tout homme qui reconnoîtroit un Dieu, participât au droit de cité ; que tout homme qui l'adoreroit sous le nom de Chrétien, participât à l'autorité. Mais laissant à chacun la liberté d'invoquer cet Être à sa maniere, il n'admit point d'église dominante en Pensilvanie, point de contribution forcée pour la construction d'un temple, point de présence aux exercices religieux, qui ne fût volontaire.

Penn, jaloux de l'immortalité de son nom, transmit à sa famille le droit de nommer un gouverneur à sa colonie : mais il arrêta que ce chef ne jouiroit que des honoraires qu'on lui accorderoit volontairement ; qu'il n'auroit point d'autorité sans le concours des députés du peuple. Tous les citoyens, qui avoient intérêt à la loi, comme à la chose que la loi régit, devoient être électeurs, pouvoient être élus. Pour éloigner le plus qu'il étoit possible toute corruption, il falloit que les représentans dûssent leur élévation à des suffrages secretement accordés. Il suffisoit de la pluralité des voix pour faire une loi : mais il fut statué que les deux tiers seroient nécessaires pour établir un impôt. C'étoit dès-lors un don des citoyens, plutôt qu'une taxe du gouvernement. Pouvoit-on accorder moins de douceurs à des hommes qui venoient chercher la paix au-delà des mers ?

C'est ainsi que pensoit le vrai philosophe Penn. Il céda pour 450 livres, mille acres de terre à ceux qui pouvoient les acheter à ce prix. Tout habitant qui n'en avoit pas la faculté, obtint pour lui, pour sa femme, pour chacun de ses enfans au-dessus de seize ans, pour chacun de ses serviteurs, cinquante acres de terre, à la charge d'une rente annuelle & perpétuelle d'un sol dix deniers & demi par acre.

Pour fixer à jamais l'état de ces propriétés, on établit des tribunaux qui gardent les loix conservatrices des biens. Mais ce n'est plus protéger les terres, que de faire acheter la justice à ceux qui les possèdent : car alors on n'a que l'avantage de donner une partie de son bien pour être sûr du reste ; & la justice, à la longue, épuise le suc de la terre qu'elle devoit conserver, ou le sang du propriétaire qu'elle devoit défendre. De peur qu'il n'y eût des gens intéressés à provoquer, à prolonger les procès, il fut sévèrement défendu à tous ceux qui devoient y prêter leur ministère, d'exiger, d'accepter même aucun salaire, pour leurs bons offices. De plus, chaque canton fut obligé de nommer trois arbitres ou pacificateurs, qui devoient tâcher de concilier les différends à l'a-

philosophique & politique.

miable, avant qu'on pût les porter devant une cour de justice.

L'attention à prévenir les procès, naissoit d'un penchant à prévenir les crimes. Les loix, dans la crainte d'avoir des vices à punir, voulurent en fermer la source ; l'indigence & l'oisiveté. On statua que tout enfant au-dessous de douze ans, quelle que fût sa condition, seroit obligé d'apprendre une profession. Ce réglement assuroit la subsistance au pauvre, & préparoit une ressource au riche, contre les revers de la fortune. En même-tems elle mettoit entre les hommes plus d'égalité, en les rappellant à leur commune destination, qui est le travail, soit des mains ou de l'esprit.

Ces premieres institutions devoient, par elles-mêmes, amener une excellente législation. On peut reconnoître les avantages de celle qu'établit Penn, par la prospérité rapide & soutenue de la Pensilvanie. Cette république, sans guerres, sans conquêtes, sans efforts, sans aucune de ces révolutions qui frappent les yeux du vulgaire inquiet & passionné, devint un spectacle pour l'Univers entier. Ses voisins, malgré leur barbarie, furent enchaînés par la douceur de ses mœurs ; & les peuples éloignés, malgré leur corruption, rendirent hommage à ses vertus. Toutes les nations aimerent à voir réaliser & renouveller les tems héroïques de l'antiquité, que les mœurs & les loix de l'Europe leur avoient fait prendre pour une fable. Elles crurent enfin qu'un peuple pouvoit être heureux, sans maîtres & sans prêtres. L'homme a besoin de l'un & de l'autre, si l'on en croit l'imposture & la flatterie, qui parlent dans les temples & dans les cours. Oui, sans doute, les méchans rois ont besoin de dieux cruels, pour trouver dans le ciel l'exemple de la tyrannie ; ils ont besoin de prêtres, pour faire adorer des dieux tyrans. Mais l'homme juste & libre, ne demande qu'un Dieu qui soit son pere, des égaux qui le chérissent, & des loix qui le protégent.

III.
Prospérités de la Pensilvanie.

La Pensilvanie est gardée à l'Est, par l'Océan ; au Nord, par la Nouvelle-Yorck & le Nouveau-Jersey ; au Sud, par la Virginie & le Mariland ; à l'Ouest, par des terres qu'occupent les Sauvages ; de tous côtés, par des amis ; & dans son sein, par la vertu de ses habitans. Ses côtes fort resserrées, s'élargissent insensiblement jusqu'à cent vingt milles. Sa profondeur, qui n'a d'autres limites que celles de sa population & de sa culture, embrasse déja cent quarante-cinq milles d'étendue.

Le ciel de la colonie est pur & serein. Le climat, très-sain par lui-même, s'est encore amélioré

amélioré par les défrichemens. Les eaux limpides & salubres, y coulent toujours sur un fond de roc ou de sable. Les saisons y tempèrent l'année, par une variété marquée. L'hiver, qui commence avec le mois de janvier, n'expire qu'à la fin de mars. Rarement accompagné de brouillards & de nuages, le froid y est constamment modéré ; mais quelquefois assez vif, pour glacer en une nuit les plus grandes rivieres. Cette révolution aussi courte que subite, est l'ouvrage du vent du Nord-Ouest, qui souffle des montagnes & des lacs du Canada. Le printems s'annonce par de douces pluies, par une chaleur légere qui s'accroît par dégrés jusqu'à la fin de juin. Les ardeurs de la canicule seroient violentes, sans le vent de Sud-Ouest qui les rafraîchit ; mais ce secours, assez constant, est acheté par des ouragans qui vont jusqu'à déraciner les plus gros arbres, jusqu'à renverser des forêts entieres ; sur-tout dans le voisinage des côtes de la mer, où ce vent tient son empire & exerce ses ravages. Les trois mois ordinaires de l'automne, n'ont d'autre désagrément que d'être trop pluvieux.

Quoique le pays soit inégal, il n'en est pas moins fertile. Le sol est tantôt un sable jaune & noir, tantôt du gravier, tantôt une cendre grisâtre sur un fond pierreux ; le plus souvent une terre grasse, sur-tout entre les ruisseaux qui, la coupant dans tous les sens, y versent encore plus de fécondité que ne feroient des rivieres navigables.

Quand les Européens aborderent dans cette contrée, ils n'y virent d'abord que des bois de construction & des mines de fer à exploiter. En abattant, en défrichant, ils couvrirent, peu-à-peu, les terres qu'ils avoient remuées, de troupeaux innombrables, de fruits très-variés, de plantations de lin & de chanvre, de plusieurs sortes de légumes, de toute espece de grains ; mais singulierement de seigle & de mays, qu'une heureuse expérience montra propres au climat. De tous côtés, on poussa les défrichemens avec une vigueur & un succès qui étonnerent toutes les nations.

D'où naquit cette surprenante prospérité? De la liberté, de la tolérance, qui ont attiré dans ce pays des Suédois, des Hollandois, des François industrieux, & sur-tout de laborieux Allemands. Elle est l'ouvrage des Quakers, des Anabaptistes, des Anglicans, des Méthodistes, des Presbytériens, des Moraves, des Luthériens & des Catholiques.

Entre de si nombreuses sectes, on distingue celle des *Dumplers*. Son fondateur fut un Allemand, qui, dégoûté du tumulte du monde, se retira dans une solitude agréable, à cinquante milles de Philadelphie, pour se livrer à la contemplation. La curiosité attira, dans sa retraite, plusieurs de ses compatriotes. Le spectacle de ses mœurs simples, pieuses & tranquilles, les fixa près de lui. Tous ensemble, ils formerent une peuplade qu'ils appellerent Euphrate, par allusion aux Hébreux, qui psalmodioient sur les bords de ce fleuve.

Cette petite ville formée en triangle, est entourée de pommiers & de mûriers, arbres utiles & agréables, plantés avec symmétrie. Au centre est un verger très-étendu. Entre ce verger & ces allées, sont des maisons de bois à trois étages, où chaque Dumpler isolé peut, sans être distrait, vaquer à ses méditations. Ces contemplatifs ne sont au plus que cinq cents. Leur territoire n'a pas plus de deux cents cinquante acres d'étendue. Une riviere, un étang, une montagne couverte d'arbres, marquent ses limites.

Les hommes & les femmes habitent des quartiers séparés. Ils ne se voyent que dans les temples ; ils ne s'assemblent ailleurs que pour les affaires publiques. Le travail, la priere & le sommeil, partagent leur vie. Deux fois le jour & deux fois la nuit, le culte religieux les tire de leurs cellules. Comme les Quakers & les Méthodistes, ils ont tous le droit de prêcher, quand ils se croient inspirés. L'humilité, la tempérance, la chasteté, les autres vertus chrétiennes, sont les sujets dont ils aiment le plus à parler dans leurs assemblées. Jamais ils ne violent le repos du sabbat, si cher à tous les hommes, oisifs ou laborieux. Ils admettent l'enfer & le paradis, mais rejettent avec raison, l'éternité des peines. La doctrine du péché originel, est, pour eux, un blasphême impie qu'ils abhorrent. Tout dogme cruel à l'homme, leur paroît injurieux à la divinité. Comme ils n'attachent de mérite qu'aux œuvres volontaires, ils n'administrent jamais le baptême qu'aux adultes. Ils le croyent cependant si nécessaire au salut, qu'ils s'imaginent que, dans l'autre monde, les ames des chrétiens sont occupées à convertir celles des hommes, qui ne sont pas morts sous la loi de l'évangile. Ces pieux enthousiastes veulent absoudre Dieu de toutes les cruautés & les injustices, dont tant d'autres dévots l'ont chargé.

Encore plus désintéressés que les Quakers, ils ne se permettent jamais de procès. On peut les tromper, les dépouiller, les maltraiter, sans craindre ni représailles, ni plaintes de leur part: tant ils sont, par religion, ce que les stoïciens étoient par philosophie, insensibles aux outrages.

Rien n'est plus simple que leur vêtement. En hiver, une longue robe blanche, où pend un capuchon pour tenir lieu de chapeau, couvre une chemise grossiere, de larges culottes, & des souliers épais. En été, c'est le même habillement, si ce n'est que la toile remplace la laine. A la culotte près, les femmes sont vêtues comme les hommes.

On ne se nourrit là que de végétaux; non que ce soit une loi, mais par une abstinence plus conforme à l'esprit du christianisme, ennemi du sang.

Chacun s'attache gaiement au genre d'occupation qui lui est assigné. Le produit de tous les travaux est mis en commun, pour subvenir aux besoins de tous. Cette communauté d'industrie a créé, non-seulement une culture, des manufactures, tous les arts nécessaires à la petite société; mais encore un superflu d'échanges, proportionnés à sa population.

Quoique les deux sexes vivent séparément à Euphrate, les Dumplers ne renoncent pas follement au mariage. Ceux que la jeunesse & l'amour, si voisins de la dévotion, invitent à cette sainte union des ames & des sens, quittent la ville, & vont former un établissement à la campagne, aux dépens du trésor public, qu'ils grossissent de leurs travaux, tandis que leurs enfans sont élevés dans la métropole. Sans cette liberté sage & chrétienne, les Dumplers ne seroient que des moines, qui deviendroient, avec le tems, féroces ou libertins. La vie cénobitique n'a qu'une saison de ferveur. Avec une ame tendre, on pourroit souhaiter d'être dévot jusqu'à vingt ans, comme on peut desirer d'être belle femme jusqu'à vingt-cinq ; mais après cet âge, il faut être homme.

Ce qu'il y a de plus édifiant & de plus singulier en même-tems, dans la conduite de toutes les sectes qui ont peuplé la Pensilvanie ; c'est l'esprit de concorde qui régne entr'elles, malgré la différence de leurs opinions religieuses. Quoiqu'ils ne soient pas membres de la même Eglise, ces sectaires s'aiment comme des enfans d'un seul & même pere. Ils ont vécu toujours en freres, parce qu'ils avoient la liberté de penser en hommes. C'est à cette précieuse harmonie qu'on peut, surtout, attribuer les accroissemens rapides de la colonie.

Au commencement de 1766, sa population s'élevoit à cent cinquante mille blancs. Leur nombre doit bien s'être accru depuis cette époque, puisqu'il double tous les quinze ans, suivant les calculs de M. Franklin. Il y avoit encore, dans la province, trente mille noirs, moins maltraités dans cette région que dans les autres, mais toujours excessivement malheureux. Cependant, ce qu'on croira difficilement, leur esclavage n'a pas corrompu leurs maîtres. Leurs mœurs sont encore pures, austères même, en Pensilvanie. Cet avantage tient-il au climat, aux loix, à la religion, à l'émulation des sectes, à des usages particuliers ? On le demande aux lecteurs.

Les Pensilvains sont, en général, bien faits, & leurs femmes d'une figure agréable. Plutôt meres qu'en Europe, elles cessent aussi plutôt d'être fécondes. Si la chaleur du climat hâte la nature chez elles, l'inconstance des saisons paroît l'affoiblir. Il n'y a point de ciel où la température soit plus variable; elle change, par intervalles, jusqu'à cinq ou six fois dans la même journée.

Cette variation n'a pas une influence dangereuse sur les végétaux. Rarement détruit-elle les récoltes. Aussi l'abondance est-elle constante, l'aisance est-elle universelle. L'économie particuliere aux Pensilvains, n'empêche pas que les deux sexes ne soient bien vêtus. La nourriture est encore supérieure à l'habillement. Les familles les moins aisées, ont du pain, de la viande, du cidre, de la bierre, de l'eau-de-vie de sucre. Un grand nombre peut user habituellement des vins de France & d'Espagne, du punch, & même de liqueurs plus cheres. L'abus de ces boissons est plus rare qu'ailleurs, mais il n'est pas sans exemple.

Le délicieux spectacle de cette abondance, n'est jamais troublé par l'image affligeante de la mendicité. La Pensilvanie n'a pas un seul pauvre. Ceux que la naissance ou la fortune ont laissés sans ressource, sont convenablement entretenus par le trésor public. La bienfaisance va plus loin ; elle s'étend jusqu'à l'hospitalité la plus prévenante. Un voyageur peut s'arrêter par-tout, sans crainte de causer d'autre peine que le regret de son départ.

La tyrannie des impôts ne vient pas flétrir, empoisonner la félicité de la colonie. En 1766, ils ne s'élevoient pas au-dessus de 280,140 liv. La plupart même destinés à fermer les plaies de la guerre, devoient cesser en 1772. Si, à cette époque, les peuples n'ont pas reçu ce soulagement, c'est que les irruptions des Sauvages ont occasionné des dépenses extraordinaires. On seroit consolé de ce malheur, si, comme la justice le voudroit & comme les habitans le demandoient, on eût pu réduire la famille Penn à contribuer aux charges publiques, dans les proportions du revenu qu'elle tire de la province.

Les Penſilvains, tranquilles poſſeſſeurs, libres uſufruitiers d'une terre qui leur rend, pour l'ordinaire, vingt & trente fois la ſemence qu'ils lui ont confiée, ne craignent pas de reproduire leur eſpece. A peine trouveroit-on un célibataire dans la province. Le mariage en eſt plus doux & plus ſacré. Sa liberté, comme ſa ſainteté, dépend du choix des contractans : ils prennent le juge ou le prêtre, plutôt pour témoin que pour miniſtre de leur engagement. Deux amans y trouvent-ils quelque oppoſition dans leurs familles ? ils s'évadent enſemble à cheval : le garçon monte en croupe derriere ſa maîtreſſe ; & dans cette ſituation, ils vont ſe préſenter devant le magiſtrat. La fille déclare qu'elle a enlevé ſon amant, pour l'épouſer. On ne peut, ni ſe refuſer à ce vœu ſi formel, ni la troubler enſuite dans la poſſeſſion de ce qu'elle aime. A d'autres égards, l'autorité paternelle eſt exceſſive. Un chef de famille, dont les affaires ſe trouvent dérangées, a le droit d'engager ſes enfans à ſes créanciers : punition bien capable, ce ſemble, d'attacher un pere tendre au ſoin de ſa fortune. L'homme fait, acquitte, dans un an de ſervice, une dette de 112 livres 10 ſols. L'enfant au-deſſous de douze ans, eſt obligé de ſervir juſqu'à vingt-un an, pour 135 livres. C'eſt une image des anciennnes mœurs patriarchales de l'Orient.

Quoiqu'il y ait des bourgs & même quelques villes dans la colonie ; on peut dire que la plupart des habitans vivent iſolés dans leurs familles. Chaque propriétaire a ſa maiſon au centre d'une vaſte plantation, bien environnée de haies vives. Auſſi chaque paroiſſe de campagne ſe trouve-t-elle avoir douze ou quinze lieues de circonférence. A une ſi grande diſtance des égliſes, les cérémonies de religion ont peu d'influence. On ne préſente les enfans au baptême, que pluſieurs mois, & quelquefois un ou deux ans après leur naiſſance. Sans dogmatiſer, ſans diſputer ſur le culte, dans un pays où chaque ſecte a le ſien, on honore l'Être Suprême par des vertus, plus que par des prieres. L'innocence & *l'inſcience* gardent les mœurs, plus ſûrement que des préceptes & des controverſes.

La religion ſemble réſerver toute ſa pompe pour les derniers honneurs que l'homme reçoit ſur la terre, avant d'être enfermé pour jamais dans ſon ſein. Auſſi-tôt qu'il eſt mort quelqu'un à la campagne, les plus proches voiſins ſont avertis du jour de ſon enterrement.

Ceux-ci l'annoncent aux habitations limitrophes, & la nouvelle en est ainsi répandue au loin. Chaque famille envoie au moins un de ses membres, pour honorer le convoi funèbre. A mesure que les députés arrivent, on leur offre du punch & du gâteau. Lorsque l'assemblée est formée, on porte le cadavre dans le cimetiere de sa secte ; ou si le cimetiere est trop éloigné, dans un champ de sa famille. Le cortège est composé de quatre ou cinq cents personnes à cheval, qui gardent un silence, un recueillement, conformes à l'esprit de la cérémonie qui les rassemble. Une chose qui paroîtra singuliere, c'est que les Pensilvains, ennemis du luxe pendant leur vie, oublient à la mort ce caractere de modestie. Tous veulent que les tristes restes de leur existence passagere, soient accompagnés d'une pompe proportionnée à leur état ou à leur fortune. On remarque, en général, que les peuples simples, vertueux, sauvages même & pauvres, sont attachés aux soins de la sépulture. C'est qu'ils regardent ces derniers honneurs comme des devoirs, & ces devoirs comme une portion du sentiment d'amour, qui lie étroitement les familles dans l'état le plus voisin de la nature. Ce n'est pas le mourant qui exige ces honneurs; ce sont les parens, une épouse, des enfans, qui rendent ces devoirs à la cendre chérie d'un pere ou d'un époux dignes d'être pleurés. Les convois funèbres font toujours plus nombreux dans les petites sociétés que dans les grandes, parce que s'il y a moins de familles, elles sont beaucoup plus étendues. Il y règne plus d'union, plus de force ; tous les moyens, tous les ressorts y sont plus actifs. C'est la raison pourquoi de petits peuples ont vaincu de grandes nations ; pourquoi les Grecs vinrent à bout des Perses ; pourquoi les Corses chasseront tôt ou tard les François de leur isle.

Mais où la Pensilvanie puise-t-elle les sources de sa consommation ? Comment trouve-t-elle les moyens d'y fournir abondamment ! Avec le lin & le chanvre qu'elle recueille de son sol, avec les cotons qu'elle attire de l'Amérique Méridionale, elle fabrique une grande quantité de toiles communes ; avec les laines qui lui viennent d'Europe, elle manufacture beaucoup de draps grossiers. Ce que les diverses branches de son industrie ne lui donnent pas, elle se le procure avec les produits de son territoire. Ses navigateurs portent aux isles Angloises, Françoises, Hollandoises & Danoises, du biscuit, des farines, du beurre, du fromage, des suifs, des légumes, des fruits, des viandes salées, du cidre, de la bierre, toures sortes de bois de construction. Ils reçoivent en échange, du coton, du sucre, du café, de l'eau-de-vie, de l'argent, qui sont autant de matieres d'un nouveau commerce avec la métropole, d'autres colonies ou d'autres nations de l'Europe. Les Açores, Madere, les Canaries, l'Espagne, le Portugal, offrent un débouché avantageux aux grains & aux bois de la Pensilvanie, qu'ils achetent avec des vins & des piastres. La métropole reçoit du fer, du chanvre, des cuirs, des pelleteries, de l'huile de lin, des vergues, des mâtures, & fournit du fil, des laines, des draps fins, du thé, des toiles d'Irlande ou des Indes, de la clincaillerie, d'autres objets d'agrément ou de nécessité. Mais comme elle vend plus de marchandises à sa colonie qu'elle ne lui en achete, l'Angleterre est un gouffre où vont se perdre les métaux que les Pensilvains ont tirés des autres marchés qu'ils fréquentent. En 1723, elle n'envoyoit à la Pensilvanie que pour deux cents cinquante mille livres de marchandises ; elle lui en fournit aujourd'hui pour dix millions. Cette somme est trop forte, pour que les colons puissent la payer, même en se dépouillant de l'or qu'ils tirent de tous les marchés qu'ils fréquentent ; & cette impuissance doit durer tout le tems que le progrès de leurs défrichemens exigera des avances plus considérables que leur produit. D'autres colonies, qui jouissent de quelques branches de commerce presqu'exclusives, telles que le riz, le tabac, l'indigo, ont dû acquérir rapidement des richesses. La Pensilvanie, qui fonde sa fortune sur la culture & sur la multiplication des troupeaux, arrivera plus lentement à la prospérité; mais cette prospérité aura des fondemens plus sûrs & plus durables.

Si quelque chose peut retarder les progrès de la colonie, c'est la maniere irréguliere dont s'y forment les plantations. La famille Penn, propriétaire de toutes les terres, en accorde indifféremment par-tout & autant qu'on en demande, pourvu qu'on lui paye cinquante écus par chaque centaine d'acres, & qu'on s'engage à une redevance annuelle d'environ un sol. Il arrive de-là que la province manque de cet ensemble, qui est nécessaire en toutes choses, & que ses habitans épars sont la victime du moindre ennemi, qui ne craint pas de les attaquer.

Les habitations sont défrichées de différentes manieres dans la colonie. Souvent un chasseur va se fixer au milieu ou tout auprès d'un bois. Ses plus proches voisins l'aident à couper des arbres, & à les entâsser les uns sur les autres : c'est une maison. Aux environs, il cultive, sans secours, un jardin & un champ, suffisans pour sa subsistance & pour celle de sa famille.

Quelques années après les premiers travaux, arrivent de la métropole des hommes plus actifs que riches. Ils dédommagent le chasseur de ses peines ; ils achetent du propriétaire de la province, des terres qui n'ont pas encore été payées ; ils bâtissent des demeures plus commodes, & étendent les défrichemens.

Enfin, des Allemands, que leur goût ou la persécution ont poussés dans le nouveau-monde, viennent mettre la derniere main à ces établissemens encore imparfaits. Les premiers & les seconds planteurs vont porter ailleurs leur industrie, avec des moyens de culture plus considérables qu'ils n'en avoient d'abord.

On peut évaluer les exportations annuelles de la Pensilvanie, à vingt-cinq mille tonneaux. Elle reçoit quatre cents navires, & n'en expédie guère moins. C'est Philadelphie, sa capitale, qui les reçoit, qui les expédie tous, ou presque tous.

Cette ville célebre, dont le nom rappelle

un sentiment tendre, est située à cent vingt milles de la mer, au confluent de la Delaware & du Schuylkill. Penn, qui la destinoit à devenir la métropole d'un grand empire, vouloit qu'elle occupât un mille de large sur deux milles de long, entre les deux rivieres. Sa population n'a pu encore remplir un si grand espace. Jusqu'ici, l'on n'a bâti que sur les bords de la Delaware; mais sans renoncer aux idées du législateur; mais sans s'écarter du plan qu'il avoit tracé. Ces précautions sont sages. Philadelphie doit devenir la cité la plus considérable de l'Amérique, parce qu'il est impossible que la colonie ne fasse pas de très-grands progrès, & que ses productions ne pourront jamais gagner les mers que par le port de sa capitale.

Les rues de Philadelphie, toutes tirées au cordeau, ont, la plupart, cinquante pieds de largeur, & les deux principales en ont cent. Des deux côtés il régne des trotoirs, défendus par des poteaux qu'on a placés de distance en distance.

Les maisons, dont chacune a son jardin & son verger, sont communément à deux étages, construites de brique ou d'une pierre molle, mais qui se durcit à l'air. Jusqu'à ces derniers

tems,

tems, les murs avoient peu d'épaisseur, parce qu'ils ne devoient porter qu'une couverture d'un bois extrêmement léger. Depuis qu'on a découvert des carrieres d'ardoise, les murailles ont pris une solidité proportionnée à la pesanteur de ces nouveaux toits. Les bâtimens, aujourd'hui plus décorés qu'autrefois, doivent leur principal ornement, à des marbres de différentes couleurs qui se trouvent à un mille de la ville. On en fait des tables, des cheminées ou d'autres meubles, qui sont devenus l'objet d'un commerce assez considérable avec la plus grande partie de l'Amérique.

Ces précieux matériaux ne sauroient être communs dans les maisons, sans avoir été prodigués dans les temples. Chaque secte a le sien, & quelques-unes en ont plusieurs. Cependant on voit un assez grand nombre de citoyens, qui ne connoissent ni temples, ni prêtres, ni culte public, & n'en sont ni moins heureux, ni moins humains, ni moins vertueux.

Un édifice aussi respecté, quoique moins fréquenté que ceux de la religion, c'est l'hôtel-de-ville. Il est de la magnificence la plus somptueuse. C'est-là que les législateurs de la colonie s'assemblent tous les ans, & plusieurs

Tome VII. C

fois l'année, s'il en est besoin, pour régler ce qui peut intéresser l'ordre public. Tout y est soumis à l'autorité de la nation, à la discussion de ses représentans.

A côté de l'hôtel-de-ville est une superbe bibliothéque, formée, en 1742, par les soins du savant & généreux Franklin. On y trouve les meilleurs ouvrages Anglois, Latins & François. Elle n'est ouverte au public que le samedi. Ceux qui l'ont fondée, en jouissent librement dans tous les tems. Les autres payent le loyer des livres qu'ils y empruntent, & une amende s'ils ne les rendent pas au tems convenu. C'est avec ces fonds, toujours renaissans, que s'accroît & grossit journellement ce précieux dépôt. Pour le rendre plus utile, on y a joint des instrumens de mathématique & de physique, avec un beau cabinet d'histoire naturelle.

Le collége, qui doit préparer l'esprit à toutes ces sciences, fut fondé en 1749. Dans les premiers tems, il n'initia la jeunesse qu'aux belles-lettres. On y a établi, en 1764, une classe de médecine. Les connoissances & les maîtres se multiplieront, à mesure que les terres, devenues leur patrimoine, seront d'un plus grand produit. On peut prédire que la théologie sera seule à jamais exclue d'une école consacrée à l'instruction d'un peuple qui admet tous les cultes, qui n'en reconnoît point de dominant, & qui même n'en exige aucun. Ce sera l'unique contrée de l'univers où l'on ne se battra pas pour des mots, où l'on ne se haïra point pour des objets incompréhensibles. Si le despotisme, la superstition, ou la guerre, viennent replonger l'Europe dans la barbarie dont les arts & la philosophie l'ont tirée, ces flambeaux de l'esprit humain iront éclairer le nouveau-monde, & la lumiere apparoîtra d'abord à Philadelphie.

Cette ville est accessible à tous les besoins de l'humanité, à toutes les ressources de l'industrie. Ses quais, dont le principal a deux cents pieds de large, offrent une suite de magasins commodes, & de formes ingénieusement pratiquées pour la construction. Les navires de cinq cents tonneaux y abordent sans difficulté, hors les tems de glace. On y charge les marchandises qui sont arrivées par la Delaware, par le Schuylkill, par des chemins plus beaux que ceux de la plupart des contrées de l'Europe. La police a déjà fait plus de progrès dans cette partie du nouveau-monde, que chez de vieux peuples de l'ancien.

On ne sauroit fixer exactement la popula-

RELIURE SERRÉE

tion de Philadelphie. Les regiſtres mortuaires n'y ſont pas tenus avec attention, & pluſieurs ſectes ne font pas baptiſer leurs enfans. Ce qui paroît certain, c'eſt qu'en 1766 il s'y trouvoit vingt mille habitans. Comme l'occupation de la plupart d'entr'eux eſt de vendre les productions de la province entiere, & de lui fournir ce qu'elle tire de l'étranger, il ne ſe peut pas que leur fortune ne ſoit très-conſidérable. Elle doit le devenir encore davantage, à proportion que la culture fera des progrès dans un pays dont on n'a défriché que la ſixieme partie des terres.

Philadelphie, de même que Newcaſtle & les autres villes de Penſilvanie, eſt entiérement ouverte. Tout le pays eſt également ſans défenſe. C'eſt une ſuite néceſſaire des principes des Quakers, qui ont toujours conſervé la principale influence dans les délibérations publiques, quoiqu'ils ne forment que le tiers de la population de la colonie. On ne ſauroit aſſez chérir ces ſectaires, pour leur modeſtie, leur probité, leur amour du travail, leur bienfaiſance. On ſeroit tenté, peut-être, d'accuſer leur légiſlation d'imprudence & de témérité.

En établiſſant cette ſûreté civile, qui garantit un citoyen d'un autre citoyen, les fondateurs de la colonie devoient, dira-t-on, établir la sûreté politique, qui défend un état contre les entreprises d'un état. L'autorité, qui maintient l'ordre & la paix au-dedans, n'a rien fait, si elle n'a prévenu les invasions au-dehors. Prétendre que la colonie n'auroit jamais d'ennemis, c'étoit supposer que l'univers n'est peuplé que de Quakers. C'étoit exciter le fort contre le foible, abandonner des agneaux à la discrétion des loups, & livrer tous les citoyens à l'oppression du premier tyran qui voudroit les subjuguer.

Mais, d'un autre côté, comment associer la sévérité des maximes évangéliques qui gouvernent les Quakers à la lettre, avec cet appareil de force offensive ou défensive, qui met tous les peuples chrétiens dans un état de guerre continuel? Que feroient, d'ailleurs, des François, des Espagnols, s'ils entroient dans la Pensilvanie les armes à la main? A moins qu'ils n'égorgeassent dans une nuit ou dans un jour tous les habitans de cet heureux pays, ils n'étoufferoient pas le germe & la postérité de ces hommes doux & charitables. La violence a des bornes dans ses excès; elle se consume & s'éteint, comme le feu dans la cendre de ses alimens. Mais la vertu, quand elle est dirigée par l'enthousiasme de l'humanité, par l'esprit de fraternité, se ranime, comme l'arbre, sous le tranchant du fer. Les méchans ont besoin de la multitude, pour exécuter leurs projets sanguinaires. L'homme juste, le Quaker, ne demande qu'un frere pour en recevoir de l'assistance, ou lui donner du secours. Allez, peuples guerriers, peuples esclaves & tyrans, allez en Pensilvanie ; vous y trouverez toutes les portes ouvertes, tous les biens à votre discrétion ; pas un soldat, & beaucoup de marchands ou de laboureurs. Mais si vous les tourmentez, ou les vexez, ou les gênez, ils s'enfuiront, & vous laisseront leurs terres en friche, leurs manufactures délabrées, leurs magasins déserts. Ils s'en iront cultiver & peupler une nouvelle terre ; ils feront le tour du monde, & mourront en chemin plutôt que de vous égorger ou de vous obéir. Qu'aurez-vous gagné, que la haîne du genre-humain & l'exécration des siécles à venir ?

C'est sur cette perspective & cette prévoyance, que les Pensilvains ont fondé leur sécurité future. Quant à présent, ils n'ont rien à craindre derriere eux, depuis que les François ont perdu le Canada. Les établissemens Anglois couvrent suffisamment les flancs de la colonie. Du reste, comme ils ne voient pas que les états les plus belliqueux durent le plus long-tems ; ni que la méfiance, qui est en sentinelle, en dorme plus tranquille ; ni qu'on jouisse avec un grand plaisir de ce qu'on possède avec tant de crainte : ils vivent le jour présent, sans songer au lendemain. Peut-être se croient-ils gardés par les précautions même, qui veillent dans les colonies dont ils sont environnés. Une des barrieres, un des boulevards qui préservent la Pensilvanie d'une invasion maritime, où elle reste exposée, c'est la Virginie.

Ce nom, qui désignoit originairement tout le vaste espace que les Anglois se proposoient d'occuper dans le continent de l'Amérique Septentrionale, est aujourd'hui d'une signification beaucoup moins étendue. On n'y comprend plus que le pays circonscrit, au Nord, par le Maryland ; au Sud, par la Caroline ; à l'Ouest, par les Apalaches ; à l'Est, par l'Océan. Cette enceinte lui donne deux cents quarante milles de longueur, sur deux cents de largeur.

Ce fut en 1606 que les Anglois aborderent à la Virginie. James-Town fut leur premier établissement. Un malheureux hasard leur offrit, au voisinage, un ruisseau d'eau douce, qui, sortant d'un petit banc de sable, entraînoit du talc, qu'on voyoit briller au fond d'une eau courante & limpide. Dans un siécle qui ne soupiroit qu'après les mines riches, on

IV. État fâcheux de la Virginie dans les premiers tems.

prit pour de l'argent cette poussiere méprisable. Le premier, l'unique soin des nouveaux colons, fut d'en ramasser. L'illusion fut si complette, que deux navires étant venus porter des secours, on les renvoya chargés de ces richesses imaginaires ; à peine y restoit-il un peu de place pour quelques fourrures. Tant que dura ce rêve, les colons dédaignerent de défricher les terres. Une famine cruelle fut la punition de ce sot orgueil. De cinq cents hommes envoyés d'Europe, il n'en échappa que soixante à ce fléau terrible. Ce reste malheureux alloit s'embarquer pour Terre-Neuve, n'ayant des vivres que pour quinze jours, lorsque Delaware se présenta avec trois vaisseaux, une nouvelle peuplade, & des provisions de toute espece.

L'histoire peint ce lord, comme un génie élevé au-dessus des préjugés de son tems. Son désintéressement égaloit ses lumieres. En acceptant le gouvernement d'une colonie qui étoit encore au berceau, il ne s'étoit proposé que cette satisfaction intérieure que trouve un honnête-homme à suivre le penchant qu'il a pour la vertu ; que l'estime de la postérité, seconde récompense de la générosité, qui se dévoue & s'immole au bien public. Dès qu'il parut, ce caractere lui donna l'empire des cœurs. Il re-

philosophique & politique. 41

tint des hommes déterminés à fuir un sol dévorant ; il les consola dans leurs peines ; il leur en fit espérer la fin prochaine : & joignant à la tendresse d'un pere toute la fermeté d'un magistrat, il dirigea leurs travaux vers un but utile. Pour le malheur de la peuplade renaissante, le dépérissement de sa santé obligea Delaware de retourner dans sa patrie, mais il n'y perdit jamais de vue ses colons chéris ; & tout ce qu'il avoit de crédit à la cour, il l'employa toujours à leur avantage.

Cependant la colonie ne faisoit que peu de progrès. On attribuoit cette langueur, à la tyrannie inséparable des priviléges exclusifs. La compagnie qui les exerçoit, fut proscrite à l'avénement de Charles I au trône. La Virginie entra dès-lors sous la direction immédiate du gouvernement, qui ne se réserva qu'une rente fonciere de 2 liv. 5 sols pour chaque centaine d'acres qu'on cultiveroit.

Jusqu'à ce moment, les colons n'avoient pas connu de véritable propriété. Chacun y erroit au hasard, ou se fixoit dans l'endroit qui lui plaisoit, sans titres ni convention. Enfin des bornes furent posées ; & des vagabonds devenus citoyens, reçurent des limites dans leurs plantations. Cette premiere loi de la société fit tout changer de face. On éleva de tous côtés des bâtimens, qui furent environnés de nouvelles cultures. Cette activité fit accourir à la Virginie une foule d'hommes courageux, qui vinrent y chercher, ou la fortune, ou ce qui en dédommage, la liberté. Les troubles mémorables qui changerent la constitution Angloise, augmenterent encore ce concours d'une foule de monarchistes, qui allerent attendre, auprès de Berkeley, gouverneur de la colonie, & dévoué, comme eux, au roi Charles, la décision du destin sur ce prince abandonné. Berkeley ne cessa pas de les soutenir, même quand la fortune eut écrâsé ce monarque. Mais quelques habitans, séduits ou gagnés, se voyant secondés d'une puissante flotte, livrerent la colonie au protecteur. Si le chef se vit entraîné malgré lui par le torrent, il fut, du moins, parmi ceux que Charles avoit honorés de places de confiance & d'autorité, le dernier qui plia sous Cromwel, & le premier qui rompit ses chaînes. Cet homme courageux gémissoit dans l'oppression, lorsque les cris du peuple le rappellerent à la place que la mort de son successeur laissoit vacante. Loin de céder à des instances si flatteuses, il déclara qu'il ne serviroit jamais que le légitime héritier du monarque détrôné. Cet exemple de magnanimité, dans un tems où l'on ne voyoit point de jour

philosophique & politique. 43

au rétablissement de la maison royale, fit tant d'impression sur les esprits, que, d'une voix unanime, on proclama Charles II en Virginie, avant qu'il eût été proclamé en Angleterre.

La colonie ne tira pas d'une démarche si généreuse, le fruit qu'elle en pouvoit attendre. La cour ne tarda pas d'accorder à des hommes avides & accrédités, des prérogatives exorbitantes, qui absorberent les terres d'un grand nombre de colons obscurs. A cette vexation se joignit celle du parlement, qui mit des droits énormes sur tout ce que la Virginie fournissoit à la métropole, sur tout ce qu'elle en tiroit. Cette double oppression fit tarir les ressources & les espérances de la colonie. Pour comble de calamités, les Sauvages, qu'on n'avoit jamais eu la sagesse de ménager, renouvellerent leurs incursions avec une fureur & une intelligence, dont il n'y avoit pas encore eu d'exemple.

Tant d'infortunes mirent les Virginiens au désespoir. Berkeley, après avoir été long-tems leur idole, n'eut plus à leurs yeux, ni assez de fermeté contre les vexations de la patrie principale, ni assez d'activité contre les irruptions de l'ennemi. Tous les regards se tournerent vers Bacon, jeune officier, vif, éloquent, hardi, insinuant, d'une physionomie agréable. On le choisit tumultuairement, irrégulièrement, pour général. Quoique ses succès militaires eussent justifié cette prévention de multitude emportée, le gouverneur n'en déclara pas moins Bacon traître à la patrie. Ce jugement si sévere, & qui pour le moment étoit une imprudence, détermina le proscrit à s'emparer violemment d'une autorité qu'il exerçoit paisiblement depuis six mois. La mort arrêta ses projets. Les mécontens, désunis par la mort de leur chef, intimidés par les troupes qu'ils voyoient arriver d'Europe, ne songerent qu'à demander grace. On ne souhaitoit que de l'accorder. La rébellion n'eut aucune suite fâcheuse. La clémence assura la soumission; & depuis cette singuliere crise, l'histoire de la Virginie s'est réduite à la culture de ses plantations.

V.
Administration de la Virginie.

Ce grand établissement fut régi d'abord par les préposés de la compagnie, qui s'en emparа dès sa naissance. Dans la suite, la Virginie attira les regards de sa mere patrie : c'est ainsi que les colons Anglois appellent leur métropole. On commença par établir un gouvernement régulier. Dès 1620, il fut composé d'un chef, d'un conseil, & des députés de chaque canton. Les intérêts publics étoient réglés par ces trois pouvoirs réunis. Le conseil & les représentans du peuple, s'assembloient, comme en Écosse, dans la même chambre. En 1689, ils se séparerent en deux chambres, à l'imitation du parlement d'Angleterre ; & cet usage s'est perpétué.

Le gouverneur, toujours nommé par la cour, & pour un tems illimité, dispose seul des troupes régulieres, des milices, & de tous les postes militaires. Seul il a le droit de rejetter ou de confirmer les loix de l'assemblée générale. De concert avec le conseil, auquel il laisse d'ailleurs peu d'influence, il proroge, il congédie cette espece de parlement; il choisit tous les officiers de justice, tous les commissaires de finance ; il aliéne les terres libres d'une maniere conforme aux usages établis ; il administre le trésor public. Tant de prérogatives, qui menent à des usurpations, rendent l'autorité plus arbitraire qu'elle ne l'est dans les colonies plus Septentrionales : elles ouvrent trop souvent la porte à l'oppression.

Le conseil est composé de douze membres, créés par des lettres-patentes, ou nommés par un ordre particulier du roi. S'il s'en trouve moins de neuf dans le pays, le gouverneur choisit quelques-uns des principaux habitans pour remplir le nombre. Les conseillers doivent aider l'adminiſtration, & repouſſer la tyrannie. Ils form[ent] comme une chambre haute. A ce titre, ils [ont] le droit de rejetter tous les actes de la cham bre baſſe. Les gages du corps entier ſe réd[ui]ſent à 7, 875 livres.

On diviſe la Virginie en vingt-cinq canto[ns] ou comtés, dont chacun a deux députés. [La] ville & le collége de James, ont ſéparéme[nt] le privilége d'en nommer un, ce qui fait [le] nombre de cinquante-deux. Tout colon, [à] l'exception des femmes & des mineurs, [dès] qu'il poſſede un franc-fief, a le droit d'élire [&] d'être élu. Quoique les loix n'ayent pas ma[r]qué d'époque fixe pour la convocation de l'[aſ]ſemblée générale, elle ſe tient aſſez réguliè[re]ment tous les ans ou tous les deux ans : rar[e]ment elle eſt différée juſqu'à trois. On s'aſſu[re] l'avantage de s'aſſembler auſſi fréquemmen[t] en n'accordant des ſubſides que pour un tem[ps] fort court. Tous les actes paſſés dans les de[ux] chambres, ſont envoyés au ſouverain, po[ur] être revêtus de ſon autorité. Cependant juſ[ ]qu'à ce qu'il les ait rejettés, ils ont force [de] loi, lorſqu'ils ont été approuvés par le gou[ ]verneur.

Les revenus publics de la Virginie ſortent de pluſieurs ſources, & vont aboutir à diffé rentes deſtinations. La taxe de 2 livres 5 ſol[s]

philosophique & politique.

qu'on exige du colon par quintal de tabac ; de 16 liv. 17 sols 6 den. par tonneau, que chaque navire, plein ou vuide, paye au retour d'un voyage; de 11 liv. 5 sols par tête, que tous les passagers, libres ou esclaves, doivent en arrivant dans la province; les amendes & les confiscations établies par divers actes ; le droit d'aubaine sur les terres, sur les biens mobiliers de ceux qui ne laissent point de légitime héritier : tous ces droits, dont le produit annuel est d'environ 70,000 livres, doivent être employés aux dépenses ordinaires de la colonie, sur l'ordre du conseil & du gouverneur. L'assemblée générale n'a, sur cet objet, que le droit de vérifier les comptes.

Elle s'est réservé la disposition absolue des fonds destinés aux occasions extraordinaires. Ces fonds viennent d'un droit d'entrée sur les liqueurs fortes ; d'un droit de 22 liv. 10 sols pour chaque esclave, & de 16 liv. 17 sols pour chaque domestique non Anglois qui arrive dans la province. Un revenu de cette nature doit beaucoup varier; mais, en général, il est considérable, & l'emploi en a été ordinairement assez judicieux.

Indépendamment de ces impositions, qui se perçoivent en argent, on en exige d'autres en nature; c'est une espece de triple capitation en tabac, dont les femmes blanches sont seu[les] déchargées. La premiere de ces capitations, ordonnée par l'assemblée générale, pour su[b]venir à ses dépenses ; à la solde de la milic[e] lorsqu'elle est sur pied ; à d'autres besoins p[u]blics. La seconde, qu'on nomme provincia[le] est imposée par les juges de paix, dans cha[que] comté, pour ses besoins particuliers. En[fin] celle qu'on appelle paroissiale, est réglée p[ar] les chefs des communautés, pour tout ce q[ui] a un rapport plus ou moins prochain avec [le] culte établi.

Dans l'origine de la colonie, la justice ét[oit] administrée avec un désintéressement qui g[a]rantissoit l'équité des jugemens. Une seu[le] cour prenoit connoissance de toutes les caus[es] & les jugeoit en peu de jours, avec droit d'a[p]pel à l'assemblée générale, qui n'apportoit p[as] moins de diligence à les terminer. Un si b[on] esprit ne se soutint pas. En 1692, on adop[ta] tous les statuts, toutes les formalités de la m[é]tropole ; & les ruses de la chicane se glissere[nt] en même tems dans la colonie. Chaque com[té] a eu depuis son tribunal, composé d'un shéri[f] de ses officiers subalternes, & des jurés. D[e] cette cour, les affaires sont portées au consei[l] où préside le gouverneur, & qui juge en de[r]nier ressort, jusqu'à la concurrence de 6,750[l.]

philosophique & politique. 49

Dès qu'il s'agit d'une plus forte somme, on peut recourir au prince. En matiere criminelle, le conseil prononce sans appel ; non que la vie des citoyens ne soit plus précieuse que leur fortune, mais parce que l'application des loix est bien plus simple & plus facile dans les procès criminels, que dans les affaires civiles. Le chef de la colonie peut, d'ailleurs, faire grace pour tous les crimes, à l'exception de l'homicide volontaire & de la trahison d'état. Même, dans ce cas, il a le droit de suspendre l'exécution de la sentence, jusqu'à ce que le monarque ait prononcé.

Quant à la religion, les habitans de la Virginie professerent d'abord celle de l'Eglise Anglicane. L'assemblée générale porta même, en 1642, un décret qui excluoit indistinctement de la province, ceux qui ne seroient pas de cette communion. La nécessité de peupler le pays, fit abolir depuis cette loi, plus hiérarchique encore que religieuse. Une tolérance si tardive, & qui étoit visiblement accordée avec répugnance, n'eut que de foibles suites. La colonie ne s'accrut que de cinq églises non-conformistes, dont l'une fut de Presbytériens, trois de Quakers, & une de réfugiés François. La religion dominante a trente-neuf paroisses. Chaque paroisse choisit son pasteur, qui ne

Tome VII. D

peut cependant prendre poſſeſſion de ſa place qu'avec l'agrément du gouverneur. Quelques communautés donnent à leur miniſtre, des terres convenablement pourvues de tout qui eſt néceſſaire à leur exploitation. Dans d'autres, il reçoit pour ſalaire ſeize mille livres peſant de tabac. Par-tout on lui paie 5 liv. 12 ſols 6 den. ou cinquante livres de tabac, pour chaque mariage ; & 45 livres, ou quatre cents livres de tabac, pour les oraiſons funebres dont il doit honorer la ſépulture de tout homme libre. Avec tous ces avantages, la plupart des paſteurs ou miniſtres, ne ſont point contens de leur état, parce qu'ils peuvent être dépouillés de leurs bénéfices par ceux qui les leur ont conférés.

La colonie ne fut d'abord habitée que par un ſexe. Bientôt les hommes voulurent jouir des douceurs de leur ſituation, avec des compagnes. Ils donnerent d'abord 2,250 livres pour chaque jeune perſonne qu'on leur amenoit, ſans autre dot qu'un certificat de ſageſſe & de vertu. Lorſqu'il ne reſta plus de doute ſur la ſalubrité du climat, ſur la fertilité du terroir, des familles entieres, même d'une condition honorable, paſſerent dans la Virginie. Avec le tems elles ſe multiplierent à point, qu'en 1703 on comptoit ſoixantemille six cents six blancs. Si cette population n'est augmentée depuis que d'un sixième, il faut en chercher la cause dans une émigration assez considérable, occasionnée par l'arrivée des noirs.

Les premiers de ces esclaves furent portés dans la Virginie par un bâtiment Hollandois, en 1621. Leur nombre s'accrut lentement. Ce n'est que depuis le commencement du siècle, que ce commerce inhumain a pris une malheureuse activité. On voit aujourd'hui dans la colonie, cent dix mille négres, qui, par une double perte pour l'espece humaine, épuisent la population de l'Afrique, en empêchant celle des Européens en Amérique.

La Virginie n'a ni places, ni troupes régulieres. Ces moyens de défense sont inutiles à une province, qui, par le genre de ses cultures, est suffisamment préservée de toute invasion étrangere, & depuis long-tems rassurée contre les incursions, par la foiblesse des sauvages errans dans ce vaste continent. Sa milice, composée de tous les hommes libres qui ont plus de seize, & moins de soixante ans, suffit pour contenir les esclaves. Chaque comté rassemble ses troupes une fois l'an, pour les passer en revue, & doit exercer à trois ou quatre reprises les compagnies séparées. Dès qu'on donne l'allarme dans un diſtrict, il fait marcher ſes forces. Si l'expédition dure plus de deux jours, la ſolde eſt payée; ſi ce n'eſt qu'une vaine terreur, ce ſont des pas perdus. Telle eſt l'adminiſtration de la Virginie : telle eſt à-peu-près celle du Maryland, qui, après avoir été compris dans cette colonie, en fut détaché pour des raiſons qu'il faut expliquer.

<small>VI.
Le Maryland ſe ſépare de la Virginie.</small> Charles premier, loin d'avoir de l'éloignement pour les Catholiques, avoit même trouvé des motifs de les chérir, dans le zele que l'eſpérance d'être tolérés par ce prince leur avoit inſpiré pour ſes intérêts. Mais quand l'accuſation de favoriſer le papiſme eut aliéné les eſprits contre ce roi foible, qui ne viſoit guère qu'au deſpotiſme, il fut obligé d'abandonner cette communion à toute la ſévérité des loix, où le ſchiſme d'Henri VIII l'avoit condamnée. Ces rigueurs déterminerent le lord Baltimore à chercher dans la Virginie un aſyle à la liberté de conſcience. Comme il n'y trouvoit pas de tolérance pour une religion excluſive, intolérante elle-même; il forma le projet de s'établir dans la partie inhabitée de cette région, qui eſt ſituée entre la riviere de Potowmak & la Penſilvanie. Il ſe diſpoſoit à peupler cette terre, en vertu des pouvoirs qu'il avoit obtenus, lorſque la mort termina ſes jours.

Un fils digne de lui, poursuivit une entreprise si consolante pour la religion de sa famille. Il partit en 1633 d'Angleterre avec deux cents Catholiques, tous d'une naissance honnête. L'éducation qu'ils avoient reçue, la religion pour laquelle ils s'expatrioient, la fortune que leur promettoit leur guide, prévinrent les désordres qui ne sont que trop ordinaires dans les établissemens naissans. La nouvelle colonie vit les Sauvages voisins, gagnés par la douceur & par des bienfaits, s'empresser de concourir à sa formation. Avec ce secours inespéré, ses heureux membres unis par les mêmes principes de religion, & dirigés par les sages conseils de leur chef, se livrerent de concert à des travaux utiles. Le spectacle de la paix & du bonheur dont ils jouissoient, attira chez eux une foule d'hommes qu'on persécutoit, ou pour la même religion, ou pour d'autres opinions. Les Catholiques du Maryland, désabusés enfin d'une intolérance dont ils avoient été la victime, après en avoir donné l'exemple, ouvrirent la porte de la liberté religieuse à toutes les sectes. Baltimore accorda la liberté civile à tout étranger qui voudroit acquérir des terres dans sa nouvelle colonie. Il en modela le gouvernement sur celui de la métropole.

Un esprit si conforme aux vues de la société,

n'empêcha pas, qu'après le renversement de la monarchie, on ne dépouillât ce lord des droits & des concessions dont il avoit fait le meilleur usage. Destitué par Cromwel, il fut rétabli dans ses possessions par Charles II ; mais pour se les voir contester encore. Quoique au-dessus de tout reproche de malversation ; quoique extrêmement zelé pour les dogmes ultramontains ; quoique fort attaché aux intérêts des Stuarts ; il eut le chagrin de voir attaquer sa charte sous le regne arbitraire de Jacques ; & d'avoir un procès en regle pour la jurisdiction d'une province que la couronne lui avoit cédée, & qu'il avoit peuplée. Ce prince qui eut toujours le malheur de ne connoître ni ses amis, ni ses ennemis, & le sot orgueil de croire que l'autorité royale suffisoit pour justifier tous les actes de violence, alloit ôter à Baltimore une seconde fois, ce que les rois son pere & son frere lui avoient donné ; lorsqu'il fut précipité lui-même du trône qu'il remplissoit si mal. Le successeur de ce lâche despote termina d'une maniere digne de son caractère politique, une contestation excitée avant son élévation. Il voulut que les Baltimores fussent privés de leur autorité, mais qu'ils continuassent à jouir de leurs revenus. Depuis que cette maison, plus indifférente sur les préjugés de religion, est entrée

philosophique & politique.

dans le sein de l'Église Anglicane, elle a été réintégrée dans tous ses droits sur le Maryland.

Cette province est maintenant partagée en onze comtés. Elle a pour habitans quarante mille blancs & soixante mille noirs. Elle est administrée par un chef que nomme le seigneur propriétaire, par un conseil, & par deux députés élus dans chaque district. Le gouverneur a, comme le monarque en Angleterre, la négative sur toutes les loix que propose l'assemblée, c'est-à-dire le droit de les rejetter.

VII. La Virginie & le Maryland ont les mêmes cultures.

Si cette colonie étoit rejointe à la Virginie, comme leur bien commun sembleroit l'exiger, on ne remarqueroit aucune différence dans ces deux établissemens. Placés entre la Pensilvanie & la Caroline, ils occupent le grand espace qui s'étend depuis la mer jusqu'aux monts Apalaches. L'air qui est humide sur les côtes, devient pur, léger, subtil, à mesure qu'on approche des montagnes. Le printems & l'automne sont de la plus heureuse température; l'hiver a des jours d'un froid très-vif; l'été des jours d'une chaleur accablante : mais ces excès durent rarement une semaine entiere. Ce qu'il y a de moins supportable dans ce climat, c'est une grande quantité d'insectes dégoûtans.

Les animaux domestiques s'y multiplient prodigieusement. Les fruits, les arbres, tous les végétaux y réussissent. On y récolte le meilleur bled de l'Amérique. Le sol gras & fertile dans les lieux bas, est toujours bon, même dans les lieux où il devient sablonneux; moins égal que ne l'ont dépeint quelques voyageurs, mais assez uni jusqu'au voisinage des montagnes.

C'est de ces réservoirs que coule un nombre incroyable de rivieres, dont la plupart ne sont séparées que par un intervalle de cinq ou six milles. Outre la fécondité que ces eaux distribuent dans le pays qu'elles coupent, elles le rendent infiniment plus favorable au commerce qu'aucune autre contrée du nouveau-monde, par la facilité des communications. La plupart de ces rivieres sont navigables, à un très-grand éloignement de la mer, pour les vaisseaux marchands ; quelques-unes même pour les vaisseaux de guerre. On remonte le Potowmak près de deux cents milles ; la James, l'Yorck, la Rappahannock plus de quatre-vingts milles; les autres à une distance qui varie selon que les cataractes se trouvent plus ou moins éloignées de leur embouchure. Tous ces grands canaux de navigation, formés par la nature seule, aboutissent à la baie de Chesapeak, qui conserve environ sept ou neuf brasses d'eau, tant à son entrée que dans toute son étendue, prolongée jusqu'à deux cents milles dans les

philosophique & politique.

terres, sur une largeur moyenne de douze milles. Cette baie, quoique semée de petites isles, la plupart couvertes de bois, n'offre aucun danger; & toute la marine de l'Univers y seroit à l'aise.

Un si rare avantage a empêché qu'il ne se formât de grandes peuplades, ou des villes considérables, dans les deux colonies. Les habitans, assurés de voir les navigateurs arriver à leurs magasins, & de pouvoir charger leurs denrées sans sortir de leurs plantations, se sont dispersés & fixés sur les bords des différentes rivieres. Ils trouvoient dans cette situation toute la commodité de la vie champêtre, jointe à l'aisance que le trafic apporte dans les villes; la facilité d'étendre leurs cultures dans un terrein sans limites, avec les secours que le commerce présente à la fructification des terres. Mais la métropole souffroit doublement de cette dispersion; soit parce que ses navigateurs, obligés d'aller former leurs cargaisons dans les habitations éparses, restoient trop long-tems absens; soit parce que ses vaisseaux étoient exposés à la piquûre des vers dangereux, qui, dans les mois de juin & de juillet, infestent toutes les rivieres de cette région éloignée. La cour de Londres n'a rien négligé pour engager les colons à former des entrepôts pour le commerce de leurs productions. La contrainte des loix n'a pas été plus efficace que les voies d'insinuation. Enfin, il y a quelques années qu'on ordonna de bâtir, à l'entrée de toutes les rivieres, des forts dont le canon protégeroit le chargement & le déchargement des vaisseaux. Si l'exécution de ce projet n'avoit pas manqué, faute de fonds, il est vraisemblable que les habitans se feroient insensiblement rassemblés autour de ces citadelles ; mais on peut douter si c'eût été un avantage de réunir ainsi la population, & si l'on auroit augmenté le commerce, ou diminué l'agriculture.

Quoi qu'il en soit, parmi les villes de ces deux colonies, il n'y en a pas deux qui en méritent le nom. Celles même qui font le siége du gouvernement, n'offrent rien d'imposant. Villiamsbourg, que la ruine de James-Town a rendu la capitale de la Virginie ; Annapolis devenue la capitale du Maryland, après Sainte-Marie, ne surpassent pas nos bourgs médiocres.

Comme dans toutes les choses humaines, un mal est à côté d'un bien, il est arrivé que la multiplication des habitations, en retardant la population des villes, a empêché qu'il ne se formât un ouvrier, un artiste dans les deux provinces. Avec tous les matériaux nécessaires pour

philosophique & politique. 59

fournir à la plupart de leurs besoins, même à beaucoup de commodités, elles ont été réduites à tirer d'Europe des draps, des toiles, des chapeaux, de la clincaillerie, jusques aux meubles de bois les plus communs. A l'épuisement où ces extractions nombreuses & générales réduisoient les habitans, s'est jointe une émulation de luxe que leur vanité se piquoit d'étaler aux yeux du négociant Anglois, attiré dans leurs plantations par l'intérêt de son commerce. Aussi dès le premier revers, se sont-ils trouvés surchargés de dettes envers la métropole, & dès-lors obligés de vendre leurs terres pour se libérer ; ou forcés, pour garder leurs possessions, de les obérer par un intérêt usuraire de huit ou neuf pour cent.

Il est difficile que les deux provinces sortent de ce fâcheux état. Leur marine ne s'élève pas au-dessus de mille tonneaux. Tout ce qu'elles envoyent aux Antilles en bled, en bestiaux, en planches ; tout ce qu'elles expédient pour l'Europe en lin, en chanvre, en cuirs, en pelleteries, en bois de cédre ou de noyer, ne leur rend pas un million. C'est dans le tabac qu'elles peuvent trouver l'unique ressource qu'il leur reste.

Le tabac est une plante âcre, caustique, & même venimeuse, que la médecine a beaucoup employée, & met encore quelquefois en usage.

Tout le monde fait qu'on la mâche ou qu'on la fume en feuilles, & sur-tout qu'on la respire en poudre par les narines.

Ce fut vers l'an 1520 que les Espagnols trouverent le tabac dans l'Yucatan, grande péninsule qui forme le golfe du Mexique. On le transporta de la terre-ferme dans les isles voisines. Bientôt l'usage de cette plante devint un sujet de dispute entre les savans. Les ignorans même prirent parti dans cette querelle, & le tabac acquit de la célébrité. La mode & l'habitude en ont, avec le tems, prodigieusement étendu la consommation dans toutes les parties du monde connu. On le cultive avec plus ou moins de succès en Asie, en Afrique, en Europe, & dans différentes contrées de l'Amérique.

Sa tige est droite, velue, gluante; & ses feuilles sont épaisses, mollasses, d'un verd pâle, plus grandes au pied qu'à la cime de la plante. Elle demande une terre médiocrement forte, mais grasse, unie, profonde, & qui ne soit pas trop exposée aux inondations. Un sol vierge convient extrêmement à ce végétal, avide de suc.

On seme les graines du tabac sur des couches. Lorsque les plantes ont deux pouces d'élévation & au moins six feuilles, on les arrache doucement dans un tems humide, & on les porte avec précaution fur un fol bien préparé, où elles font placées à trois pieds de diftance les unes des autres. Mifes en terre avec ce ménagement, leurs feuilles ne fouffrent pas la moindre altération; & elles reprennent toute leur vie en vingt-quatre heures.

Cette plante exige des travaux continuels. Il faut arracher les mauvaifes herbes qui croiffent autour d'elle; l'étêter à deux pieds & demi pour l'empêcher de s'élever trop haut; la débarraffer des rejettons parafites; lui ôter les feuilles les plus baffes, celles qui ont quelque difpofition à la pourriture, celles que les infectes ont attaquées, & réduire leur nombre à huit ou dix au plus. Deux mille cinq cents tiges, peuvent recevoir tous ces foins d'un feul homme bien laborieux, & elles doivent rendre mille livres pefant de tabac.

On le laiffe environ quatre mois en terre. A mefure qu'il approche de fa maturité, le verd riant & vif de fes feuilles, prend une teinte obfcure; elles courbent la tête; mais l'odeur qu'elles exhaloient, augmente & s'étend au loin. C'eft alors que la plante eft mûre, & qu'il faut la couper.

Les pieds recueillis, font mis en tas fur la même terre qui les a produits. On les y laiffe fuer une nuit feulement. Le lendemain ils font dépofés dans des magafins, conftruits de telle maniere que l'air puisse y entrer librement de toutes parts. Ils y restent suspendus séparément tout le tems nécessaire pour les bien sécher. Etendus ensuite sur des claies & bien couverts, ils fermentent une ou deux semaines. On les dépouille enfin de leurs feuilles, qui sont mise dans des barils ou bien réduites en carottes. Les autres façons qu'on donne à cette production, & qui changent avec le goût des nations, sont étrangeres à sa culture.

De toutes les contrées où l'on plante du tabac, il n'en est point où il ait autant prospéré que dans la Virginie & le Maryland. Leurs premiers colons en firent leur occupation. Plus d'une fois, ils en poussèrent les récoltes au-dessus des débouchés. Alors on arrêta les plantations dans la Virginie ; on brûla une certaine quantité de feuilles par habitation, dans le Maryland. Mais, avec le tems, la passion pour le tabac devint si générale, qu'il fallut en multiplier les cultivateurs, blancs & noirs. Actuellement on recueille, à peu de chose près, la même quantité de tabac dans les deux provinces. Celui de la Virginie plus doux, plus parfumé, plus cher, trouve sa consommation en Angleterre & au Midi de l'Europe. Celui du Maryland convient davantage au Nord, par le bon marché, par sa grossiéreté même, plus analogue à des organes moins délicats.

philosophique & politique. 63

Comme la navigation n'a pas fait les mêmes progrès dans cette partie de l'Amérique Septentrionale que dans les autres, ce font les vaisseaux de la métropole qui vont y chercher les tabacs. Un navire est communément trois, quatre & jusqu'à six mois, à former sa cargaison. Cette lenteur vient de plusieurs causes, toutes très-sensibles. Premierement, les tabacs ne sont pas emmagasinés dans les ports, & il faut les aller chercher dans les plantations même. En second lieu, il y a très-peu de colons en état de fournir un chargement entier ; & ceux qui le pourroient, préférent de diviser leurs risques en plusieurs bâtimens. Enfin, le prix du fret étant fixe, soit que leurs productions se trouvent prêtes ou non à être embarquées, les cultivateurs attendent que les navigateurs, eux-mêmes, viennent les solliciter de tout arranger pour l'exportation. Ces différentes raisons font qu'on n'employe, à cette navigation, que des bâtimens d'un port médiocre. Plus ils seroient grands, plus ils prolongeroient leur séjour en Amérique.

La Virginie paye toujours 45 livres de fret par barrique de tabac. Le Maryland ne paye que 39 livres 7 sols 6 deniers, à raison d'une moindre valeur dans sa marchandise, & de moins de lenteur dans ses chargemens. L'armateur Anglois y perd également comme navigateur ; mais il y gagne en qualité de commiſſionnaire. Conſtamment chargé de toutes les ventes & de tous les achats qui ſe font pour les colons, un prix de cinq pour cent de commiſſion le dédommage, avec uſure, de ſes pertes & de ſes peines.

Cette navigation occupe deux cents cinquante navires, qui forment enſemble trente mille tonneaux. Ils tirent, des deux colonies, cent mille barriques de tabac, qui, à raiſon de huit cents livres l'une dans l'autre, donnent quatre-vingts millions de livres peſant. La partie de cette production, qui croît entre les rivieres Yorck & James, & dans quelques autres heureux cantons, ſe vend fort cher ; mais priſe dans ſa totalité, elle ne coûte, rendue en Angleterre, que 4 ſols 3 deniers la livre. Quatre-vingts millions peſant, à 4 ſols 3 deniers, donnent la ſomme de 16, 875, 000 livres.

Indépendamment des avantages que trouve l'Angleterre dans le débouché des produits de ſon induſtrie pour cette ſomme, elle en obtient encore d'autres par la réexportation des trois cinquiémes du tabac qu'elle a reçu. Cette ſeule branche de commerce doit former une augmentation de 10, 125, 000 livres, dans ſon numéraire, ſans y comprendre ce qui lui qui revient pour le fret & la commission.

Le fisc profite encore plus de cette culture, que les citoyens. Chaque livre de tabac paye, à son entrée dans le royaume, 11 sols 10 deniers & demi. Quatre-vingts millions pesant de tabac à 11 sols 10 deniers & demi, devroient donner à l'état, 47,499,997 livres 10 sols. Mais comme il restitue les droits pour tout ce qui est réexporté, & qu'on réexporte les trois cinquièmes, le revenu public ne doit être grossi que de 19,000,000 livres 2 sols 7 den. L'expérience même prouve qu'il faut réduire cette somme d'un tiers, à cause des remises qu'on accorde au négociant, qui paye comptant ce qu'il est autorisé à ne payer qu'au bout de dix-huit mois; & parce qu'il se fait habituellement une fraude immense dans les petits ports, quelquefois même dans les grands. Cette déduction monte à 6,333,351 livres 8 sols 6 deniers; par conséquent il ne reste, pour le gouvernement, que 12,666,715 liv. 7 sols 6 deniers. Malgré ces derniers abus, la Virginie & le Maryland sont beaucoup plus utiles à la Grande-Bretagne, que ses autres colonies Septentrionales, plus même que la Caroline.

Cette contrée qui s'étend trois cents milles sur les côtes, & qui a deux cents milles de

VIII. Origine de la Caroline.

Tome VII. E

profondeur jufqu'aux Apalaches, fut découverte par les Efpagnols, peu de tems après leurs premieres expéditions dans le nouveau monde. Elle n'offroit point d'or à leur avarice; ils la méprifèrent. L'amiral de Coligny, plus fage & plus habile, y ouvrit une fource d'induftrie aux proteftans François ; mais le fanatifme qui les pourfuivoit, ruina leurs efpérances par l'affaffinat de cet homme jufte, humain, éclairé. Quelques Anglois les remplacerent vers la fin du feiziéme fiécle : un caprice inexplicable voulut qu'ils abandonnaffent ce fol fertile, pour aller cultiver une terre plus dure, fous un climat moins agréable.

IX.
Légiflation religieufe & civile établie par Locke dans la Caroline.

On ne voyoit pas un feul Européen dans la Caroline, lorfque les lords Berkley, Clarendon, Albemarle, Craven, Ashley ; & les chevaliers Carteret, Berkley & Colliton, obtinrent, en 1663, de Charles II, la propriété de ce beau pays. Le fyftême légiflatif de ce nouvel établiffement, fut tracé par le fameux Locke. Un philofophe ami des hommes, ami de la modération & de la juftice qui doivent les gouverner, ne pouvoit mieux s'oppofer au fanatifme qui les divife, que par une tolérance indéfinie de religion ; mais n'ofant fapper ouvertement les préjugés de fon tems, également cimentés par les crimes & les vertus, il voulut du moins les concilier, s'il étoit possible, avec un principe dicté par la raison & l'humanité. Comme les habitans sauvages de l'Amérique, n'ont, disoit-il, aucune idée de la révélation, ce seroit le comble de l'extravagance, que de les tourmenter pour leur ignorance. Les chrétiens qui viendroient peupler la colonie, y chercheroient sans doute une liberté de conscience que les prêtres & les princes leur refusent en Europe ; ce seroit donc manquer à la bonne-foi, que de les persécuter après les avoir reçus. Les juifs & les payens ne méritoient pas plus d'être rejettés, pour un aveuglement que la douceur & la persuasion pouvoient faire cesser. C'est ainsi que raisonnoit Locke, avec des esprits imbus & prévenus de dogmes qu'on ne s'étoit pas encore permis de discuter. On peut douter que les philosophes, qui, à son exemple, ont cherché la tolérance dans l'évangile, aient crû l'y trouver. Elle est, en général, opposée à l'esprit de prosélytisme, qui domine dans tous les codes religieux. Le christianisme n'est pas moins intolérant que les autres sectes; quoique son fondateur ait prêché la paix, de parole & d'exemple ; quoiqu'on puisse déduire la tolérance de plusieurs textes de l'évangile, des réponses que fit Jésus à ses juges, dans son

E 2

interrogatoire ; du silence même qu'il garda, quand on lui demanda publiquement, ce que c'étoit que la vérité ; quoiqu'enfin sa conduite & sa vie semblent enseigner aux hommes à supporter mutuellement leurs défauts, & par conséquent leurs erreurs. Ses maximes générales qui penchent vers la bienveillance, vers la tolérance universelle, sont trop souvent démenties, lorsqu'il s'agit de sa doctrine particuliere, de la préférence exclusive qu'elle exige, de la division intestine qu'elle met entre ses sectateurs & les payens, entre les membres d'une même cité, d'une même famille. Celui qui s'appelle lui même le Dieu de paix, dit qu'il est venu apporter le glaive ; rejette ceux qui ne veulent pas l'écouter ; déclare son ennemi quiconque n'est pas pour lui ; donne enfin à tous ceux qui embrasseront ou prêcheront son évangile, le droit ou le prétexte de persécuter ceux qui ne s'y soumettront pas. C'est donc une illusion de vouloir accorder la croyance de cet évangile, avec l'indifférence pour les autres codes. En matiere de religion, les hommes ne savent point aimer sans haïr, & peut-être savent-ils plus ce qu'ils haïssent que ce qu'ils aiment ; témoin ce nombre infini de persécutions & de guerres que la religion a toujours suscitées ; témoin le peu d'influence qu'elle paroît avoir sur l'harmonie, le bonheur & la stabilité des sociétés.

Cependant un peuple, fatigué des troubles & des malheurs que cette religion avoit enfantés dans l'Europe, voulut bien se prêter aux raisons de Locke. On admit la tolérance sans examen, comme on reçoit l'intolérance. L'unique restriction dont on enveloppa ce principe conservateur, fut que toute personne au-dessus de dix-sept ans, qui prétendroit à la protection des loix, fît inscrire son nom dans le registre de quelque communion.

La liberté civile ne fut pas aussi favorisée par le philosophe Anglois. Soit que ceux qui l'avoient choisi pour rédiger un plan de législation l'eussent gêné dans ses vues, comme le fera tout écrivain qui prêtera sa plume aux grands ou aux ministres ; soit que plus métaphysicien que politique, Locke n'eût suivi la philosophie que dans les sentiers ouverts par Descartes & Leibnitz, cet homme qui détruisit & éloigna tant d'erreurs dans sa théorie sur l'origine des idées, ne marcha que d'un pas foible & chancelant dans la carriere de la législation. L'auteur d'un ouvrage, dont la durée éternisera la gloire de la nation Françoife, même lorfque le defpotifme aura brifé tous les refforts & tous les monumens du génie & de la valeur d'un peuple cher au monde, par tant de qualités aimables & brillantes; Montefquieu, lui-même, ne s'eft pas apperçu qu'il faifoit des hommes pour les gouvernemens, au-lieu de faire des gouvernemens pour les hommes.

Le code de la Caroline, par une bifarrerie inconcevable dans un Anglois & dans un philofophe, donnoit aux huit propriétaires qui l'avoient fondée & à leurs héritiers, non-feulement tous les droits d'un monarque, mais toute la puiffance légiflative.

On accordoit à la cour, formée de ces membres fouverains, à cette cour qu'on appelloit Palatine, le pouvoir de nommer à tous les emplois, à toutes les dignités, le droit même de conférer la nobleffe ; mais fous des titres nouveaux & finguliers. On devoit donc créer, dans chaque contrée, deux caciques, dont chacun poffederoit vingt-quatre mille acres de terre, & un landgrave, qui feul en auroit quatre-vingts mille. Les hommes revêtus de ces honneurs, devoient compofer la chambre haute. Leurs poffeffions devenoient inaliénables ; faute effentielle contre la faine politique, n ne leur laiſſoit que le droit d'en affermer ou louer le tiers tout au plus, pour la durée de trois vies.

La chambre baſſe fut compoſée des députés des comtés & des villes. Le nombre de ces repréſentans devoit augmenter, à meſure que la colonie ſe peupleroit. Chaque tenancier n'auroit à payer que 1 livre 2 ſols 6 deniers par acre, & pouvoit même racheter cette redevance territoriale. Mais tous les habitans, eſclaves ou libres, feroient obligés de prendre les armes, au premier ordre de la cour Palatine.

Le vice d'une conſtitution où les pouvoirs étoient ſi mal partagés, ne tarda pas à ſe manifeſter. Les ſeigneurs propriétaires, imbus de principes tyranniques, tendoient de toutes leurs forces au deſpotiſme. Les colons, éclairés ſur les droits de l'homme, mettoient tout en œuvre pour éviter la ſervitude. Du choc de ces intérêts oppoſés, naiſſoit une agitation inévitable qui arrêtoit perpétuellement les travaux utiles. La province entiere, livrée aux querelles, aux diſſenſions, aux tumultes qui la déchiroient, ne faiſoit aucun des progrès qu'on s'étoit promis des avantages de ſa ſituation.

Ce n'étoit pas assez de maux ; & leur remede devoit naître de leur excès. Granville, qui seul, comme doyen des propriétaires, tenoit en 1705 les rênes du pouvoir, voulut asservir au rit de l'Eglise Anglicane, tous les non-conformistes, qui faisoient les deux tiers de la population. Cet acte de violence, quoique désavoué & réprouvé par la métropole, souleva les esprits. Durant le cours des suites & des progrès de cette animosité, la province fut attaquée en 1720, par différentes hordes de Sauvages, qu'un enchaînement d'insultes & d'injustices atroces avoit poussés au désespoir. Ces malheureux Indiens battus par-tout, furent par-tout exterminés : mais le courage & la vigueur que cette guerre avoit comme ranimés dans les colons, devoient amener la chûte des oppresseurs de la colonie. Ces tyrans ayant refusé de contribuer aux frais d'une expédition, dont ils prétendoient recueillir les premiers fruits, furent tous, à l'exception de Carteret, qui conserva le huitième du territoire, dépouillés, en 1728, des prérogatives dont ils n'avoient encore su qu'abuser. On leur accorda cependant 540,000 livres de dédommagement. La couronne reprit en main le gouvernement, pour en faire goûter les douceurs au peuple. La colonie fut associée à la même constitution que les autres. Pour rendre même l'administration plus aisée, on partagea le pays en deux gouvernemens indépendans, sous le nom de Caroline Méridionale, & de Caroline Septentrionale. C'est à cette heureuse époque, que commence la prospérité de cette grande province.

Le nouveau-monde n'a peut-être pas un climat comparable à celui de la Caroline. Les deux saisons de l'année, qui, pour l'ordinaire, ne font que tempérer les excès des deux autres, y sont délicieuses. On y souffre très-peu des chaleurs de l'été; on n'y sent les froids de l'hiver, que le matin & le soir. Les brouillards, assez communs sur une longue côte, se dissipent avant le milieu du jour. Mais aussi l'on y est exposé, comme dans presque toute l'Amérique, à des changemens de tems vifs & subits, qui obligent à garder dans le vêtement & la nourriture, un régime inutile sous un autre ciel. Un autre inconvénient particulier à cette région du continent Septentrional, c'est d'être tourmenté par les ouragans, plus rares cependant & moins forts qu'aux Antilles.

X.
Climat & productions de la Caroline.

Une vaste plaine, triste, uniforme & monotone, s'étend des bords de la mer à quatre-vingts ou cent milles dans les terres, où le pays commençant à s'élever, présente un aspect plus riant, un air plus pur & moins humide. Cet espace, avant l'arrivée des Anglois, étoit couvert d'une immense forêt, qui s'avançoit jusqu'aux monts Apalaches. C'étoient de grands arbres jettés au gré de la nature, sans symmétrie & sans dessein, à des intervalles inégaux, qui n'étoient point fourrés de bois taillis. Aussi pouvoit-on y défricher plus de terrein en une semaine, qu'on n'en défriche, en plusieurs mois, dans nos contrées.

Le sol de la Caroline, est fort peu ressemblant à lui-même. Sur les bords de la mer, à l'embouchure des rivieres qui s'y jettent, il est couvert de marais inutiles & mal-sains, ou composé d'une terre pâle, légere, sablonneuse, qui ne produit rien. On le trouve ici d'une extrême stérilité, là d'une fécondité excessive entre les innombrables sources qui traversent le pays. A mesure qu'on s'éloigne de ces rives, on rencontre quelquefois de grands vuides d'un sable blanc, qui n'offre que des pins; quelquefois des terres où le chêne & le noyer annoncent la fécondité. Ces alternatives & ces variations disparoissent, lorsqu'on s'enfonce dans le pays; & la terre se montre par-tout agréable & productive.

philosophique & politique.

A ces fonds excellens pour la culture, la province joint des terreins très-favorables à la multiplication des troupeaux. On y éleve des milliers de bêtes à corne, qui, le matin, vont paître fans garde dans les forêts, & reviennent d'elles-mêmes le foir aux habitations. Les porcs s'engraiffent avec la même liberté, plus nombreux encore, & beaucoup meilleurs dans leur efpece. Mais le mouton y dégénere pour la chair & pour la toifon. Auffi n'y eft-il pas fi commun.

La colonie entiere n'avoit, en 1723, que quatre mille blancs, & trente-deux mille noirs. Ses exportations pour l'Europe & pour l'Amérique, ne s'élevoient pas au-deffus de 4,950,000 livres. Elle a depuis acquis un dégré de fplendeur, qu'elle ne doit qu'à la liberté.

Quoique la Caroline Méridionale ait réuffi à établir des échanges affez confidérables avec les Sauvages; qu'elle ait reçu des réfugiés François une fabrique de toiles; qu'elle même ait imaginé de faire quelques étoffes en mêlant fes foies à la toifon de fes moutons, on doit attribuer fpécialement fes progrès au riz & à l'indigo.

C'eft le hafard qui lui donna la premiere de ces productions. Un vaiffeau qui revenoit des

Indes Orientales, échoua sur ses côtes. Le riz dont il étoit chargé fut jetté par les flots sur la côte, & s'y reproduisit. Ce bonheur inattendu fit naître l'idée d'une culture, où le sol sembloit inviter de lui-même. Elle languit longtems ; parce que les colons obligés d'envoyer leurs récoltes dans les ports de la métropole, qui les transportoit en Espagne & en Portugal, où s'en faisoit la consommation, vendoient leur riz à si vil prix, qu'à peine rendoit-il les avances de la culture. Depuis 1730, qu'il leur fut permis, par une administration plus éclairée, d'exporter & de vendre eux-mêmes ce grain à l'étranger, une augmentation de bénéfice a produit une augmentation de cette denrée. Elle y est excessivement multipliée, & peut aller plus loin encore : mais il est douteux que ce soit toujours à l'avantage de la colonie. C'est la production la plus nuisible à la salubrité du climat. Du moins elle a paru telle dans le Milanez, où les rizieres n'offrent que des paysans livides & hydropiques ; en France, où elles ont été sagement prohibées. L'Égypte avoit sans doute ses précautions contre ce mauvais effet d'une culture d'ailleurs si nourrissante. La Chine doit avoir des préservatifs, que l'art oppose à la nature, dont les bienfaits sont quelquefois empoisonnés de maux. Peut-

philosophique & politique. 77

être aussi que sous la Zone Torride où le riz abonde, la chaleur qui le fait croître au milieu des eaux, dissipe promptement les vapeurs humides & malignes qui s'exhalent des rizieres. Mais si la Caroline doit un jour se rallentir sur cette culture, elle pourra s'en dédommager par celle de l'indigo.

Cette plante, originaire de l'Indostan, a réussi d'abord au Mexique, aux Antilles; mais plus tard dans la Caroline Méridionale, & sur-tout moins heureusement. Ce germe des teintures y est d'une qualité si inférieure, qu'à peine se vend-il la moitié de ce qu'il vaut ailleurs. Cependant, ses cultivateurs ne désespérent pas de supplanter, avec le tems, les Espagnols & les François dans tous les marchés. La bonté de leur climat, l'étendue de leur sol, l'abondance & le bas prix des denrées comestibles, la facilité de se pourvoir d'ustensiles & de multiplier les esclaves; tout flatte leur présomption. Cet espoir encourageant s'est déja répandu chez les habitans de la Caroline Septentrionale.

On sait que cette contrée reçut les premiers Anglois que la fortune fit aborder au continent du nouveau-monde; puisque c'est sur ses côtes qu'on trouve la baie de Roenoque, que fit occuper Raleigh, en 1585. Une émigration totale, la laissa bientôt sans colons. La population ne s'y rétablit pas, même quand les pays voisins se couvroient de grands établissemens. D'où venoit cet abandon ? Peut-être des obstacles que cette belle région opposoit à la navigation marchande. Aucune des rivieres qui l'arrosent, ne peut recevoir de navire au-dessus de soixante-dix ou quatre-vingts tonneaux. Ceux d'un plus grand port, sont forcés de mouiller entre ce continent & quelques isles voisines. Les alléges qui servent à les charger & à les décharger, augmentent les frais & les embarras, soit des exportations, soit des importations.

Aussi ne vit-on d'abord, dans la Caroline Septentrionale, que quelques misérables sans aveu, sans loix & sans projets. A mesure que les terres sont devenues plus rares dans les colonies voisines, les hommes qui n'avoient pas assez de fortune pour en acheter, ont reflué dans une région qui leur en offroit gratuitement. D'autres réfugiés ont profité de ce nouvel asyle. L'ordre s'est établi avec la propriété; & ce pays, avec moins de richesses que la Caroline Méridionale, s'est trouvé peuplé d'un plus grand nombre d'Européens.

Les premiers qu'un sort errant dispersa sur ces rives sauvages, se bornoient à élever des troupeaux, à couper des bois, qu'ils livroient aux navigateurs de la Nouvelle-Angleterre. Bientôt ils demanderent au pin qui couvroit le pays, de la térébenthine, du goudron, de la poix. Pour avoir de la térébenthine, il leur suffisoit d'ouvrir, dans le tronc de l'arbre, des fillons, qui, prolongés jusqu'au pied, aboutissoient à des vases disposés pour la recevoir. Vouloient-ils du goudron ? Ils élevoient une platte-forme circulaire de terre glaise, où ils entassoient des piles de bois de pin : on mettoit le feu à ce bois, & la résine en découloit dans des barils placés au-dessous. Le goudron se réduisoit en poix, soit dans de grandes chaudieres de fer où on le faisoit bouillir, soit dans des fosses de terre glaise où on le jettoit en fusion. C'étoit peu que cette industrie pour la subsistance des habitans ; ils y joignirent la culture du bled. Long-tems ils s'étoient contentés du mays, à l'exemple de la Caroline Méridionale, où le froment sujet à la nielle, à monter en paille, n'a jamais prospéré. Quelques expériences prouverent qu'on n'avoit pas à craindre ces inconvéniens ; & on réussit à cultiver assez de bled, même pour une exportation considérable. Le riz & l'indigo sont venus depuis peu dans cette contrée de l'Amérique, joindre aux moissons d'Europe, celles de l'Afrique & de l'Asie. Ces nouvelles cultures sont encore médiocres ; mais elles peuvent s'accroître.

Les deux Carolines ont à peine défriché la vingtième partie de leur territoire. On n'y voit de cultivé, jusqu'à préfent, que les cantons les plus fablonneux & les plus voisins de la mer. Si les colons ne se sont pas enfoncés plus avant dans les terres, c'est que sur dix rivieres navigables, il n'y en a pas une que l'on puisse remonter à plus de soixante milles. On ne sauroit remédier à cet inconvénient, que par des chemins ou par des canaux ; mais ils demandent tant de bras, de dépenses & de lumieres, que l'espérance d'une semblable amélioration est encore bien éloignée.

Cependant le sort des deux colonies n'est pas à plaindre. Les impôts qui sont tous levés sur l'entrée & la sortie des marchandises, ne paffent pas 135, 000 livres. La province du Nord n'a de papier-monnoie que pour 1, 125, 000 livres ; & celle du Sud, infiniment plus riche, n'en a que pour 5, 625, 000 liv. Ni l'une, ni l'autre ne sont endettées envers la métropole. Cet avantage rare, même dans les colonies Angloises, provient de l'étendue

des

es exportations que font les deux Carolines, soit dans les provinces voisines, soit aux Antilles ou en Europe.

En 1754, il sortit de la Caroline Méridionale, sept cents cinquante-neuf barils de térébenthine, deux mille neuf cents quarante-trois de goudron; cinq mille huit cents soixante-neuf de poix ou de résine; quatre cents seize barils de bœuf; quinze cents soixante de porc; seize mille quatre cents boisseaux de bled de l'Inde, & neuf mille cent soixante-deux de pois; quatre mille cent quatre-vingt-seize cuirs tannés, & douze cents cuirs verds; un million cent quatorze mille planches; deux cent six mille lambourdes, & trois cents quatre-vingt-quinze mille pieds de bois de charpente; huit cents quatre-vingt-deux muids de peaux de bête fauve; cent quatre mille six cents quatre-vingt-deux barils de riz; deux cents seize mille neuf cents vingt-quatre livres d'indigo.

La Caroline Septentrionale expédia la même année soixante & un mille cinq cents vingt-huit barils de goudron, douze mille cinquante-cinq de poix, & dix mille quatre cents vingt-neuf de térébenthine; sept cents soixante-deux mille trois cents trente planches, & deux millions six cents quarante-sept pieds de bois;

soixante & un mille cinq cents quatre-vingts boisseaux de bled, & dix mille de pois; trois mille trois cents barils de bœuf ou de cochon, & cent muids de tabac; dix mille quintaux de cuirs tannés, & trente mille peaux de toute espece.

Il n'y a pas un seul article dans l'énumération qu'on vient de voir, qui n'ait reçu un accroissement sensible depuis cette époque. Plusieurs ont doublé; & le plus riche de tous, l'article de l'indigo, s'est élevé même au-dessus du triple.

On exporte directement pour l'Europe & pour les Antilles, quelques productions de la Caroline Septentrionale, quoiqu'il n'y ait aucun entrepôt pour les réunir; & qu'Edenton, son ancienne capitale, & celle qu'on lui a substituée sur la riviere de New, soient à peine de foibles bourgades. La plus grande & la plus précieuse partie de ses exportations, va grossir à Charles-Town, les richesses de la Caroline Méridionale.

Cette ville, située au confluent de l'Ashley & de la Cooper, deux rivieres navigables, a vu s'élever au-tour d'elle les plus belles plantations de la colonie, dont elle est le centre & la capitale. On la dit bien bâtie, agréablement percée, & fortifiée avec assez de régularité.

philosophique & politique. 83

Les fortunes confidérables que la réunion & le débouché du commerce y ont fait éclorre, devoient influer fur les mœurs. C'eſt de toutes les cités de l'Amérique Septentrionale, celle où l'on trouve le plus les commodités du luxe. Mais le défagrément de ne pouvoir admettre dans ſa rade que des vaiſſeaux de deux cents tonneaux au plus, la fera décheoir de cette proſpérité. On l'abandonnera pour aller à Port-Royal, qui s'ouvre aux plus nombreuſes flottes. Déja s'y eſt formé un établiſſement qui augmente chaque jour, qui peut ſe promettre la plus grande faveur. Outre les productions des deux Carolines qu'il doit naturellement attirer, il recevra celles d'une colonie qui s'élève à ſon voiſinage : c'eſt la Georgie.

La Caroline & la Floride Eſpagnole, ſont ſéparées par un vaſte eſpace qui s'étend cent vingt milles ſur la mer, qui a trois cents milles juſqu'aux Apalaches, & qui eſt borné au Nord par la riviere de Savanah; au Midi, par celle d'Alatamaha. Depuis long-tems le miniſtère Britannique penchoit à occuper ce terrein, qui étoit regardé comme une dépendance de la Caroline. Un de ces actes de bienfaiſance que la liberté, mere des vertus patriotiques, rend plus communs en Angleterre que par-tout ailleurs, acheva de décider les vues du gouver-

XI. Comment la Georgie a été fondée.

F 2

nement. Un citoyen compatissant & riche, voulut en mourant, que ses biens fussent employés à délivrer les débiteurs insolvables, que leurs créanciers détenoient en prison. La sagesse politique secondant ce vœu de l'humanité, ordonna que les infortunés dont on romproit les chaînes, seroient transportés dans la terre déserte qu'on se proposoit de peupler. Ce pays fut appellé Georgie, en l'honneur du souverain qui gouvernoit alors les trois royaumes.

Cet hommage, d'autant plus flatteur qu'il ne venoit pas de l'adulation; l'exécution d'une entreprise vraiement utile à l'état : tout fut l'ouvrage de la nation. Le parlement ajouta 225,000 livres au legs sacré d'un citoyen. Une souscription volontaire produisit des sommes encore plus considérables. Un homme qui s'étoit fait remarquer dans la chambre des communes par son goût pour les choses brillantes, par son amour pour la patrie, par sa passion pour la gloire, fut chargé de conduire un si digne projet, avec ces moyens publics. Jaloux de se montrer égal à sa réputation, Oglethorpe fut le chef qui voulut mener lui-même en Georgie les premiers colons qu'on y faisoit passer. Il y arriva au mois de janvier 1733, & plaça ses compagnons à dix milles de la mer, dans une plaine agréable & fertile, sur les bords de la Savanah. Cette riviere donna son nom au foible établissement, qui devoit devenir un jour la capitale d'une colonie florissante. La peuplade bornée à cent personnes, fut grossie avant la fin de l'année jusqu'au nombre de six cents dix-huit, dont cent vingt-sept avoient fait les frais de leur émigration. Trois cents vingt hommes & cent treize femmes, cent deux garçons & quatre-vingt-trois filles, étoient le fonds de la nouvelle population, & l'espérance d'une nombreuse postérité.

Ces fondemens s'accrurent, en 1735, de quelques montagnards Écossois. Leur bravoure nationale leur fit accepter l'établissement qu'on leur offrit sur les rives de l'Alatamaha, pour les défendre, s'il le falloit, contre les entreprises de l'Espagnol voisin. Ils y fonderent les bourgades de Darien & de Frederica, où plusieurs de leurs compatriotes vinrent s'établir avec eux.

La même année, un grand nombre de laboureurs Protestans chassés de Saltzbourg par un prêtre fanatique, allerent chercher la paix & la tolérance dans la Georgie. Placés d'abord au-dessus du berceau de la colonie, ils aimerent mieux être plus isolés & descendre à l'embouchure de la Savanah, où ils bâtirent Ebenezer.

Des Suisses imiterent les sages Salzburgeois, sans avoir été persécutés comme eux. Ils s'établirent aussi sur la Savanah ; mais à trente-quatre milles des Allemands. Leur peuplade formée de cent maisons, s'appella Purysbourg, du nom de Pury, qui ayant fait la dépense de leur transplantation, mérita que par reconnoissance ils le prissent pour chef.

Dans ces quatre ou cinq peuplades, il se trouva des hommes plus portés au commerce qu'à l'agriculture. On les en vit sortir, pour aller fonder à deux cents trente-six milles de l'Océan, la ville d'Augusta. Ce n'étoit pas la bonté du sol qu'ils y cherchoient, quoiqu'il fût excellent ; mais la facilité de former avec les Sauvages voisins, la traite des pelleteries. Leur projet réussit, & dès l'an 1739, ce commerce occupoit six cents personnes. Le débouché de ces fourrures leur devint d'autant plus facile, que la Savanah conduit les plus grands batteaux jusqu'aux murs d'Augusta.

La métropole devoit, ce semble, beaucoup espérer d'une colonie où, depuis moins de six ans, elle avoit fait passer près de cinq mille hommes, & dépensé 1,485,000 livres, sans compter les contributions volontaires des zélés

philosophique & politique.

atriotes. Mais quel fut son étonnement, d'aprendre en 1741, qu'il restoit à peine dans la Georgie le sixiéme de la population qu'on y avoit transportée ; & que le reste languissant de ces nombreux colons, ne soupiroit qu'après un séjour plus heureux ? On chercha la cause de ces disgraces ; on la trouva.

Dans sa naissance même, cette colonie avoit porté le germe de son dépérissement. On avoit abandonné la jurisdiction avec la propriété de la Georgie, à des particuliers. L'exemple de la Caroline auroit dû prévenir contre cette imprudence ; mais chez les nations, comme chez les individus, les fautes du passé sont perdues pour l'avenir. Un gouvernement éclairé, surveillé par la nation, n'est pas même à l'abri des surprises qu'on fait à sa confiance. Malgré son zele pour le bien commun, le ministère Anglois livra l'intérêt public à l'avidité des intérêts privés.

XII. Obstacles qui se sont opposés aux progrès de la Georgie.

Le premier usage que les propriétaires de la Georgie firent de l'autorité sans bornes qu'on leur avoit accordée, fut d'établir une législation qui mettoit dans leurs mains, non-seulement la police, la justice, & les finances du pays, mais la vie & les biens de ses habitans. On ne laissoit aucun droit au peuple, qui, dans l'origine, a tous les droits. Contre ses intérêts & ses lumieres, on vouloit qu'il obéît. C'étoit-là, comme ailleurs, son devoir & son fort.

Comme les grandes possessions avoient entraîné des inconvéniens dans d'autres colonies, on arrêta que dans la Georgie, chaque famille ne pourroit avoir que cinquante acres de terre; qu'elle ne pourroit pas les aliéner; qu'ils ne pourroient pas même passer en héritage aux filles. Il est vrai que cette substitution aux seuls mâles fut bientôt abrogée; mais on laissoit subsister encore trop d'obstacles à l'émulation. Rarement un homme se détermine-t-il à quitter sa patrie, sans la vue de quelque avantage extraordinaire qui frappe son imagination. Mettre des bornes à son industrie, c'est l'empêcher d'entrer dans la carriere. Les limites marquées à chaque plantation, devoient avoir nécessairement ce mauvais effet. Il restoit d'autres vices à la racine de l'arbre, qui l'empêchoient de fleurir.

Les colonies Angloises, même les plus fertiles, ne payent qu'un foible cens; encore n'est-ce qu'après avoir pris de la vie & des forces. La Georgie fut, dès le berceau, soumise aux redevances du gouvernement féodal, dont on l'avoit comme entravée. Ces rentes s'accrurent outre mesure, à proportion qu'elle s'aggrandit. Ses fondateurs furent aveuglés par la cupidité, jusqu'à ne pas voir que le plus petit droit sur le commerce d'une province peuplée & florissante, les enrichiroit bien plus que les redevances les plus multipliées sur une terre inculte & déserte.

A ce genre d'oppression, il s'en joignit un nouveau, qui pouvoit venir (le croira-t-on ?) d'un principe d'humanité. On défendit aux colons de la Georgie d'avoir des esclaves. La Caroline & d'autres colonies, avoient été fondées sans la main des négres. On crut qu'une contrée, qu'on destinoit à être le boulevard de ces possessions, ne devoit pas être peuplée d'une race de victimes, qui n'auroient aucun intérêt à défendre des tyrans. Mais on ne prévit pas que des colons, moins favorisés de la métropole que leurs voisins, placés sur une terre plus difficile à défricher, dans un climat plus chaud, auroient moins de force & d'ardeur pour entreprendre une culture qui demandoit plus d'encouragement.

L'inaction où les plongeoient tant d'obstacles, s'autorisoit d'une autre prohibition. Les désordres qu'entraînoit dans tout le continent de l'Amérique Septentrionale l'usage des liqueurs spiritueuses, avoit fait défendre l'importation des eaux-de-vie de sucre dans la

Georgie. Cette interdiction, quelqu'honnête qu'en fût le motif, ôtoit aux colons la seule boisson qui pouvoit corriger le vice des eaux du pays, qu'ils trouvoient par-tout mal-saines, & l'unique moyen de réparer la déperdition qu'ils faisoient par des sueurs continuelles: elle leur fermoit encore la navigation aux Antilles, où ils ne pouvoient aller échanger contre ces liqueurs les bois, les grains & les bestiaux, qui devoient être leurs premieres richesses.

La métropole sentit enfin, combien les institutions & les réglemens vicieux arrêtoient les progrès de la colonie. Elle rompit les fers qu'elle lui avoit forgés. La Georgie reçut le gouvernement qui faisoit fleurir la Caroline, & devint, au lieu d'un fief de quelques particuliers, une possession vraiment nationale.

Quoiqu'elle n'ait pas un territoire aussi étendu, un climat aussi tempéré, un sol aussi bon que la province voisine; & qu'avec le riz, l'indigo, & presque toutes les denrées de la Caroline, elle n'en puisse jamais égaler la prospérité; cependant elle deviendra utile à la métropole, à mesure qu'on verra diminuer la crainte de s'y établir, trop justement fondée sur la tyrannie dont elle étoit opprimée. On cessera de dire un jour, que de toutes les co-

philosophique & politique. 91

[...]nies Angloises du continent, la Georgie est moins peuplée, eu égard aux secours que le gouvernement y a prodigués. Toutes ces avantages seront heureusement secondées par l'acquisition de la Floride; province qui, par son voisinage, doit influer sur la prospérité de la Georgie; qui, à des titres plus précieux encore, mérite d'être connue.

Sous le nom de la Floride, l'ambition Espagnole comprenoit toutes les terres de l'Amérique, qui s'étendent depuis le Mexique jusqu'aux régions les plus Septentrionales. Mais la fortune, qui se joue de l'orgueil national, a resserré depuis long-tems cette dénomination, limitée dans la presqu'isle que la mer a formée sur le canal de Bahama, entre la Georgie & la Louisiane. Les Espagnols, qui s'étoient souvent contentés d'empêcher la population des pays qu'ils ne pouvoient habiter, voulurent occuper cette contrée en 1565, après en avoir chassé les François, qui, l'année précédente, y avoient commencé un petit établissement.

XIII. Histoire de la Floride. Cette province passe des Espagnols aux Anglois.

La peuplade la plus Orientale de la colonie, s'appelloit San-Mattheo. Quoiqu'établie à deux lieues de l'Océan, sur une riviere navigable, dans un sol agréable & fertile, le conquérant l'auroit abandonnée, s'il n'y avoit pas trouvé le sassafras.

Cet arbre, particulier à l'Amérique, & meilleur à la Floride que dans tout cet hémisphere, croît également sur les bords de la mer & sur les montagnes; mais toujours dans un terrein qui n'est ni trop sec, ni trop humide. Droit, élevé comme le sapin, sans branches, sa tête forme une espece de coupe. Ses feuilles, toujours vertes, ressemblent à celles du laurier. Sa fleur, jaune, se prend en infusion, comme le bouillon-blanc & le thé. Sa racine, très-connue dans le commerce, parce qu'elle est utile à la médecine, doit être spongieuse, légere, de couleur cendrée; d'un goût âcre, douceâtre, aromatique; d'une odeur qui approche de celle du fenouil & de l'anis. Ces qualités lui donnent la vertu d'exciter la transpiration, de résoudre les humeurs épaisses & visqueuses, de soulager la paralysie & les fluxions froides. On l'employoit beaucoup autrefois dans les maladies vénériennes.

Les premiers Espagnols auroient peut-être péri de ce mal, sans un reméde si puissant; ils auroient succombé, du moins, aux fiévres dangereuses, dont ils furent presque tous attaqués à San-Mattheo; soit que ce fût un effet de la nourriture du pays, ou de la mauvaise qualité des eaux. Mais les Sauvages leur apprirent qu'en buvant, à jeun & dans leurs repas, de eau où l'on auroit fait bouillir de la racine de saffafras, ils pouvoient être assurés d'une prompte guérison. Cette expérience fut tentée, & réussit. Cependant la bourgade ne sortit jamais ni de l'obscurité, ni de la misere, qui, sans doute, étoit une maladie incurable & naturelle aux vainqueurs du nouveau-monde.

A quinze lieues de San-Mattheo, sur la même côte, s'éleva un autre établissement, sous le nom de Saint-Augustin. Les Anglois, qui l'attaquerent en 1747, furent obligés de renoncer à le prendre. Les montagnards Écossois voulurent couvrir la retraite des assiégeans; ils furent battus & massacrés. Un sergent fut seul épargné par les Sauvages Indiens, qui, combattant avec les Espagnols, le réserverent pour les supplices qu'ils destinent à leurs prisonniers. Cet homme, à la vue de la torture cruelle qu'on lui préparoit, harangua, dit-on, la troupe sanguinaire en ces termes:

« Héros & patriarches du monde Occidental, vous n'étiez pas les ennemis que je cherchois; mais enfin vous avez vaincu. Le sort de la guerre m'a mis dans vos mains. Usez à votre gré du droit de la victoire. Je ne vous le dispute pas. Mais puisque c'est un usage de mon pays d'offrir une rançon

» pour sa vie, écoutez une proposition qui n'est
» pas à rejetter.

» Sachez donc, braves Américains, que
» dans le pays où je suis né, certains hommes
» ont des connoissances surnaturelles. Un de
» ces sages, qui m'étoit allié par le sang, me
» donna, quand je me fis soldat, un charme
» qui devoit me rendre invulnérable. Vous
» avez vu comme j'ai échappé à tous vos traits;
» sans cet enchantement, aurois-je pû survi-
» vre à tous les coups mortels dont vous m'a-
» vez assailli ? Car j'en appelle à votre valeur,
» la mienne n'a ni cherché le repos, ni fui le
» danger. C'est moins la vie que je vous de-
» mande aujourd'hui, que la gloire de vous
» révéler un secret important à votre conser-
» vation, & de rendre invincible la plus vail-
» lante nation du monde. Laissez-moi seule-
» ment une main libre, pour les cérémonies
» de l'enchantement dont je veux faire l'é-
» preuve sur moi-même en votre présence ».

Les Indiens saisirent avec avidité ce discours, qui flattoit en même tems, & leur caractere belliqueux, & leur penchant pour les merveilles. Après une courte délibération, ils délie-rent un bras au prisonnier. L'Ecossois pria qu'on remît son sabre au plus adroit, au plus

igoureux de l'assemblée ; & dépouillant son
 ou , après l'avoir frotté en balbutiant quel-
ues paroles avec des signes magiques , il cria
'une voix haute & d'un air gai : « Voyez
maintenant , sages Indiens , une preuve in-
contestable de ma bonne-foi. Vous , guer-
, rier, qui tenez mon arme tranchante, frap-
, pez de toute votre force : loin de séparer
ma tête de mon corps , vous n'entamerez
, pas seulement la peau de mon cou ».

A peine il eut prononcé ces mots , que l'In-
ien déchargeant le coup le plus terrible , fit
auter à vingt pas la tête du sergent. Les Sau-
ages étonnés resterent immobiles , regardant
e corps sanglant de l'étranger ; puis tournant
eurs regards sur eux-mêmes , comme pour se
eprocher les uns aux autres leur stupide crédu-
ité. Cependant admirant la ruse qu'avoit em-
loyée le prisonnier pour se dérober aux tour-
ens en abrégeant sa mort , ils accorderent à
on cadavre les honneurs funèbres de leur
ays. Si ce fait n'a pas toute la vérité que
emble lui assurer sa date , trop récente pour
onner du poids à une fiction , ce ne sera
u'un mensonge de plus dans les relations des
voyageurs.

Les Espagnols qui, dans toute l'Amérique,

s'exercerent plus à détruire qu'à bâtir, ne formerent au débouquement du canal de Bahama, que les deux établissemens dont on vient de parler. A quatre-vingts lieues de Saint Augustin, sur l'entrée du golfe du Mexique, ils avoient élevé Saint-Marc à l'embouchure de la riviere des Apalaches. Mais ce poste, qui pouvoit établir la communication des deux continens du nouveau-monde, avoit déjà perdu le peu d'importance qu'il avoit prise d'abord, lorsque les Anglois de la Caroline le renverserent en 1704, & le réduisirent à rien.

A trente lieues plus loin étoit la peuplade de Saint-Joseph, moins considérable encore que celle de Saint-Marc. Jettée sur une côte platte, exposée à tous les vents, dans un sable stérile, en un pays perdu ; c'étoit le lieu du monde, où l'on devoit le moins s'attendre à trouver des hommes. Mais l'avarice est souvent trompée par l'ignorance. Des Espagnols y habitoient.

Ceux de leur nation qui s'établirent, en 1696, à la baie de Pensacole, sur les confins de la Louisiane, furent, du moins, plus heureux dans leur choix. Le sol y étoit susceptible de culture; ils y avoient même une rade, qui, avec plus de profondeur à l'entrée, eût pu

passer

philosophique & politique.

assez pour bonne, si les vers n'y avoient, en très-peu de tems, percé les meilleurs vaisseaux.

Ces cinq établissemens, dispersés sur une [étendue] où l'on auroit pû fonder un grand [royaume], ne contenoient qu'environ trois [mille] colons, plus paresseux & plus pauvres les [uns] que les autres. Tous vivoient du produit [de] leurs troupeaux. C'est avec les cuirs qu'ils [vendoient] à la Havane ; c'est avec les denrées [qu'ils] pouvoient fournir à leur garnison, dont [la] solde montoit à 750,000 livres, qu'ils devoient payer leur vêtement, & tout ce que leur [île] ne fournissoit pas. Malgré la misere où les [laissoit] leur métropole, ils ont, la plupart, [voulu] passer à Cuba, quand la Floride a été [cédée] à l'Angleterre par le traité de 1763. [Cette] conquête n'a donc été qu'un désert ; [mais] n'est-ce pas un gain, que d'avoir perdu [des] habitans rébelles au travail, & mal intentionnés ?

La Grande-Bretagne se félicite d'avoir à [peupler] une province immense, dont les limites ont été encore reculées jusqu'au Mississipi, [par] la cession que les François ont faite d'une [partie] de la Louisiane. Pour y réussir, elle a [partagé] sa nouvelle acquisition en deux gou-

Tome VII. G

vernemens, dont l'un se nomme Floride Orientale, & l'autre Floride Occidentale.

Depuis long-tems cette nation brûloit de s'établir sur cette partie du continent, pour s'ouvrir une communication libre & facile avec les plus riches colonies de l'Espagne. Elle n'y cherchoit autrefois que les avantages d'un commerce interlope. Mais cette utilité précaire & momentanée ne suffit pas, ne convient pas même à l'ambition d'une grande puissance. Il n'appartient qu'à la culture, de faire fleurir les conquêtes d'un peuple industrieux. Aussi les Anglois prodiguent-ils tous les encouragemens à l'exploitation d'un de leurs plus beaux domaines. Le parlement, dans la seule année 1769, a accordé 205,875 liv. pour les deux Florides. Chez ce peuple, du moins, la mere nourrit quelque tems ses enfans nouveaux nés; tandis qu'ailleurs le gouvernement suce & tarit à la fois le lait de la métropole, & le sang des colonies.

XIV.
Par quels moyens l'Angleterre peut rendre la Floride utile.

Il n'est pas aisé de prévoir à quel dégré de splendeur, ces bienfaits, le tems & l'intelligence pourront élever la Floride. Cependant les apparences présagent de grandes prospérités. L'air y est sain; le sol ne s'y refuse à aucune espece de grain. Les premieres récoltes de riz, de coton, d'indigo, y ont été heureuses. Ces succès y attirent des colons en foule. Il en arrive des établissemens voisins ; il en arrive de la métropole ; il en arrive de tous les pays protestans d'Europe. Combien la population augmenteroit, si les souverains de l'Amérique Septentrionale, s'écartant des maximes qu'ils ont constamment suivies, daignoient s'unir, par les nœuds du mariage, à des familles Indiennes ! Pourquoi ce moyen de civiliser les nations barbares, qui a été si heureusement employé par les politiques les plus éclairés, ne seroit-il pas adopté par un peuple libre, qui doit admettre plus d'égalité que les autres peuples ? Les Anglois voudront-ils donc être toujours réduits à la cruelle alternative de voir leurs moissons brûlées & leurs cultivateurs massacrés, ou de poursuivre sans relâche, d'exterminer sans pitié des hordes errantes ? Une nation généreuse, qui a fait tant & de si longs efforts pour régner, sans concurrent, sur cette immense partie du nouveau-monde, ne devroit-elle pas préférer à des hostilités meurtrieres & sans gloire, un moyen humain & infaillible, de désarmer le seul ennemi qui puisse encore troubler sa tranquillité ?

Les Anglois se flattent que, sans le secours de ces alliances, ils doivent bientôt se voir délivrés des foibles inquiétudes qui leur restent. C'est, disent-ils, le destin des peuples sauvages, de s'éteindre à mesure que des nations policées viennent s'établir au milieu d'eux. Ne pouvant se résoudre à cultiver la terre, & les subsistances que leur fournissoit la chasse diminuant tous les jours, ils se voient réduits à s'éloigner de toutes les contrées que l'industrie & l'activité veulent défricher. C'est, en effet, le parti que prennent tous les jours les Américains, qui erroient au voisinage des établissemens Européens. Ils reculent ; ils s'enfoncent de plus en plus dans les bois ; ils se replient vers les Assinipoils, vers la baie d'Hudson, où se nuisant nécessairement les uns aux autres, ils ne doivent pas tarder à mourir de faim.

Mais des événemens cruels, ne peuvent-ils pas précéder cette destruction totale ? On n'a pas oublié le généreux Pontheack. Ce guerrier terrible étoit brouillé avec les Anglois en 1761. Le major Roberts, chargé de le regagner, lui envoya de l'eau-de-vie. Quelques Iroquois, qui entouroient leur chef, frémirent à la vue de cette liqueur Ne doutant pas qu'elle ne fût empoisonnée, ils vouloient absolument qu'on ejettât un présent si suspect. *Comment se pourroit-il*, leur dit leur capitaine, *qu'un homme qui est sûr de mon estime, & auquel j'ai rendu des services signalés, pût songer à m'ôter le jour?* & il avala l'eau-de-vie d'un air aussi assuré, que l'auroit pû faire le héros le plus vanté de l'antiquité.

Cent traits d'une élévation pareille, avoient fixé sur Ponteack les yeux des nations Sauvages. Il vouloit les réunir toutes sous les mêmes drapeaux, pour faire respecter leur territoire & leur indépendance. Des circonstances malheureuses firent avorter ce grand projet; mais il peut être repris, & il n'est pas impossible qu'il réussisse. S'il en étoit ainsi, les Anglois réduits à couvrir leurs frontieres, contre un ennemi qui n'a à soutenir aucune des dépenses de la guerre, qui n'a à craindre aucun des fléaux qu'elle entraîne chez tous les peuples policés, verroient retarder ou s'anéantir les avantages qu'ils se promettent des conquêtes qu'ils ont faites au prix de tant de trésors, au prix de tant de sang.

Les deux Florides, une partie de la Louisiane, & tout le Canada, conquis ou acquis à la même époque, & par le même traité, ont achevé de mettre sous la domination de l'Angleterre, l'espace qui s'étend depuis le fleuve

XV. Étendue des possessions Angloises dans l'Amérique Septentrionale.

Saint-Laurent jusqu'au fleuve Mississipi. Ainsi, quand cette puissance n'auroit pas encore la baie d'Hudson, Terre-Neuve, & les autres isles de l'Amérique Septentrionale, elle ne laisseroit pas de posséder l'empire le plus étendu qui jamais ait été formé sur la surface du globe. Ce vaste empire est coupé du Nord au Sud par une chaîne de hautes montagnes, qui, s'éloignant alternativement, & se rapprochant des côtes, laissent entr'elles & l'Océan un riche territoire, de cent cinquante, de deux cents, quelquefois de trois cents milles. Au-delà de ces monts Apalaches, est un désert immense, dont quelques voyageurs ont parcouru jusqu'à huit cents lieues sans en trouver la fin. On imagine que des fleuves qui coulent à l'extrémité de ces lieux sauvages, vont se perdre dans la mer du Sud. Si cette conjecture, qui n'est pas sans probabilité, venoit à se réaliser, l'Angleterre embrasseroit dans ses colonies toutes les branches de la communication & du commerce du nouveau-monde. En passant d'une mer de l'Amérique à l'autre par ses propres terres, elle toucheroit, pour-ainsi-dire, à la fois, aux quatre parties du globe. De tous ses ports de l'Europe, de ses comptoirs de l'Afrique, elle charge, elle expédie des vaisseaux pour le nouveau-monde. Des possessions qu'elle a dans

philosophique & politique.

es mers Orientales, elle pourroit se transporter aux Indes Occidentales par la mer Pacifique. C'est elle qui découvriroit les langues de terre ou les bras de mer, l'Isthme ou le détroit qui lient l'Asie à l'Amérique par l'extrémité du septentrion. Elle auroit alors toutes les portes du commerce dans ses mains par de vastes colonies; elle en auroit toutes les clefs par ses nombreuses flottes. Elle aspireroit, peut-être, à prédominer sur les deux mondes, par l'empire de toutes les mers. Mais tant de grandeur n'entre pas dans la destinée d'un seul peuple. Interrogez les Romains : est-il donc si flatteur d'exercer une immense domination, puisqu'il faut tout perdre quand on a tout conquis ? Interrogez les Espagnols : est-on donc si puissant, d'embrasser dans ses états une étendue de terres que le soleil ne cesse d'éclairer, s'il faut languir obscurément dans un monde quand on règne dans un autre ?

Les Anglois seront heureux, s'ils peuvent conserver, par la culture & la navigation, un empire toujours trop grand dès qu'il leur coûte du sang. Mais puisque l'ambition ne s'étend qu'à ce prix, c'est au commerce de féconder les conquêtes d'une puissance maritime. Jamais la guerre ne valut au vainqueur des champs plus dociles à l'industrie humaine, que ceux du continent Septentrional de l'Amérique. Quoiqu'il soit, en général, si bas proche de la mer, que le plus souvent on a peine à distinguer la terre du haut du grand mât, même après avoir mouillé à quatorze brasses, cependant la côte est très-abordable, parce que ce bas-fonds, ou cette profondeur, diminue insensiblement à mesure qu'on avance. Ainsi l'on peut, avec le secours de la sonde, connoître exactement à quelle distance on est du continent. Le navigateur en est même averti par les arbres, qui, paroissant sortir de l'Océan, forment un spectacle enchanteur à ses yeux, sur des plages où s'offrent de toutes parts des rades & des ports sans nombre, pour recevoir & protéger des vaisseaux.

Les productions viennent en abondance sur un sol nouvellement défriché, mais arrivent lentement à la saison de leur maturité. On y voit même beaucoup de plantes fleurir si tard, que l'hiver en prévient la récolte ; tandis que, sous une latitude plus Septentrionale, on en recueille sur notre continent & le fruit, & la graine. Quelle est la raison de ce phénomène? Avant l'arrivée des Européens, l'Américain du Nord, vivant du produit de sa chasse & de sa pêche, ne cultivoit point la terre. Tout son pays étoit hérissé de forêts & de ronces. A

philosophique & politique.

...mbre de ces bois, croissoit une multitude de ...antes. Les feuilles, dont chaque hiver dé-...ouilloit les arbres, formoient une couche de ...épaisseur de trois ou quatre pouces. L'été ve-...oit, avant que les eaux eussent entiérement ...urri cette espece d'engrais; & la nature, aban-...onnée à elle-même, entassoit sans cesse, les ...ns sur les autres, les fruits de sa fécondité. ...es plantes ensevelies sous des feuillages humi-...es, qu'elles ne perçoient qu'à peine avec beau-...up de tems, se sont accoutumées à une végé-...ation tardive. La culture n'a pû vaincre en-...ore une habitude enracinée par des siécles, ni ...art corriger le pli de la nature. Mais ce cli-...mat, si long-tems ignoré ou négligé par les ...hommes, offre aussi des dédommagemens, ...ui réparent les vices & les effets de cet ...abandon.

Il a presque tous les arbres qui sont naturels ...u nôtre. Il en a de propres à lui seul, entr'au-...res l'érable & le tamarisk.

Le tamarisk est un arbrisseau qui se plaît ...ur un sol humide: aussi ne s'éloigne-t-il guère ...e la mer. Ses graines sont couvertes d'une ...poudre blanche, qu'on prendroit pour de la ...farine. Ramassées à la fin de l'automne, & ...jettées dans de l'eau bouillante, elles donnent ...un corps visqueux, qui surnage & qu'on écume.

XVI. Arbres particuliers à l'Amérique Septentrionale.

Lorsque cette substance est figée, elle est communément d'un verd sale. On la fait fondre une seconde fois pour la purifier; elle devient alors transparente & d'un verd agréable.

Cette matiere, mitoyenne entre le suif & la cire, pour la consistance & la qualité, tenoit lieu de l'une & de l'autre aux premiers Européens qui aborderent dans ces contrées. Le prix en a fait diminuer l'usage, à mesure que les animaux domestiques se sont multipliés. Cependant comme elle brûle plus lentement que le suif, qu'elle est moins sujette à se fondre, & qu'elle n'en a pas l'odeur désagréable, elle obtient toujours la préférence par-tout où l'on peut s'en procurer, sans la payer trop cher. La propriété d'éclairer, est le moins précieux de ses usages. On en compose d'excellent savon, de bons emplâtres pour les blessures : on s'en sert même pour cacheter. L'érable ne mérite pas moins d'attention que le tamarisk, puisqu'on l'appelle l'arbre à sucre.

Élevé, par la nature, près des ruisseaux & dans des lieux humides, cet arbre croît jusqu'à la hauteur du chêne. On fait dans le mois de mars, au bas de son tronc, une incision de la profondeur de deux ou trois pouces. Un tuyau, qu'on insere dans la plaie, reçoit le suc qui coule, & le conduit dans un vase placé pour le cueillir. La liqueur des jeunes arbres est si abondante, qu'en une demi-heure elle remplit une bouteille de deux livres. Les vieux en donnent moins, mais de beaucoup meilleure. L'arbre ne veut qu'une incision ou deux, au plus: une plus grande perte l'épuise & l'énerve. S'il s'évacue par trois ou quatre tuyaux, il dépérit fort vîte.

Sa liqueur est un suc naturellement mielleux. Pour l'amener à l'état du sucre, on la fait vaporer par l'action du feu, jusqu'à ce qu'elle ait acquis la consistance d'un syrop épais. On le verse ensuite dans des moules de terre, ou d'écorce de bouleau. Le syrop se durcit en se refroidissant, & se change en un sucre roux, presque transparent, assez agréable. Pour lui communiquer de la blancheur, on y mêle quelquefois, en le fabriquant, un peu de farine de froment ; mais cette préparation altere toujours son goût. Ce sucre sert au même usage que celui des cannes ; mais pour en avoir une livre, il ne faut pas moins de dix-huit ou vingt livres de liqueur. Ainsi le commerce n'en tirera jamais un grand profit. Le miel est le sucre des Sauvages de nos landes ; l'érable est le sucre des Sauvages de l'Amérique. La nature a par-tout ses douceurs; elle a par-tout ses merveilles.

XVII.
Oiseaux particuliers à l'Amérique Septentrionale.

Parmi la multitude d'oiseaux qui peuplent les forêts de l'Amérique Septentrionale, il en est un extrêmement singulier; c'est l'oiseau-mouche, qui tire son nom de sa petitesse. Son bec est long, pointu comme une aiguille; ses pattes n'ont que la grosseur d'une épingle ordinaire. On voit sur sa tête une huppe noire, d'une beauté incomparable. Sa poitrine est couleur de rose, & son ventre est blanc comme du lait. Un gris bordé d'argent, & nuancé d'un jaune d'or très-brillant, éclate sur son dos, sur ses aîles & sur sa queue. Le duvet qui régne sur tout le plumage de cet oiseau, lui donne un air si délicat, qu'il ressemble à une fleur veloutée, dont la fraîcheur se fane au moindre attouchement.

Le printems est l'unique saison de ce charmant oiseau. Son nid, perché au milieu d'une branche d'arbre, est revêtu en dehors d'une mousse grise & verdâtre, garni en dedans d'un duvet très-mou, ramassé sur des fleurs jaunes. Ce nid n'a qu'un demi-pouce de profondeur, sur un pouce environ de diametre. On n'y trouve jamais que deux œufs, pas plus gros que les plus petits pois. On a souvent tenté d'élever les petits de ce léger volatile; mais ils n'ont pu vivre que trois ou quatre semaines au plus.

philosophique & politique. 109

L'oiseau-mouche ne se nourrit que du suc des fleurs; il voltige de l'une à l'autre, comme les abeilles. Quelquefois il se plonge dans le calice des plus grandes. Son vol produit un bourdonnement semblable à celui d'un rouet à filer. Lorsqu'il est las, il se repose sur un arbre ou sur un pieu voisin ; il y reste quelques minutes, & revole aux fleurs. Malgré sa foiblesse, il ne paroît pas méfiant ; les hommes peuvent s'approcher de lui, jusqu'à huit ou dix pieds.

Croiroit-on qu'un être si petit fût méchant, colere & querelleur ? On voit souvent ces oiseaux se livrer une guerre acharnée, & des combats opiniâtres. Leurs coups de bec sont si vifs & si redoublés, que l'œil ne peut les suivre. Leurs aîles s'agitent avec tant de vîtesse, qu'ils paroissent immobiles dans les airs. On les entend plus qu'on ne les voit : ils poussent un cri semblable à celui du moineau.

L'impatience est l'ame de ces petits oiseaux. Quand ils approchent d'une fleur, s'ils la trouvent fanée & sans suc, ils lui arrachent toutes les feuilles. La précipitation de leurs coups de bec, décele, dit-on, le dépit qui les anime. On voit, sur la fin de l'été, des milliers de fleurs, que la rage des oiseaux-mouche a tout-à-fait dépouillées. Cependant on peut douter que cette marque de reſſentiment ne ſoit pa[s] une ſorte de faim, plutôt qu'un inſtinct de[s]tructeur ſans beſoin.

L'Amérique Septentrionale étoit autrefo[is] dévorée d'inſectes. Comme on n'avoit ni p[u]rifié l'air, ni défriché la terre, ni abattu le[s] bois, ni donné de l'écoulement aux eaux, cet[te] matiere animée avoit envahi, ſans obſtacle, toutes les productions de la nature, que nu[l] être ne lui diſputoit. Aucune de ces eſpece[s] n'étoit utile à l'homme. Une ſeule aujourd'h[ui] ſert à ſes beſoins : c'eſt l'abeille. Mais on croi[t] qu'elle a été tranſportée de l'ancien-monde a[u] nouveau. Les Sauvages l'appellent, mouch[e] Angloiſe ; on ne la trouve qu'au voiſinage de[s] côtes. Ces indices annoncent une origin[e] étrangere. On voit les abeilles errer dans le[s] forêts en nombreux eſſaims ſur le nouvel h[é]miſphere. Elles s'y multiplient tous les jour[s.] Leur miel s'emploie à différens uſages. Beau[coup de gens en font leur nourriture. La cir[e] devient, de jour en jour, une branche conſi[dé]rable de commerce.

XVIII.
Les Anglois ont peuplé d'animaux domeſtiques

L'abeille n'eſt pas le ſeul préſent que l'Eu[r]ope ait pû faire à l'Amérique. Elle l'a encor[e] enrichie d'animaux domeſtiques. Les Sauvage[s] n'en avoient point. Des hommes libres n'a[ ]voient ſoumis aucune eſpece vivante à leu[r]

philosophique & politique.

[marginal note: l'Amérique Septentrionale.]

omination : ils ne favoient que les détruire. [l]a domesticité des animaux n'a jamais dû précéder la société des humains. La premiere [c]onquête de l'homme, est celle qu'il a faite [s]ur ses semblables. Jusqu'à cette fatale époque [d]e servitude universelle, chaque individu avoit [é]té trop occupé de son existence, & sa vie entiere avoit été toute employée aux moyens de [l]a conserver. Mais aussi-tôt qu'une partie des [h]ommes eut subjugué l'autre, & que celle-ci [s]e vit assujettie à travailler pour des maîtres, [l]e loisir fut connu pour la premiere fois sur la [t]erre. Ce loisir fut le pere des arts, qui confolerent, peut-être, le genre-humain de la perte [d]e sa liberté. La domesticité des animaux, [c]omme tous les autres arts utiles, fut, sans [d]oute, une invention des sociétés.

Peut-être n'est-elle pas le moindre ouvrage [d]e l'industrie humaine. Peut-être a-t-elle demandé le plus de talent, le plus de tems, le plus de hasards. Car, enfin, on a bien trouvé dans certaines contrées de l'Amérique, des sociétés & des empires avancés, même jusqu'aux arts de luxe ; mais les animaux y étoient encore libres, quoique plus disposés, par leur foiblesse ou leur instinct, à recevoir le joug de l'homme que dans nos contrées. On a vu même des pays du nouveau-monde, où les animaux avoient fait plus de progrès que l'homme vers l'état de perfection & de société auquel ils étoient appellés par la nature ; c'est qu'ils vivoient sans maître. L'homme ne les avoit pas assujettis à sa voix menaçante, à son coup d'œil terrible, à sa main toujours prête à frapper. Il étoit esclave lui-même, & les animaux ne l'étoient point encore. Le roi de la nature connut donc la servitude, avant de dompter les animaux.

Quoi qu'il en soit de l'origine & de la filiation des arts, dont la génération est trop compliquée, pour qu'il soit aisé de découvrir dans quel ordre & comment ils sont nés les uns des autres, l'Amérique n'avoit point encore associé les animaux aux hommes pour les travaux de la culture, lorsque les Européens y transportèrent sur des vaisseaux plusieurs de nos espèces domestiques. Elles s'y sont prodigieusement multipliées ; mais à l'exception du porc, dont toute la perfection consiste à s'engraisser, elles ont beaucoup perdu de la force & de la grosseur qu'elles avoient dans le séjour naturel de leur origine. Les bœufs, les chevaux & les brebis, ont dégénéré dans les colonies Septentrionales de l'Angleterre, quoique les espèces en eussent été choisies avec précaution.

C'est, sans doute, le climat ; c'est la nature

de

l'air & du sol, qui s'oppose au succès de [le]ur transplantation. Ces animaux furent d'a[b]ord, ainsi que les hommes, sujets à des ma[la]dies épidémiques. Si la contagion ne les en[le]ma pas comme l'espece humaine, à la racine [mê]me de la génération, plusieurs especes, du [m]oins, eurent beaucoup de peine à se repro[d]uire. A chaque génération, elles s'abâtardi[sse]nt; & tel que les plantes d'Amérique trans[po]rtées en Europe, le bétail de l'Europe s'est [dé]gradé continuellement en Amérique. C'est [la] loi des climats, qui veut que chaque peuple, [ch]aque espece vivante ou végétante, croisse & [d]eure dans son pays natal. L'amour de la pa[tr]ie semble commandé par la nature à tous les [êt]res, comme l'amour de leur conservation.

Cependant il y a des analogies de climat, [q]ui modifient la loi généralement portée con[tr]e la transmigration des animaux & des plan[te]s. Lorsque les Anglois aborderent dans l'A[m]érique Septentrionale, les habitans vaga[bo]nds de ces contrées solitaires, ne culti[v]oient qu'à regret un peu de mays. Cette es[pe]ce de bled, que l'Europe ignoroit alors, [ét]oit le seul qui fût connu dans le nouveau [m]onde. La culture en étoit facile. Les Sauva[g]es se contentoient de lever du gazon, de faire [d]es trous dans la terre avec un bâton, & de

XIX.
Les Anglois ont porté les grains d'Europe dans l'Amérique Septentrionale.

Hiſtoire

jetter dans chacun un grain, qui en produiſoit deux cents cinquante ou trois cents autres. Les préparations, pour s'en nourrir, n'étoient pas plus compliquées. On le piloit dans un mortier de bois ou de pierre, & on le réduiſoit en une pâte, qu'on faiſoit cuire ſous la cendre. Souvent il étoit mangé en bouillie, ou grillé ſeulement ſur de la braiſe.

Le mays réunit bien des avantages. Sa feuille eſt très-favorable à la nourriture des beſtiaux; avantage infiniment précieux dans les contrées où les prairies ne ſont pas communes. Un terrein maigre, léger & ſablonneux, eſt celui qui convient le mieux à cette plante. Sa ſemence peut être gelée au printems, même à deux ou trois repriſes, ſans que les récoltes ſoient moins abondantes. Enfin, c'eſt de tous les grains, celui qui peut ſoutenir le plus longtems la ſéchereſſe & l'humidité.

Ces raiſons, qui ont fait adopter la culture du mays dans une partie du globe, déterminerent les Anglois à le conſerver, à le multiplier dans leurs établiſſemens. Ils le vendirent au Portugal, à l'Amérique Méridionale, aux iſles à ſucre, & ils s'en ſervirent pour leur propre uſage. Cependant ils ne négligerent pas d'enrichir leurs plantations des grains d'Europe, qui réuſſirent tous, quoique moins parfaite-

philosophique & politique. 115

...nt que dans le lieu de leur origine. Du surflu de ces récoltes, du produit de leurs trouaux, & de l'exploitation des forêts du pays, s colons formerent un commerce, qui emaffoit les contrées les plus riches & les plus uplées du nouveau-monde.

La métropole voyant que fes colonies Septntrionales lui enlevoient l'approvifionnement s établiffemens qu'elle avoit au Midi de mérique, & craignant de les avoir bientôt ur rivales en Europe même, dans tous les archés des falaifons & des bleds, voulut urner leur activité vers des objets qui lui fuffnt plus utiles. Elle ne manquoit pas de mofs & de moyens; l'occafion vint de les mete en œuvre.

La Suéde étoit en poffeffion de vendre aux nglois la plus grande partie du bray & du oudron, dont ils avoient befoin pour leurs armens. En 1703, cette puiffance méconnut s vrais intérêts, au point de plier & de réuire fous un privilége exclufif, cette importnte branche de fon commerce. Une augmention de prix, fubite & forte, fut le premier ffet de ce monopole. L'Angleterre profitant e cette faute des Suédois, encouragea, par des primes confidérables, l'importation de tou-

XX. Les Anglois ont fenti la néceffité de tirer leurs munitions navales de l'Amérique Septentrionale.

tes les munitions navales que l'Amérique pourroit fournir.

Ces gratifications ne produisirent pas d'abord l'avantage qu'on s'en étoit promis. Une guerre sanglante, qui désoloit les quatre parties du monde, détourna tout à la fois la métropole & les colonies, de l'attention que méritoit cette révolution naissante dans le commerce. Les nations du Nord, qui toutes avoient le même intérêt, prenant l'inaction occasionnée par le trouble des guerres, pour une preuve complette d'impuissance, crurent pouvoir impunément assujettir les munitions de la marine, à toutes les clauses & les restrictions qui devoient en hausser le prix. Ce fut un système de convention entr'elles, qui devint public en 1718 ; tems où toutes les puissances maritimes souffroient encore des blessures d'une guerre de quatorze ans.

Une ligue si odieuse réveilla l'Angleterre. Elle fit partir pour le nouveau-monde des hommes assez éloquens, pour persuader aux habitans qu'ils avoient le plus grand intérêt à seconder les vues de la mere patrie ; assez éclairés pour diriger les premiers travaux vers de grands résultats, sans les faire passer par ces minces essais, qui éteignent subitement une rdeur allumée avec beaucoup de peine. En un lin d'œil, la poix, le goudron, la térébenthine, les vergues, les mâtures, abordèrent ans les ports de la Grande-Bretagne avec ant de profusion, qu'on fut en état d'en vendre aux pays voisins.

Le gouvernement fut aveuglé par ce premier essor de prospérité. L'avantage que la moicité du prix donnoit aux munitions navales e ses colonies, sur celles qui venoient de la 1er Baltique, sembloit lui promettre une préérance constante. Il crut pouvoir supprimer les ncouragemens. Mais il n'avoit pas fait entrer ans ses calculs, la différence du fret qui étoit toute en faveur de ses rivaux. L'interruption totale qui survint dans cette veine de commerce, l'avertit de son erreur. Il reprit, en 1729, le système des gratifications. Quoique moins fortes qu'elles ne l'avoient été d'abord, elles suffirent pour assurer au débit des munitions d'Amérique, du moins en Angleterre, la plus grande supériorité sur celles du Nord.

Les bois, qui faisoient pourtant une des principales richesses des colonies, fixèrent plus tard la vigilance du gouvernement de la métropole. Depuis long-tems les Anglois en exportoient en Espagne, en Portugal, dans la Méditerranée, où ces matériaux étoient employés aux édifices & à d'autres usages. Comme ces navigateurs ne prenoient pas, en retour, assez de marchandises pour completter leur cargaison, les Hambourgeois & même les Hollandois avoient contracté l'habitude de fretter les vaisseaux de ces étrangers, pour importer chez eux les productions des plus riches climats de l'Europe. Ce double commerce d'exportation & de cabotage, avoit considérablement augmenté la marine Britannique. Le parlement instruit de ce succès, se hâta de décharger, en 1722, les bois que le nouveau-monde pouvoit fournir au royaume, de tous les droits que payoient à leur entrée les bois de Russie, de Suede & de Danemarck. Cette premiere faveur fut suivie d'une gratification, qui, comprenant en général toute sorte de bois, portoit spécialement sur ceux qui étoient destinés à la construction des vaisseaux. Un avantage si considérable en lui-même, eût encore augmenté, si les colonies avoient construit chez elles des bâtimens propres à voiturer des matieres d'un si grand encombrement; s'il s'étoit formé des chantiers qui eussent fourni des cargaisons entieres; sur-tout si l'on avoit aboli l'usage de brûler, au printems, les feuilles tombées durant l'automne. Cette pratique vicieuse, détruira toujours les jeunes arbres qui commençoient à se développer. Il n'en restera que de vieux, trop mûrs pour la construction. Personne n'ignore que les navires faits en Amérique, ou avec des matériaux tirés de ce pays, n'ont qu'une très-courte durée. Cet inconvénient peut avoir plusieurs causes ; mais celle qu'on indique ici, mérite d'autant plus d'attention, qu'il est facile d'y remedier. Avec les bois & les mâtures de la marine, l'Amérique peut encore fournir les voiles & les agrès, par la culture du chanvre & du lin.

Les protestans François, qui, chassés de leur patrie par un roi conquérant tombé dans le bigotisme, avoient apporté par-tout à ses ennemis, l'industrie de leur nation, firent connoître en Angleterre le prix de deux matieres, souverainement importantes pour une puissance maritime. L'Écosse & l'Irlande cultiverent, avec quelques succès, & le lin & le chanvre. Cependant les manufactures nationales tiroient principalement l'un & l'autre de la Russie. On imagina, pour mettre fin à cette importation étrangere, d'accorder 135 livres de gratification par tonneau de ces matieres, à l'Amérique Septentrionale. Mais l'habitude, ennemie des nouveautés utiles, rendit d'abord les colons insensibles à cet appât. Enfin ils y ont cédé ; & le produit des lins & des chanvres qu'ils cultivent, retient, dans la Grande-Bretagne, une partie considérable des 45,000,000l. que l'achat des toiles étrangeres en faisoit sortir chaque année. Peut-être ira-t-il jusqu'à suffire à la consommation nationale, jusqu'à supplanter même les autres nations dans tous les marchés. Un sol tout neuf qui ne coûte rien, qui n'a pas besoin d'engrais, qui est traversé par des rivieres navigables, & qui peut être travaillé par des esclaves : quel fondement pour les plus vastes espérances ! Aux bois, aux toiles qu'exige la marine, faut-il ajouter le fer? Le Nord du nouveau-monde en offre, pour la conquête de l'or & de l'argent qui coulent au Midi.

XXI. L'Angleterre commence à tirer son fer de l'Amérique Septentrionale.

Ce premier métal si nécessaire à l'homme, étoit ignoré des Américains, lorsque les Européens leur en apprirent le plus funeste usage; celui des armes homicides. Les Anglois eux-mêmes négligerent long-tems les mines de fer, que la nature avoit prodiguées dans le continent où ils s'étoient établis. On avoit détourné de la métropole ce canal de richesses, en le chargeant de droits énormes. Cette imposition, équivalente à une prohibition, étoit l'ouvrage des propriétaires des mines nationales, soutenus des propriétaires des bois taillis, qui de-

oient servir à l'exploitation du fer. Par la cor‑
uption, l'intrigue & les sophismes, ces en‑
emis du bien public avoient écarté une con‑
urrence qu'ils ne pouvoient soutenir. Enfin le
ouvernement fit un premier pas vers le bien.
l permit l'importation franche de droits, des
ers de l'Amérique à Londres ; mais en défen‑
ant de le transporter dans d'autres ports, ou
ême à plus de dix milles dans les terres. Ce
isarre arrangement dura jusqu'en 1757. Alors,
es milliers de voix se réunirent, pour enga‑
er le sénat de la nation à faire cesser le vice
'une administration si visiblement opposée à
tous les bons principes ; & à étendre à tout le
royaume, une liberté exclusivement accordée à
la capitale.

Une demande si raisonnable, trouva la plus
vive opposition. Les intérêts particuliers se réu‑
nirent, pour représenter que les cent neuf
forges qui travailloient en Angleterre, sans y
comprendre celles d'Ecosse, produisoient an‑
nuellement dix-huit mille tonnes de fer, & oc‑
cupoient un grand nombre d'ouvriers habiles ;
que ces mines, qui étoient inépuisables, au‑
roient considérablement augmenté leur produit,
si l'on n'avoit été arrêté par la crainte conti‑
nuelle de voir les fers d'Amérique déchargés
de toute imposition ; que les ouvrages de

fer, travaillés en Angleterre, confommoient tous les ans cent quatre-vingt-dix-huit mille cordes de bois taillis, & que ces taillis fournissoient d'ailleurs des écorces pour les tanneries, des matériaux pour les bâtimens; que le fer d'Amérique étant peu propre à être converti en acier, à faire des inftrumens tranchans, à fournir le plus grand nombre des uftenfiles de navigation, ne diminueroit guère l'importation étrangere, & fe borneroit à anéantir les forges de la Grande-Bretagne.

Ces vaines confidérations n'arrêterent pas le parlement. Il comprit qu'à moins qu'on ne baiflât le prix des matieres premieres, la nation perdroit bientôt les innombrables manufactures de fer & d'acier, qui l'enrichiffoient depuis fi long-tems ; & qu'il n'y avoit pas de tems à perdre pour arrêter les progrès de cette induftrie chez les autres peuples. On fe détermina donc à permettre, libre & affranchie de tous droits, l'introduction du fer de l'Amérique dans tous les ports d'Angleterre. Cette réfolution pleine de fageffe, fut accompagnée d'un acte de juftice. Une loi portée fous Henri VIII, défendoit aux propriétaires des bois taillis de défricher leurs terres : le gouvernement les autorifa à faire, de leurs propriétés, l'ufage qui leur conviendroit le mieux.

Avant ces dispositions, la Grande-Bretagne avoit tous les ans à l'Espagne, à la Norwege, la Suede & à la Russie, dix millions de livres pour le fer qu'elle tiroit de ces contrées. Ce tribut a bien diminué, & doit diminuer encore. Le minerai est si abondant en Amérique, si facile à tirer de la superficie de la terre, que les Anglois ne désespèrent pas de pouvoir en fournir au Portugal, à la Turquie, à l'Afrique, aux Indes Orientales, à tous les pays de l'univers où l'intérêt de leur commerce étend leurs relations.

Peut-être cette nation exagere-t-elle aux autres, ou à elle-même, les avantages qu'elle se promet de tant d'objets utiles à sa navigation. Mais il lui suffira qu'à l'aide de ses colonies, elle puisse se tirer de la dépendance où les nations Européennes du Nord l'avoient jusqu'à présent tenue, pour la construction de ses armemens. On pouvoit autrefois arrêter ou gêner ses opérations, par le refus de ces matériaux. Rien ne suspendra désormais son essor naturel vers l'empire des mers, qui seul peut lui assurer l'empire du nouveau-monde.

Après s'en être applani le chemin, par la création d'une marine libre, indépendante, & supérieure à toutes les marines; l'Angle-

XXII.
L'Angleterre aspire à tirer ses vins & ses

soies de l'Amérique Septentrionale. terre a pris encore tous les moyens de jouir de cette espece de conquête qu'elle a faite en Amérique, moins par ses armes que par son industrie. Par des encouragemens bien ménagés, elle est parvenue à tirer annuellement de ces régions, vingt millions pesant de potasse. La culture du riz, de l'indigo, du tabac, y a fait les plus grands progrès. A mesure que ces établissemens, par leur pente naturelle, se sont avancés du Nord au Sud, les projets & les entreprises se sont multipliés, convenablement à la nature du sol. On a demandé aux climats chauds ou tempérés, les productions qu'ils devoient rendre aux soins de la culture. Le vin seul sembloit manquer au nouvel hémisphere; les Anglois qui n'ont point de vin en Europe, ont voulu s'en procurer en Amérique.

On trouve sur le continent immense que ce peuple seul occupe, une quantité prodigieuse de seps sauvages, qui produisent des raisins, dont la couleur, la grosseur & la quantité varient, mais qui sont tous d'un goût âcre & désagréable. On pensa qu'une bonne culture donneroit à cette plante la perfection que la nature brute lui avoit refusée; & l'on appella des vignerons François dans un pays où les impôts & les corvées ne leur ôtoient pas le fruit & le

philosophique & politique. 125

goût du travail. Les expériences réitérées qu'ils tenterent alternativement avec du plant d'Europe & d'Amérique, furent toutes également malheureuses. Le suc de la vigne y étoit trop aqueux, trop foible, trop difficile à conserver dans un climat chaud. Le pays étoit trop couvert de bois, qui attirent & font séjourner les brouillards humides & brûlans ; les saisons étoient trop inconstantes ; les insectes trop multipliés autour des forêts, pour laisser éclorre & prospérer une culture si chere à la nation Angloise, à tous les peuples qui ne la possedent point. Un jour viendra peut-être, mais après des siécles, où ses colonies lui fourniront une boisson qu'elle envie & qu'elle achete à la France, avec le secret dépit d'enrichir une rivale qu'elle brûle de dépouiller. Ce desir est cruel. L'Angleterre a des moyens plus doux, plus glorieux d'atteindre à la prospérité qu'elle ambitionne. Une production, une culture répandue aujourd'hui dans les quatre parties du monde, vient s'offrir à son émulation ; c'est la soie : ouvrage de ce ver rampant qui habille l'homme de feuilles d'arbres élaborées dans son sein ; c'est la soie, double prodige de la nature & de l'art.

Cette riche matiere coûte à la Grande-Bretagne une exportation annuelle d'argent très-considérable. Il y a trente ans que cette perte lui fit naître l'envie de tirer ses soies de la Caroline, qui, par la douceur de son climat & l'abondance de ses mûriers, sembloit favorable à cette production. Des essais que hasarda le gouvernement en attirant des Vaudois à cette colonie, furent plus heureux & plus productifs qu'on n'avoit osé l'espérer. Cependant les progrès de cette branche d'industrie, sont restés au-dessous d'une si riante promesse. On en a rejetté la faute sur les habitans de la colonie, qui n'achetant que des négres, dont ils tiroient une utilité prompte & sûre, ont négligé d'avoir des négresses qu'on auroit pu destiner avec leurs enfans à élever des vers à soie ; occupation convenable à la foiblesse du sexe & de l'âge les plus délicats. Mais on devoit prévoir que des hommes arrivés d'un autre hémisphère dans un pays inculte & sauvage, donneroient leurs premiers soins à la culture des grains nourriciers, à l'éducation des bestiaux, aux travaux de premier besoin. C'est la marche naturelle & constante des états bien gouvernés. De l'agriculture, principe de la population, ils s'élevent aux arts de luxe ; & les arts de luxe nourrissent le commerce, enfant de l'industrie & pere de la richesse. Le moment est venu peut-être où les Anglois peuvent occuper des colonies entieres à la culture de la

philosophique & politique. 127

...oie. C'est du moins l'opinion nationale. Le parlement arrêta le 18 avril 1769, que pour toutes les soies crues qui seroient portées des colonies dans la métropole, il seroit donné pendant sept ans une gratification de vingt-cinq pour cent; pendant les sept années suivantes, une gratification de vingt pour cent; & pendant sept années encore, une gratification de quinze pour cent. Si cet encouragement produit l'amélioration qu'on en doit attendre, on ne tardera pas sans doute à l'appliquer à la culture des cotonniers & des oliviers, que le ciel & le sol des colonies Angloises semblent solliciter. L'Europe & l'Asie n'ont peut-être pas de riches productions qui ne puissent être heureusement transplantées & cultivées dans le vaste continent de l'Amérique Septentrionale; lorsque la population y aura fourni des bras, à proportion de l'étendue & de la fertilité d'un si riche domaine. C'est aujourd'hui le grand objet de la métropole, que de peupler les colonies.

Ce furent les Anglois, qui, persécutés dans leur isle pour leurs opinions civiles & religieuses, abordèrent les premiers dans cette région déserte & sauvage.

Il étoit difficile que cette première émigration eût des suites importantes. Les habitans

XXIII. De quelle espèce d'hommes l'Angleterre peuple les colonies de l'Amérique Septentrionale.

de la Grande-Bretagne sont tellement attachés au sol qui les a vu naître, qu'il n'y a que des guerres civiles ou des révolutions qui puissent déterminer à changer de climat & de patrie ceux d'entre eux qui ont une propriété, des mœurs, ou de l'industrie. Ainsi le rétablissement de la tranquillité publique en Europe, devoit mettre des obstacles insurmontables au progrès des cultures en Amérique.

D'ailleurs les Anglois, quoique naturellement actifs, ambitieux & entreprenans, n'étoient guère propres à défricher le nouveau-monde. Accoutumés à une vie douce, à quelque aisance, à beaucoup de commodités; il n'y avoit que l'enthousiasme religieux ou politique qui pût les soutenir dans les travaux, les miseres, les privations, les calamités inséparables des nouvelles plantations.

On doit ajouter que quand l'Angleterre auroit pû vaincre ces difficultés, elle ne l'auroit pas dû vouloir. Sans doute, il étoit utile à cette puissance de fonder des colonies, de les rendre florissantes, de s'enrichir de leurs productions: mais il ne lui convenoit pas d'acheter ces avantages par le sacrifice de sa population.

Heureusement pour cette nation, l'intolérance & le despotisme, qui pesoient sur la plupart des contrées de l'Europe, pousserent

de

de nombreuses victimes sur une plage inculte, qui dans son abandon, sembloit offrir & demander en même tems du secours aux malheureux. Ces hommes échappés à la verge des tyrans, en passant les mers, perdoient tout espoir de retour, & s'attachoient pour toujours à une terre qui, leur servant d'asyle, leur fournissoit à peu de frais une subsistance paisible. Ce bonheur ne put être toujours ignoré. De toutes parts on accourut pour le partager. Un empressement si vif s'est soutenu, sur-tout en Allemagne, où la nature produit des hommes pour conquérir ou cultiver la terre. Il augmentera. L'avantage qu'ont les réfugiés d'être citoyens dans toute l'étendue de la domination Britannique, après sept ans de domicile dans ses colonies, garantit cette prédiction.

Tandis que la tyrannie & la persécution déspeuploient & desséchoient la population en Europe, l'Amérique Angloise se peuploit de trois sortes d'habitans. Les hommes libres forment la première classe. C'est la plus nombreuse; mais jusqu'à présent, elle a dégénéré d'une manière visible. Tous les créoles, quoique habitués au climat dès le berceau, n'y sont pas aussi robustes au travail, aussi forts à la guerre que les Européens; soit que l'éducation ne les y ait pas préparés, ou que la nature les ait amollis. Sous ce ciel étranger, l'esprit s'est énervé comme le corps. Vif & pénétrant de bonne heure, il conçoit promptement ; mais ne résiste pas, ne s'accoutume pas aux longues méditations. On doit être étonné que l'Amérique n'ait pas encore produit un bon poëte, un habile mathématicien, un homme de génie dans un seul art, ou une seule science. Ils ont presque tous de la facilité pour tout ; aucun ne marque un talent décidé pour rien. Précoces & mûrs avant nous, ils sont bien en arriere, quand nous touchons au terme.

Peut-être dira-t-on que leur population y est peu nombreuse, auprès de celle de l'Europe entiere ; qu'on y manque de secours, de maîtres, de modeles, d'instrumens, d'émulation dans les arts & dans les sciences ; que l'éducation y est trop négligée ou trop mal secondée. Mais observez, qu'à proportion, on y voit plus de gens bien nés, d'une condition honnête, aisée & libre ; plus de loisir & de moyens pour suivre son talent, qu'on n'en trouve en Europe, où l'institution même de la jeunesse est souvent contraire au progrès & au développement de la raison & du génie. Est-il possible qu'entre les créoles élevés parmi nous, & qui tous, ou presque tous, ont de l'esprit, aucun n'ait pris un grand vol dans la moindre carriere ; que parmi ceux qui font reftés dans leur pays, aucun ne fe foit diftingué, par une certaine fupériorité, dans les talens qui menent à la renommée? La nature les a-t-elle punis d'avoir paffé l'Océan? Eft-ce une race qui s'eft abâtardie à jamais en fe tranfplantant, fe croifant, fe mêlant? Le tems ne pourra-t-il pas la naturalifer avec le climat? Gardons-nous de prononcer fur l'avenir, avant une expérience de plufieurs fiécles. Attendons qu'un foyer plus grand de lumieres, ait éclairé ce nouvel hémifphère. Attendons que l'éducation y ait corrigé l'infurmontable pente du climat, vers les plaifirs énervans de la molleffe & de la volupté. Peut-être alors verra-t-on que l'Amérique eft favorable au génie, aux arts créateurs de la paix & de la fociété. Un nouvel Olympe, une Arcadie, une Athènes, une Grece nouvelle, enfantera peut-être dans le continent, ou dans l'archipel qui l'environne, des Homeres, des Théocrites, & fur-tout des Anacréons. Peut-être s'elevera-t-il un autre Newton dans la Nouvelle-Bretagne? C'eft de l'Amérique Angloife, n'en doutons pas, que partira le premier rayon des fciences, fi elles doivent éclorre enfin fous un ciel fi long-tems nébuleux. Par un contrafte fingulier avec l'ancien monde, où les arts font allés du Midi vers le Nord, on verra dans le nouveau, le Nord éclairer le Midi. Laissez les Anglois défricher le terrein, purifier l'air, changer le climat, améliorer la nature; un nouvel Univers sortira de leurs mains, pour la gloire & le bonheur de l'humanité. Mais qu'ils prennent donc des mesures conformes à ce noble dessein ; & qu'ils cherchent par des voies justes & louables, une population digne de créer un monde nouveau. C'est ce qu'ils n'ont pas fait encore.

La seconde classe de leurs colons, fut autrefois composée de malfaiteurs que la métropole condamnoit à être transportés en Amérique, & qui devoient un service forcé de sept ou de quatorze ans aux planteurs qui les avoient achetés des tribunaux de justice. On s'est universellement dégoûté de ces hommes corrompus, & toujours prêts à commettre de nouveaux crimes.

On les a remplacés par des hommes indigens, que l'impossibilité de subsister en Europe a poussés dans le nouveau-monde. Embarqués sans être en état de payer leur passage, ces malheureux sont à la disposition de leur conducteur, qui les vend à qui bon lui semble. Cette espece d'esclavage est plus ou moins long; mais il ne peut jamais durer plus de

[...]uit années. Si parmi ces émigrans il se trouve [d]es enfans, leur servitude doit durer jusqu'à [le]ur majorité, qui est fixée à vingt & un ans, [p]our les garçons, & à dix-huit ans, pour les [fil]les.

Aucun des engagés n'a le droit de se marier [sa]ns l'aveu de son maître, qui met le prix [qu]'il veut à son consentement. Si quelqu'un [d]'eux s'enfuit, & qu'on le rattrape ; il doit [s]ervir une semaine pour chaque jour de son [a]bsence, un mois pour chaque semaine, & six [m]ois pour un seul. Le propriétaire qui ne veut [p]as reprendre son déserteur, peut le vendre à [q]ui bon lui semble ; mais ce n'est que pour le [t]ems de son premier engagement. Du reste, [c]e service, cette vente, n'ont rien d'ignomi[n]ieux. A l'expiration de sa servitude, l'engagé [j]ouit de tous les droits du citoyen libre. Avec [s]on affranchissement, il reçoit du maître qu'il [a] servi, ou des instrumens de labourage, ou [l]es outils nécessaires à son industrie.

Cependant de quelque apparence de justice [qu]e l'on colore cette espece de trafic, la plu[p]art des étrangers qui passent en Amérique à [c]e prix, ne s'embarqueroient pas, s'ils n'étoient [t]rompés. Des brigands sortis des marais de la [H]ollande se répandent dans le Palatinat, dans [l]a Suabe, dans les cantons d'Allemagne les plus peuplés, ou les moins heureux. Ils y vantent avec enthousiasme les délices du nouveau monde, & les fortunes qu'il est aisé d'y faire. Des hommes simples, séduits par des promesses si magnifiques, suivent aveuglément ces vils courtiers d'un indigne commerce, qui les livrent à des négocians d'Amsterdam ou de Rotterdam. Ceux-ci soudoyés eux-mêmes par le gouvernement Britannique, ou par des compagnies chargées de peupler les colonies, payent une gratification à ces embaucheurs. Des familles entieres sont vendues, sans le savoir, à des maîtres éloignés, qui leur préparent des conditions d'autant plus dures, que la faim & la nécessité ne permettent pas à ceux qui les acceptent de s'y refuser. Les Anglois forment des recrues pour la culture, comme les princes pour la guerre ; avec un but plus utile & plus humain, mais par les mêmes artifices. L'illusion se perpétue en Europe, par l'attention qu'a de supprimer les lettres de l'Amérique, qui pourroient dévoiler un mystère d'imposture & d'iniquité, trop bien couvert par l'intérêt qui en est l'inventeur.

Mais enfin, on ne trouveroit point tant de dupes, s'il y avoit moins de victimes. C'est l'oppression des gouvernemens qui fait adopter ces chimères de fortune, à la crédulité du peuple. Des hommes malheureux dans leur patrie, errans ou foulés chez eux, n'ayant rien de pire à craindre sous un ciel étranger, se livrent aisément à l'espérance d'un meilleur sort. Les moyens qu'on emploie pour les retenir dans le pays où la fatalité les a fait naître, ne sont propres qu'à irriter en eux le desir d'en sortir. C'est par des prohibitions, par des menaces & des peines, qu'on croit les enchaîner; on ne fait que les aigrir, les pousser à la désertion par la défense même. Il faudroit les attacher par des soulagemens & des espérances: on les emprisonne, on les garotte; on empêche l'homme, né libre, d'aller respirer dans des contrées où le ciel & la terre lui donneroient un asyle. On aime mieux l'étouffer dans son berceau, que de le laisser chercher sa vie en quelque climat secourable. On ne veut pas même lui donner le choix de son tombeau. Tyrans politiques, voilà l'ouvrage de vos loix: peuples, où sont vos droits?

Faut-il révéler aux nations, les trames qui se forment contre leur liberté? Faut-il leur dire que, par le complot le plus odieux, quelques puissances ont manœuvré récemment une convention qui doit ôter toute ressource au désespoir? Depuis deux siécles, tous les princes de l'Europe fabriquoient entr'eux, dans les ténèbres du cabinet, cette longue & pesante chaîne dont les peuples se sentent enveloppés de toutes parts. Chaque négociation ajoutoit de nouveaux chaînons à ce filet artificieusement imaginé. Les guerres ne tendoient pas à rendre les états plus grands, mais les sujets plus soumis, en substituant pas à pas le gouvernement militaire à l'influence douce & lente des loix & des mœurs. Tous les potentats se fortifioient également dans leur tyrannie, par leurs conquêtes ou par leurs pertes. Victorieux, ils régnoient avec des armées : humiliés & défaits, ils commandoient par la misere à des sujets pusillanimes. Ennemis ou jaloux entr'eux par ambition, ils ne se liguoient ou ne s'allioient que pour appesantir la servitude. Soit qu'ils voulussent souffler la guerre ou conserver la paix, ils étoient assurés de tourner au profit de leur autorité, l'aggrandissement ou l'affoiblissement de leurs peuples. S'ils cédoient une province, ils épuisoient toutes les autres pour la recouvrer ou pour se dédommager de sa perte. S'ils en acquéroient une nouvelle, la fierté qu'ils affectoient au-dehors, étoit au-dedans dureté, vexation. Ils empruntoient les uns des autres réciproquement tous les arts, toutes les inventions, soit de la guerre, soit de la paix, qui pouvoient concourir, tantôt à fomenter les rivalités & les antipathies naturelles, tantôt à oblitérer le caractère des nations ; comme si l'accord tacite de leurs maîtres eût été de les assujettir les unes par les autres, au despotisme qu'ils avoient su leur préparer de longue main. N'en doutez pas, peuples qui gémissez tous, plus ou moins sourdement, de votre condition ; ceux qui ne vous ont jamais aimés, en sont venus à ne vous plus craindre. Une seule issue vous restoit dans l'extrémité du malheur; celle de l'évasion & de l'émigration. On vous l'a fermée.

Des princes sont convenus entr'eux de se rendre, non-seulement les déserteurs, qui, la plupart enrôlés par force ou par fraude, ont bien le droit de s'échapper ; non-seulement les brigands, qui ne devroient en effet trouver de refuge nulle part : mais indistinctement tous leurs sujets, quel que soit le motif qui les ait forcés à quitter leur patrie. Ainsi vous tous, malheureux laboureurs, qui ne trouvez ni subsistances, ni travail dans les pays ravagés & desséchés par les exactions de la finance; mourez où vous avez eu le malheur de naître ; il n'est plus d'asyle pour vous que sous terre. Vous tous artisans, ouvriers de toute espece, que l'on vexe par les monopoles, à qui l'on refuse le droit de travailler librement, sans avoir acheté des maîtrises ; vous que l'on tient courbés toute la vie dans un attelier, pour enrichir un entrepreneur privilégié ; vous qu'un deuil de cour laisse des mois entiers sans salaire & sans pain ; n'espérez pas de vivre hors d'une patrie où des soldats & des gardes vous tiennent emprisonnés ; errez dans l'abandon, & mourez de chagrin. Osez gémir ; vos cris seront repoussés & perdus au fond d'un cachot; fuyez, on vous poursuivra, même au-delà des monts & des fleuves ; vous serez renvoyés ou livrés pieds & poings liés, à la torture, à la gêne éternelle où vous avez été condamnés en naissant. Vous encore, à qui la nature a donné un esprit libre, indépendant des préjugés & des erreurs ; qui osez penser & parler en hommes, étouffez dans votre ame la vérité, la nature, l'humanité. Applaudissez à tous les attentats commis contre votre patrie & vos concitoyens, ou gardez un silence profond dans l'obscurité de l'infortune & de la retraite. Vous tous enfin qui naissez dans ces états barbares, où la condition réciproque entre les princes de se rendre les transfuges, vient d'être scellée par un traité ; souvenez-vous de l'inscription que le Dante a gravée sur la porte de son enfer :

Voi ch'entrate, lasciate omai ogni speranza : vous qui passez ici, perdez toute espérance.

Quoi ! ne reste-t-il pas un asyle même au-delà des mers ? L'Angleterre n'ouvrira-t-elle pas ses colonies aux malheureux qui préféreront volontairement sa domination, au joug insupportable de leur patrie ? Qu'a-t-elle besoin de ce vil ramas d'engagés, qu'elle surprend & débauche par les honteux moyens dont toutes les couronnes se servent pour grossir leurs armées ? Qu'a-t-elle besoin de ces êtres encore plus misérables, dont elle forme la troisiéme classe de sa population en Amérique ? Oui, par une iniquité d'autant plus criante qu'elle sembloit moins nécessaire, ses colonies Septentrionales ont eu recours au trafic, à l'esclavage des noirs. On ne disconviendra pas qu'ils ne soient mieux nourris & mieux vêtus, moins maltraités & moins accablés de travail qu'aux isles. Les loix les protegent plus efficacement, & il est très-rare qu'ils soient les victimes de la férocité ou des caprices d'un odieux tyran. Cependant, quel doit être le fardeau d'une vie condamnée à languir dans une servitude éternelle ? Des sectaires humains ; des chrétiens, qui cherchoient dans l'évangile plutôt des vertus que des dogmes, ont souvent voulu rendre à leurs esclaves la liberté, que rien ne peut remplacer ; mais ils ont été long-tems retenus par une loi de l'état, qui ordonnoit d'assigner, aux affranchis, un revenu suffisant pour leur subsistance.

Disons plutôt : l'habitude commode d'être servi par des esclaves ; ce penchant à la domination, justifié par les douceurs dont on prétend alléger leur servitude ; l'opinion où l'on se plaît à rester, qu'ils ne se plaignent pas d'une condition que le tems a changée pour eux en nature : ce sont-là les sophismes de l'amour-propre, pour appaiser les cris de la conscience. La plupart des hommes ne sont pas nés méchans, ne veulent pas faire le mal : mais parmi ceux même que la nature semble avoir formés justes & bons, il en est peu qui aient assez de désintéressement, de courage & de grandeur d'ame, pour faire le bien aux dépens de quelque sacrifice.

Cependant les Quakers viennent de donner un exemple, qui doit faire époque dans l'histoire de la religion & de l'humanité. Au milieu d'une de ces assemblées où tout fidele qui se croit mû par l'impulsion de l'Esprit-Saint, a droit de parler, un de ces freres (celui-là sans doute étoit inspiré) s'est levé & a dit : « Jusques à quand aurons-nous deux consciences, deux mesures, deux balances ; l'une en notre faveur, l'autre à la ruine du prochain ; toutes deux également fausses ? Est-ce à nous, mes freres, de nous plaindre en ce moment que le parlement d'Angleterre veut nous asservir, nous imposer le joug du sujet, sans nous laisser le droit du citoyen ; tandis que depuis un siécle nous faisons tranquillement l'œuvre de la tyrannie, en tenant dans les fers du plus dur esclavage, des hommes qui sont nos égaux & nos freres ? Que nous ont fait ces malheureux que la nature avoit séparés de nous par des barrieres si redoutables, & que notre avarice est allé chercher au travers des naufrages, jusques dans leurs sables brûlans, ou leurs sombres forêts, au milieu des tigres ? Quel étoit leur crime, pour être arrachés d'une terre qui les nourrissoit sans travail, & transplantés par nous sur une terre où ils meurent dans les labeurs de la servitude ? Quelle famille as-tu donc créée, Pere céleste, où les aînés, après avoir ravi les biens de leurs freres, veulent encore les forcer, la verge à la main, d'engraisser du sang de leurs veines, de la sueur de leur front, ce même héritage dont on les a dépouillés ? Race déplorable, que nous abru-

» tissons, pour la tyranniser; en qui nous
» étouffons toutes les facultés de l'ame, pour
» accabler ses bras & son corps de fardeaux;
» en qui nous effaçons l'image de la divinité,
» & l'empreinte de l'humanité ! race mutilée
» & deshonorée dans les facultés de son es-
» prit & de son corps, dans toute son exis-
» tance : & nous sommes chrétiens, & nous
» sommes Anglois ! Peuple favorisé du ciel,
» & respecté sur les mers ; quoi, tu veux être
» libre & tyran tout-à-la-fois ? Non, mes
» freres ; il est tems de nous accorder avec
» nous-mêmes : affranchissons ces misérables
» victimes de notre orgueil ; rendons aux nè-
» gres la liberté, que l'homme ne doit ja-
» mais ôter à l'homme. Puissent à notre exem-
» ple, toutes les sociétés chrétiennes, réparer
» une injustice cimentée par deux siécles de
» crimes & de brigandages ! Puissent enfin des
» hommes trop long-tems avilis, élever au
» ciel des bras libres de chaînes, & des yeux
» baignés des pleurs de la reconnoissance !
» Hélas ! ces malheureux n'ont connu jus-
» qu'ici, que les larmes du désespoir ! »

Ce discours réveilla les remords ; & les esclaves furent libres dans la Pensilvanie. Une
révolution si frappante, devoit être l'ouvrage
d'un peuple tolérant. Mais n'attendez pas un

philosophique & politique. 143

semblable héroïsme de ces nations qui sont aussi barbares par les vices du luxe, qu'elles l'ont été par ceux de l'ignorance. Quand un gouvernement sacerdotal & militaire a mis tout sous le joug, même les opinions ; quand l'homme imposteur a persuadé à l'homme armé qu'il tenoit du ciel le droit d'opprimer la terre, il n'est plus aucune ombre de liberté pour les peuples policés. Comment ne s'en vengeroient-ils pas sur les peuples Sauvages de la Zone-Torride ?

Sans parler de la population des noirs, qui peut former trois cents mille esclaves, on comptoit, en 1750, un million d'habitans dans les possessions Angloises de l'Amérique Septentrionale. Il doit y en avoir aujourd'hui plus de deux millions ; puisqu'il est prouvé, par des calculs incontestables, que le nombre des citoyens double tous les quinze ou seize ans dans quelques-unes de ces provinces, & tous les dix-huit ou vingt ans dans les autres. Une multiplication si rapide doit avoir deux sources. La premiere, est cette foule d'Irlandois, de Juifs, de François, de Vaudois, de Palatins, de Moraves, de Saltzbourgeois, qui, fatigués des vexations politiques & religieuses qu'ils éprouvoient en Europe, ont été chercher la tranquillité dans ces climats loin-

XXIV.
A combien s'éleve actuellement la population dans les provinces Angloises de l'Amérique Septentrionale.

tains. La seconde source de cette étonnante multiplication, est dans le climat même des colonies, où l'expérience a démontré que la population doubloit naturellement tous les vingt-cinq ans. Les réflexions de M. Franklin, rendront cette vérité sensible.

Le peuple, dit ce philosophe, s'accroît partout, en raison du nombre des mariages; & ce nombre augmente à proportion des facilités qu'on trouve à soutenir une famille. Dans un pays où les moyens de subsistance abondent, plus de personnes se hâtent de se marier. Dans une société vieillie par ses progrès même, les gens riches, effrayés des dépenses qu'entraîne le luxe des femmes, forment, le plus tard qu'ils peuvent, un établissement difficile à cimenter, coûteux à maintenir ; & les gens sans fortune passent leur vie dans un célibat qui trouble les mariages. Les maîtres ont peu d'enfans; les domestiques n'en ont point; & les artisans craignent d'en avoir. Ce désordre est si sensible, sur-tout dans les grandes villes, que les générations ne s'y reproduisent même pas assez pour entretenir la population à son niveau, & qu'on y voit constamment plus de morts que de naissances. Heureusement cette décadence n'a pas encore gagné les campagnes, où l'habitude de fournir au vuide

philofophique & politique. 145

les cités, laiffe un peu plus de place à la population. Mais comme toutes les terres font occupées & mifes à-peu-près dans la plus grande valeur, ceux qui ne peuvent pas acquérir des propriétés, font aux gages de celui qui poffède. La concurrence, qui naît de la multitude des ouvriers, tient leur travail à bas prix ; & la modicité du gain leur ôte le defir, l'efpérance & les facultés de fe reproduire par les mariages. Tel eft l'état actuel de l'Europe.

Celui de l'Amérique, offre un afpect tout oppofé. Le terrein, vafte & inculte, s'y donne, ou pour rien, ou à fi bon marché, que l'homme le moins laborieux trouve, en peu de tems, un efpace, qui, pouvant fuffire à l'entretien d'une nombreufe famille, y nourrira long-tems fa poftérité. Ainfi les habitans du nouveau-monde, follicités d'ailleurs par le climat, fe marient en plus grand nombre, & beaucoup plus jeunes que les habitans de l'Europe. S'il fe fait, parmi nous, un mariage par centaine d'individus, il s'en fait deux en Amérique ; & fi l'on compte quatre enfans par mariage dans nos climats, il faut en compter huit au moins dans le nouvel hémifphère. Qu'on multiplie ces générations par celles qui doivent en naître ; on trouvera qu'avant deux fiècles, les colonies Septentrionales de l'An-

Tome VII. K

gleterre auront une population immense, à moins que la métropole n'y mette des entraves, qui en rallentiront les progrès naturels.

XXV.
De quel bonheur jouissent les habitans dans les colonies Angloises de l'Amérique Septentrionale.

Elles sont peuplées aujourd'hui d'hommes sains & robustes, dont la taille est avantageuse. Ces créoles sont plus vifs & plutôt formés que les Européens ; mais ils vivent aussi moins long-tems. Le bas prix des viandes, du poisson, des grains, du gibier, des fruits, de la bierre, du cidre, des végétaux, entretient tous les habitans dans une grande abondance des choses relatives à la nourriture. On est obligé de s'observer davantage sur le vêtement, qui est toujours fort cher, soit qu'il arrive de l'ancien monde, soit qu'il soit fabriqué dans le pays même. Les mœurs sont ce qu'elles doivent être chez un peuple nouveau, chez un peuple cultivateur, chez un peuple qui n'est ni poli, ni corrompu par le séjour des grandes cités; il régne généralement de l'économie, de la propreté, du bon ordre dans les familles. La galanterie & le jeu, ces passions de l'opulence oisive, alterent rarement cette heureuse tranquillité. Les femmes sont encore ce qu'elles doivent être, douces, modestes, compatissantes & secourables ; elles ont ces vertus qui perpétuent l'empire de leurs charmes. Les hommes sont occupés de leurs premiers devoirs, du soin & du progrès de leurs plantations, qui feront le soutien de leur postérité. Un sentiment de bienveillance, unit toutes les familles. Rien ne contribue à cette union, comme une certaine égalité d'aisance; comme la sécurité qui naît de la propriété; comme l'espérance & la facilité communes d'augmenter ses possessions; comme l'indépendance réciproque où tous les hommes sont pour leurs besoins, jointe au besoin mutuel de société pour leurs plaisirs. A la place du luxe, qui traîne la misere à sa suite; au lieu de ce contraste affligeant & hideux, un bien-être universel, réparti sagement par la premiere distribution des terres, par le cours de l'industrie, a mis dans tous les cœurs le desir de se plaire mutuellement : desir plus satisfaisant, sans doute, que la secrette envie de nuire, qui est inséparable d'une extrême inégalité dans les fortunes & les conditions. On ne se voit jamais sans plaisir, quand on n'est, ni dans un état d'éloignement réciproque qui conduit à l'indifférence, ni dans un état de rivalité qui est près de la haîne. On se rapproche, on se rassemble; on mene enfin dans les colonies cette vie champêtre qui fut la premiere destination de l'homme, la plus convenable à la santé, à la fécondité. On y jouit peut-être de tout le bonheur compatible avec la fragilité de la condition humaine. On n'y voit pas ces graces, ces talens, ces jouissances recherchées, dont l'apprêt & les frais usent & fatiguent tous les ressorts de l'ame, amenent les vapeurs de la mélancolie, après les soupirs de la volupté : mais les plaisirs domestiques, l'attachement réciproque des parens & des enfans, l'amour conjugal, cet amour si pur, si délicieux, pour qui sait le goûter & mépriser les autres amours. C'est-là le spectacle enchanteur qu'offre par-tout l'Amérique Septentrionale: c'est dans les bois de la Floride & de la Virginie ; c'est dans les forêts même du Canada, qu'on peut aimer toute sa vie ce qu'on aima pour la premiere fois ; l'innocence & la vertu, qui ne laissent jamais périr la beauté toute entiere.

Si quelque chose manque à l'Amérique Angloise, c'est qu'elle ne forme pas précisément une nation. On y voit tantôt réunies & tantôt éparses, des familles des diverses contrées de l'Europe. Ces colons, en quelque endroit que le hasard ou leur choix les ait fixés, conservent avec une prédilection indestructible, la langue, les préjugés & les habitudes de leur patrie. Des écoles & des églises séparées, les empêchent de se confondre avec le peuple hospitalier qui leur ouvrit un refuge. Toujours étrangers à cette nation par le culte, par les mœurs, & peut-être par les sentimens ; ils couvent des germes de dissention, qui peuvent un jour causer la ruine & le bouleversement des colonies. Le seul préservatif qui doive prévenir ce désastre, dépend tout entier du régime des gouvernemens.

Par gouvernement, il ne faut pas entendre ces constitutions bisarres de l'Europe, qui sont un mélange insensé de loix sacrées & profanes. L'Amérique Angloise fut assez sage ou assez heureuse, pour ne pas admettre une puissance ecclésiastique. Habitée dès l'origine par des Presbytériens, elle rejetta toujours avec horreur tout ce qui en pouvoit retracer l'image. Toutes les affaires, qui, dans d'autres régions, ressortissent d'un tribunal sacerdotal, sont portées devant le magistrat ou dans les assemblées nationales. Les efforts que les Anglicans ont fait pour y établir leur hiérarchie, ont toujours échoué, malgré l'appui que leur donnoit la faveur de la métropole. Cependant, ils ont participé à l'administration, ainsi que les autres sectes. Il n'y a que les Catholiques qui en aient été exclus, parce qu'ils se sont toujours refusés aux sermens que paroissoit exiger la tranquillité

XXVI. Quels sont les gouvernemens établis dans les colonies Angloises de l'Amérique Septentrionale.

publique. A cet égard, le gouvernement de l'Amérique a mérité les plus grands éloges; mais sous d'autres points de vue, il n'est pas si bien combiné.

La politique ressemble, pour le but & l'objet, à l'éducation de la jeunesse. L'une & l'autre tendent à former des hommes. Elles doivent, à bien des égards, se ressembler par les moyens. Les peuples sauvages, quand ils se sont réunis en société, veulent, ainsi que les enfans, être menés par la douceur, & réprimés par la force. Faute de l'expérience qui seule forme la raison, incapables de se gouverner eux-mêmes dans la vicissitude des événemens & des rapports qu'amene l'état d'une société naissante ; le gouvernement doit être éclairé pour eux, & les conduire par l'autorité jusqu'à l'âge des lumieres. Aussi les peuples barbares se trouvent-ils naturellement sous les lisieres & la verge du despotisme, jusqu'à ce que les progrès de la société leur aient appris à se conduire par leurs intérêts.

Les peuples policés, semblables aux adolescents plus ou moins avancés, non en raison de leurs facultés, mais du régime de leur premiere institution, dès qu'ils sentent leur force & leurs droits, veulent être ménagés & même respectés par ceux qui les gouvernent. Un fils

philosophique & politique.

bien élevé, ne doit rien entreprendre sans consulter son pere : un prince au contraire, ne doit rien établir sans consulter son peuple. Il y a plus : le fils, dans les résolutions où il prend conseil de son pere, souvent ne hasarde que son propre bonheur : un prince compromet toujours l'intérêt du peuple, dans tout ce qu'il statue. L'opinion publique, chez une nation qui pense & qui parle, est la régle du gouvernement : jamais il ne la doit heurter sans des raisons publiques, ni la contrarier, sans l'avoir désabusée. C'est d'après cette opinion, que le gouvernement doit modifier toutes ses formes. L'opinion, comme on le sait, varie avec les mœurs, les habitudes & les lumieres. Ainsi tel prince pourra faire, sans trouver la moindre résistance, un acte d'autorité que son successeur ne renouvelleroit pas sans exciter l'indignation. D'où vient cette différence ? Le premier n'aura pas choqué l'opinion qui n'étoit pas encore née, le second l'aura blessée ouvertement un siécle plus tard. L'un aura fait, pour ainsi-dire, à l'insçu du peuple, une démarche dont il aura corrigé ou réparé la violence, par les succès heureux de son gouvernement : l'autre aura peut-être comblé les malheurs publics par des volontés injustes, qui devoient perpétuer les premiers abus de son autorité. La réclamation publique est constamment le cri de l'opinion ; & l'opinion générale est la regle du gouvernement : c'est parce qu'elle est la reine du monde, que les rois sont les maîtres des hommes. Les gouvernemens doivent donc s'améliorer & se perfectionner, comme les opinions. Mais quelle est la regle des opinions, chez les peuples éclairés ? L'intérêt permanent de la société, le salut & l'utilité de la nation. Cet intérêt se modifie au gré des événemens & des situations ; l'opinion publique & la forme du gouvernement, suivent ces différentes modifications. De-là toutes les formes de gouvernement que les Anglois, libres & penseurs, ont établies dans l'Amérique Septentrionale.

Le gouvernement de la Nouvelle-Ecosse, d'une province de la Nouvelle-Angleterre, de la Nouvelle-Yorck, du Nouveau-Jersey, de la Virginie, des deux Carolines & de la Georgie, est nommé Royal ; parce que le roi d'Angleterre y exerce la suprême influence. Les députés du peuple y forment la chambre basse, comme dans la métropole ; un conseil choisi, approuvé par la cour, établi pour soutenir les prérogatives de la couronne, y représente la chambre des pairs, & soutient cette représentation par la fortune & l'état des personnes les plus distinguées du pays, qui sont ses membres ; un gouverneur y convoque, y proroge, y termine les assemblées ; donne ou refuse le consentement à leurs délibérations, qui reçoivent de son approbation force de loi, jusqu'à ce que le monarque auquel on les envoie, les ait rejettées.

La seconde espece de gouvernement qui regne dans les colonies, est connue sous le nom de gouvernement propriétaire. Lorsque la nation Angloise s'établit dans ces régions éloignées ; un courtisan avide, actif, accrédité, obtenoit sans peine, dans des déserts aussi grands que des royaumes, une propriété, une autorité sans bornes. Un arc & des pelleteries, seul hommage qu'exigeât la couronne, valoient à un homme puissant le droit de régner ou de gouverner à son gré, dans un pays inconnu. Telle fut la premiere origine du gouvernement de la plupart des colonies. Aujourd'hui le Maryland & la Pensilvanie, sont les seules asservies à cette forme singuliere, ou plutôt à cet informe principe de gouvernement. Encore le Maryland ne differe-t-il des autres provinces voisines, qu'en ce qu'il reçoit son gouverneur de la maison de Baltimore, dont le choix doit être approuvé par la cour. Dans la Pensilvanie même, le gouverneur nommé par la maifon propriétaire, & confirmé par la couronne, n'eft point appuyé d'un confeil qui lui donne de l'afcendant, & il doit s'accorder avec les communes, qui prennent naturellement toute l'autorité.

Un troifieme régime, que les Anglois appellent *charter government*, paroît mettre plus d'harmonie dans la conftitution. Après avoir été celui de toutes les provinces de la Nouvelle-Angleterre, il ne fubfifte plus que dans Connecticut, & dans l'ifle des Rhodes. On peut le regarder comme une pure démocratie. Les citoyens élifent, dépofent eux-mêmes tous leurs officiers, & font toutes les loix qu'ils jugent à propos, fans qu'elles aient befoin de l'approbation du monarque, fans qu'il ait le droit de les annuller.

Enfin la conquête du Canada, jointe à l'acquifition de la Floride, a fait naître une légiflation qui étoit inconnue dans toute la domination de la Grande-Bretagne. On a mis ou laiffé ces provinces fous le joug d'une autorité militaire, & dès-lors abfolue. Sans avoir le droit de s'affembler en corps de nation, elles reçoivent immédiatement toute leur impulfion de la cour de Londres.

Cette diverfité de gouvernemens n'eft pas l'ouvrage de la métropole. On n'y voit pas la marche d'une législation raisonnée, uniforme & réguliere. C'est le hasard, le climat; ce sont les préjugés du tems & des fondateurs, qui ont enfanté cette variété bizarre de constitutions. Ce n'est pas à des hommes jettés par la fortune sur des plages désertes, qu'il appartient de former une législation.

Toute législation doit aspirer, par sa nature, au bonheur d'une société. Ses moyens d'atteindre à ce but unique & sublime, dépendent tous de ses facultés physiques. Le climat, c'està-dire, le ciel & le sol, est la premiere regle du législateur. Ses ressources lui dictent ses devoirs. C'est d'abord sa position locale qu'il doit consulter. Une peuplade jettée sur une côte maritime, aura des loix plus ou moins relatives à la culture ou à la navigation, selon l'influence que la terre ou la mer peuvent avoir sur la subsistance des habitans qui peupleront cette côte déserte. Si la nouvelle colonie est portée par le cours d'un grand fleuve bien avant dans les terres, un législateur doit prévoir & leur genre, & leur dégré de fécondité; les relations que la colonie aura, soit au-dedans du pays, soit au-dehors, par le commerce des denrées les plus utiles à sa prospérité.

Mais c'est sur-tout dans la distribution de la propriété, qu'éclatera la sagesse de la législation. En général, & dans tous les pays du monde, quand on fonde une colonie, il faut donner des terres à tous les hommes, c'est-à-dire, à chacun une étendue suffisante pour l'entretien d'une famille ; en distribuer davantage à ceux qui auront la faculté de faire les avances nécessaires pour les mettre en valeur ; en réserver de vacantes pour les générations ou les recrues, dont la colonie peut, avec le tems, s'augmenter.

Le premier objet d'une peuplade naissante, est la subsistance & la population ; le second est la prospérité qui doit naître de ces deux sources. Éviter les sujets de guerre, soit offensive ou défensive ; tourner d'abord son industrie vers les objets les plus productifs ; ne former autour de soi que les relations indispensables & proportionnées avec la consistance que donnent à la colonie, & le nombre de ses habitans, & la nature de ses ressources ; introduire sur-tout un esprit particulier & local chez une nation qui s'établit, esprit d'union au-dedans, & de paix au-dehors ; ramener toutes les institutions à un but éloigné, mais durable ; & subordonner toutes les loix du moment à la loi

philosophique & politique. 157

constante, qui seule doit opérer la multiplication & la stabilité : ce n'est encore que l'ébauche d'une législation.

Elle formera la morale sur le physique du climat ; elle ouvrira d'abord une large porte à la population, par la facilité des mariages qui dépendent de la facilité des subsistances. La sainteté des mœurs, doit s'établir par l'opinion. Dans une isle sauvage, qu'on peupleroit d'enfans, on n'auroit qu'à laisser éclorre les germes de la vérité dans les développemens de la raison. Avec des précautions contre les vaines terreurs, qui naissent de l'ignorance, on écarteroit les erreurs de la superstition jusqu'à l'âge où la fougue des passions naturelles, heureusement combinée avec les forces de la raison, chasse tous les fantômes. Mais quand on établit un peuple, déja vieux, dans un pays nouveau, l'habileté de la législation consiste à ne lui laisser que les opinions & les habitudes nuisibles, dont on ne peut le guérir & le corriger. Veut-on empêcher qu'elles ne se transmettent ? Que l'on veille à la seconde génération, par une éducation commune & publique des enfans. Un prince, un législateur, ne devroit jamais fonder une colonie, sans y envoyer d'avance des hommes sages pour l'institution de la jeunesse ; c'est-à-dire, des gardiens plutôt que des précepteurs : car il s'agit moins d'enseigner le bien, que de garantir du mal. La bonne éducation vient trop tard, chez des peuples corrompus. Les germes de morale & de vertu, que l'on seme dans l'enfance des générations déja viciées, sont étouffés dans l'adolescence & la jeunesse par le débordement & la contagion des vices, qui sont passés en mœurs dans la société. Les jeunes gens les mieux élevés, ne peuvent entrer dans le monde sans y contracter les engagemens & les liens d'où dépend le reste de leur vie. S'ils y prennent une femme, une profession, une carriere ; ils y trouvent par-tout les semences du mal & de la corruption, enracinées dans toutes les conditions ; une conduite entiérement opposée à leurs principes ; des exemples & des discours qui déconcertent & combattent leurs résolutions.

Mais dans une colonie naissante, l'influence de la premiere génération, peut être corrigée par les mœurs de la seconde. Tous les esprits sont préparés à la vertu par le travail. Les besoins de la vie, écartent tous les vices qui naissent du loisir. Les écumes de cette population ont un écoulement vers la métropole, où le luxe attire, appelle sans cesse les colons riches & voluptueux. Toutes les facilités sont ouvertes aux précautions du législateur qui veut épurer le sang & les mœurs d'une peuplade. Qu'il ait du génie & de la vertu, les terres & les hommes qu'il aura dans ses mains inspireront à son ame un plan de société qu'un écrivain ne peut jamais tracer que d'une maniere vague & sujette à l'instabilité des hypothèses, qui varient & se compliquent avec une infinité de circonstances trop difficiles à prévoir & à combiner.

Mais le premier fondement d'une société cultivatrice ou commerçante, est la propriété. C'est-là le germe du bien & du mal, soit physique ou moral, qui suit l'état social. Toutes les nations semblent divisées en deux partis irréconciliables. Les riches & les pauvres, les propriétaires & les mercenaires, c'est-à-dire, les maîtres & les esclaves, forment deux classes de citoyens, malheureusement opposées. En vain quelques écrivains modernes ont voulu, par des sophismes, établir un traité de paix entre ces deux conditions. Par-tout les riches voudront obtenir beaucoup du pauvre à peu de frais : par-tout le pauvre voudra mettre son travail à haut prix : & le riche fera toujours la loi, dans ce marché trop inégal. De-là vient le système des contre-forces, établi chez tant de nations. Le peuple n'a point voulu attaquer la propriété, qu'il regardoit comme sacrée; mais il a prétendu lui donner des entraves, &

réprimer sa pente naturelle à tout engloutir. Ces contre-forces ont été presque toujours mal assises ; parce qu'elles n'étoient qu'un foible remede du mal originel de la société. C'est donc à la répartition des terres, qu'un législateur donnera la plus grande attention. Plus cette distribution sera sagement économisée, plus les loix civiles qui tendent la plupart à conserver la propriété, seront simples, uniformes & précises.

Les colonies Angloises se ressentent à cet égard du vice radical, inhérent à l'ancienne constitution de leur métropole. Comme son gouvernement actuel n'est qu'une réforme de ce gouvernement féodal qui avoit opprimé toute l'Europe, il en a conservé beaucoup d'usages, qui n'étant dans l'origine que des abus de l'esclavage, sont plus sensibles encore par leur contraste avec la liberté que le peuple a recouvrée. On a donc été forcé de joindre les loix qui laissoient beaucoup de droits à la noblesse, avec les loix qui modifient, diminuent, abrogent, ou mitigent ces droits féodaux. De-là tant de loix d'exception, pour une loi de principe : tant de loix interprétatives, pour une loi fondamentale : tant de loix nouvelles, qui combattent avec les loix anciennes. Auss. convient-on qu'il n'y a peut-être pas dans le monde

entier,

entier, un code aussi diffus, aussi embrouillé que celui des loix civiles de la Grande-Bretagne. Les hommes les plus sages de cette nation éclairée, ont souvent élevé la voix contre ce désordre. Ou leurs cris n'ont pas été écoutés, ou les changemens qui sont nés de cette réclamation n'ont fait qu'augmenter la confusion.

Par leur dépendance & leur ignorance, les colonies ont aveuglément adopté cette masse informe & mal digérée, dont le poids accabloit leur ancienne patrie : elles ont grossi ce fatras obscur, par toutes les nouvelles loix que le changement de lieux, de tems & de mœurs y devoit ajouter. De ce mélange, a résulté le cahos le plus difficile à débrouiller ; un amas de contradictions pénibles à concilier. Aussitôt est née une multitude de jurisconsultes, qui sont allés dévorer les terres & les hommes de ces nouveaux climats. La fortune & l'influence qu'ils ont acquises en très-peu de tems, ont mis sous le joug de leur rapacité, la classe précieuse des citoyens occupés de l'agriculture, du commerce, des arts & des travaux qui sont les plus indispensables dans toute société ; mais presque uniquement essentiels à une société naissante. Après le fléau de la chicane, qui s'est arraché aux branches pour s'emparer des fruits, est venu le fléau de la finance, qui ronge l'arbre au cœur & à la racine.

XXVII. *Monnoies qui ont cours dans les colonies Angloises de l'Amérique Septentrionale.*

A la naissance des colonies, les especes avoient la même valeur que dans la métropole. Leur rareté les fit bientôt hausser d'un tiers. Cet inconvénient ne fut pas réparé par l'abondance des especes qui venoient des colonies Espagnoles, parce qu'on étoit obligé de les faire passer en Angleterre, pour y payer les marchandises dont on avoit besoin. C'étoit un gouffre qui tarissoit la circulation dans les colonies. On prétexta l'embarras que causoit cette exportation continuelle, pour imaginer la création d'un papier-monnoie.

Il y en a de deux sortes. La premiere a pour but l'encouragement de la culture, du commerce & de l'industrie. Tout colon, qui a plus d'ambition que de moyens, obtient du papier de sa province, pourvu qu'il consente à payer un intérêt de cinq pour cent, qu'il fournisse une hypothéque assurée, & qu'il s'oblige à rembourser chaque année un dixiéme du capital emprunté. Par le moyen de ce signe, qui est admis sans contradiction dans les caisses publiques, & que les citoyens ne peuvent refuser, les affaires des particuliers sont plus vives & plus faciles. Le gouvernement lui-même retire des avantages considérables de cette circulation ; parce que recevant un intérêt & n'en payant point, il peut, sans le secours des impositions, se livrer à des objets importans d'utilité publique.

Mais il est une autre espece de papier qui n'a dû son origine qu'aux besoins du gouvernement. Les différentes provinces d'Amérique avoient formé des projets, & contracté des engagemens au-dessus de leurs facultés. Elles crurent suppléer à l'argent, par le crédit. On mit des impôts pour liquider les obligations les plus urgentes : mais avant que les impôts eussent produit cet effet salutaire, il survint de nouveaux besoins, qui exigerent de nouveaux emprunts. Les dettes s'accumulerent, & les taxes n'y suffirent plus. Enfin la somme des billets d'état a passé toutes les bornes après les dernieres hostilités, durant lesquelles les colonies avoient levé & entretenu vingt-cinq mille hommes, & fourni à toutes les dépenses qu'exigeoit une guerre si longue, si vive & si opiniâtre. Aussi le papier est-il tombé dans le plus grand avilissement, quoiqu'il n'eût été jetté dans le public que de l'aveu des assemblées générales, & que chaque province dût répondre de celui qu'elle avoit créé.

L 2

Le parlement de la Grande-Bretagne a vu le désordre, & a voulu y remédier. Il a réglé ce qu'à l'avenir chaque colonie pourroit mettre de papier en circulation, & en a proportionné la masse aux richesses & aux ressources, autant que ses lumieres le lui permettoient. Cette loi a révolté tous les esprits. En 1769, on y a mis quelques adoucissemens.

Un papier qui a la forme ordinaire de la monnoie, continue à être l'agent général de toutes les affaires. Chaque piéce est composée de deux feuilles rondes, collées l'une contre l'autre, & portant de chaque côté l'empreinte qui les distingue. Il y en a de toutes les valeurs. Chaque province a un hôtel qui les fabrique, & des maisons particulieres qui les distribuent. On y porte les piéces usées ou trop sales, & l'on en reçoit autant de neuves. Il est sans exemple que les officiers chargés de ces échanges, ayent commis la moindre prévarication.

Mais cette fidélité ne suffit pas pour la prospérité des colonies. Quoique depuis quarante ans leurs consommations ayent augmenté quatre fois plus que leur population, ce qui paroît indiquer que les facultés de chaque citoyen ont quadruplé ; on peut prédire que ces grands établissemens ne s'éleveront jamais à l'éclat auquel la nature les appelle, si l'on ne brise les fers qui enchaînent leur industrie intérieure , leur commerce extérieur.

Les premiers colons qui peuplerent l'Amérique Septentrionale, se livrerent d'abord uniquement à la culture. Ils ne tarderent pas à s'appercevoir que leurs exportations ne les mettoient pas en état d'acheter ce qui leur manquoit, & ils se virent comme forcés à élever quelques manufactures grossieres. Les intérêts de la métropole parurent choqués par cette innovation. Elle fut déférée au parlement, où on la discuta avec toute l'attention qu'elle méritoit. Il y eut des hommes assez courageux, pour défendre la cause des colons. Ils dirent que le travail des champs n'occupant pas les habitans toute l'année, ce seroit une tyrannie que de les obliger à perdre, dans l'inaction, le tems que la terre ne leur demandoit pas ; que les produits de l'agriculture & de la chasse ne fournissant pas à toute l'étendue de leurs besoins, c'étoit les réduire à la misere, que de les empêcher d'y pourvoir par un nouveau genre d'industrie : enfin, que la prohibition des manufactures, ne tendoit qu'à faire renchérir toutes les denrées dans un état naissant ; qu'à en diminuer ou à en arrêter peut-être la

XXVIII. Les colonies Angloises de l'Amérique Septentrionale sont gênées dans leur industrie & dans leur commerce.

vente ; qu'à en écarter tous ceux qui pouvoient songer à s'y aller fixer.

L'évidence de ces principes étoit sans réplique. On s'y rendit enfin après les plus grands débats. Il fut permis aux Américains de manufacturer eux-mêmes leur habillement, mais avec des restrictions qui laissoient percer les regrets de l'avidité, à travers les dehors de la justice. Toute communication, à cet égard, fut sévérement interdite entre les provinces. On leur défendit, sous les peines les plus graves, de verser de l'une dans l'autre aucune espece de laine, soit en nature, soit fabriquée. Cependant quelques manufactures de chapeaux oserent franchir ces barrieres. Pour arrêter ce qu'on appelloit un désordre affreux, le parlement eut recours à l'expédient, si petit & si cruel, des réglemens. Un ouvrier ne put travailler qu'après sept ans d'apprentissage ; un maître ne put avoir plus de deux apprentifs à la fois, ni employer aucun esclave dans son attelier.

Les mines de fer, qui semblent mettre sous la main des hommes le sceau de leur indépendance, furent soumises à des restrictions plus séveres encore. Il ne fut permis que de le porter en barres ou en gueuses dans la métropole, sans creusets pour le fondre, sans machines pour le tourner, sans marteaux & sans enclumes pour le façonner, on eut encore moins la liberté de le convertir en acier.

Les importations reçurent bien d'autres entraves. Tout bâtiment étranger, à moins qu'il ne soit dans un péril évident de naufrage, ou qu'il ne soit chargé d'or & d'argent, ne peut entrer dans les ports de l'Amérique Septentrionale. Les vaisseaux Anglois, eux-mêmes, n'y sont pas reçus, s'ils ne viennent directement d'un havre de la nation. Les navires des colonies qui vont en Europe, ne peuvent rapporter chez elles que des marchandises tirées de la métropole ; à l'exception des vins de Madere & des Açores, des sels nécessaires pour les pêcheries.

Les exportations devoient autrefois aboutir toutes en Angleterre. Des considérations puissantes ont engagé le gouvernement à se relâcher de cette extrême sévérité. Il est actuellement permis aux colons de porter directement au Sud du cap Finistere, des grains, des farines, du riz, des légumes, des fruits, du poisson salé, des planches, & du bois de charpente. Toutes leurs autres productions appartiennent exclusivement à la métropole. L'Irlande même, qui offroit un débouché avantageux aux bleds, aux lins, aux douves des colonies, leur a été fermée par un acte parlementaire de 1766.

Le sénat, qui représente la nation, veut avoir le droit d'en diriger le commerce dans toute l'étendue de la domination Britannique. C'est par cette autorité qu'il prétend régler les liaisons de la métropole avec les colonies, entretenir une communication, une réaction utile & réciproque, entre les parties éparses d'un empire immense. Une puissance, en effet, doit statuer, en dernier ressort, sur les relations qui peuvent nuire ou servir au bien général de la société toute entiere. Le parlement est le seul corps qui puisse s'arroger ce pouvoir important. Mais il doit l'exercer, à l'avantage de tous les membres de la confédération sociale. Cette maxime est inviolable, sur-tout dans un état où tous les pouvoirs sont institués & dirigés pour la liberté nationale.

On s'est écarté de ce principe d'impartialité, qui seul peut conserver l'égalité d'indépendance entre les membres d'un gouvernement libre ; lorsqu'on a obligé les colonies à verser dans la métropole toutes les productions, même celles qui n'y devoient pas être consommées ; lorsqu'on les a forcées à tirer de la métropole toutes les marchandises, même celles qui lui venoient des nations étrangeres. Cette impérieuse & stérile contrainte, chargeant les ventes & les achats des Américains de frais inutiles & perdus, a nécessairement arrêté leur activité, & par conséquent diminué leur aisance ; & c'est pour enrichir quelques marchands ou quelques commissionnaires de la métropole, qu'on a sacrifié les droits & les intérêts des colonies ! Elles ne devoient à l'Angleterre, pour la protection qu'elles en retiroient, qu'une préférence de vente & d'importation pour toutes leurs denrées qu'elle pouvoit consommer ; qu'une préférence d'achat & d'exportation pour toutes les marchandises qui sortoient de ses fabriques. Jusques-là, toute soumission étoit reconnoissance : au-delà, toute obligation étoit violence.

Aussi la tyrannie a-t-elle enfanté la contrebande. La transgression est le premier effet des loix injustes. En vain on a répété cent fois aux colonies, que le commerce interlope étoit contraire au principe fondamental de leur établissement, à toute raison politique, aux vues expresses de la loi. En vain a-t-on établi dans les écrits publics, que le citoyen qui payoit le droit, étoit opprimé par le citoyen qui ne le payoit pas ; & que le marchand frauduleux vouloit le marchand honnête, en le fruſtrant de ſon gain légitime. En vain on a multiplié les précautions pour prévenir ces fraudes, & les châtimens pour les punir. La voix de l'intérêt, de la raiſon & de l'équité, a prévalu ſur les cent bouches & les cent mains de l'hydre fiſcale. Les marchandiſes de l'étranger, clandeſtinement introduites dans le Nord de l'Amérique Angloiſe, montent au tiers de celles qui payent les droits.

Une liberté indéfinie, ou ſeulement reſtrainte à de juſtes bornes, arrêtera les liaiſons prohibées, dont on ſe plaint ſi fortement. Alors les colonies parviendront à un état d'aiſance, qui leur permettra, & de ſe libérer du poids des cent cinquante millions qu'elles doivent peut-être à la métropole, & de tirer d'elle, chaque année, pour plus de cent huit millions ; ſomme à laquelle le parlement de la Grande-Bretagne lui-même eſtimoit, en 1766, leurs conſommations. Mais au lieu de cette perſpective riante, qui devoit naître de la conſtitution du gouvernement Anglois, faut-il que par une prétention inſoutenable chez un peuple libre, on ait porté dans les colonies, avec la dureté des impôts, un germe de trouble &

philosophique & politique.

de dissension, peut-être un incendie qu'il n'est pas aussi facile d'éteindre que d'allumer ?

L'Angleterre sortoit d'une guerre, pour-ainsi-dire universelle, où ses flottes avoient arboré le pavillon de la victoire sur toutes les mers, où ses conquêtes avoient grossi sa domination d'un territoire immense dans les deux Indes. Cet accroissement subit lui donnoit, aux yeux des nations, un éclat qui devoit exciter l'envie & l'admiration ; mais au-dedans, elle étoit continuellement réduite à gémir de ses propres triomphes. Écrasée sous le fardeau d'une dette de 3,330,000,000 liv. qui lui coûtoient un intérêt de 111,577,490 livres, elle ne suffisoit qu'à peine aux dépenses courantes de l'état, avec un revenu de 240,000,000 l. & ce revenu, loin de pouvoir s'accroître, n'étoit pas même assuré de sa consistance.

Les terres étoient chargées d'un impôt plus fort qu'il ne l'avoit jamais été, dans un tems de paix. De nouveaux droits sur les maisons & sur les fenêtres, sappoient ce genre de propriété ; une augmentation du fisc sur le contrôle des actes, pesoit sur tous les biens-fonds. On avoit effrayé le luxe même, par des taxes entassées sur l'argenterie, sur les cartes, sur les dez à jouer, sur le vin & sur l'eau-de-vie.

XXIX. *La métropole a voulu établir des impôts dans les colonies de l'Amérique Septentrionale. En avoit-elle le droit ?*

On n'avoit plus rien à espérer du commerce, qui payoit dans tous les ports, à toutes les portes, pour les marchandises de l'Asie, pour les productions de l'Amérique, pour les épiceries, pour la mercerie, pour toutes les matieres d'exportation ou d'importation, en nature ou en œuvre. Les entraves de la finance avoient heureusement arrêté l'abus des liqueurs spiritueuses ; mais il en avoit coûté une partie du revenu public. On avoit cru s'en dédommager par une de ces ressources qu'il est toujours aisé de trouver, mais dangereux de chercher dans les objets de consommation générale & de premiere nécessité : le fisc s'étoit jetté sur la boisson la plus ordinaire du peuple, sur la dreche, sur le cidre & sur la bierre. Il n'y avoit point de ressort qui ne fût forcé. Tous les muscles du corps politique, éprouvant à la fois une trop forte tension, étoient sortis de leur place. Les matieres & la main-d'œuvre avoient si prodigieusement renchéri, que les nations rivales ou vaincues, qui jusqu'alors n'avoient pû soutenir la concurrence de l'Anglois, étoient parvenues à le supplanter dans tous les marchés, jusques dans ses ports. On ne pouvoit évaluer qu'à cinquante-six millions, les bénéfices que retiroit la Grande-Bretagne de son commerce avec toutes les parties de l'univers ; & cette situation l'obligeoit à tirer de sa balance 35,100,000 livres, pour payer les arrérages de 1,170,000,000 livres, que les étrangers avoient placés dans ses fonds publics.

La crise étoit violente. Il falloit laisser respirer les peuples. On ne pouvoit pas les soulager par la diminution des dépenses. Celles qu'on faisoit étoient inévitables ; soit pour mettre en valeur des conquêtes achetées au prix de tant de sang, au prix de tant d'argent ; soit pour contenir le ressentiment de la maison de Bourbon, aigrie par les humiliations de la derniere guerre & par les sacrifices de la derniere paix. Au défaut d'autres moyens, pour tenir d'une main ferme, & la sécurité du présent, & la prospérité de l'avenir, on imagina d'appeler les colonies au secours de la métropole, en leur faisant porter une partie de son fardeau. Cette détermination paroissoit fondée sur des raisons incontestables.

Une maxime avouée de toutes les sociétés & de tous les âges, impose aux différens membres qui composent un empire, l'obligation de contribuer à ses dépenses proportionnellement à leurs facultés. La sûreté des provinces

Américaines, exige d'elles un secours qui mette la métropole en état de les protéger dans tous les tems. C'est pour les délivrer des inquiétudes qui les tourmentoient, qu'elle s'est engagée dans une guerre qui a multiplié ses dettes: elles doivent donc l'aider à supporter ou à diminuer le poids de cette surcharge. Maintenant qu'elles sont hors d'atteinte contre les entreprises d'un voisin redoutable, qu'on a heureusement éloigné, peuvent-elles refuser, sans injustice, aux besoins pressans d'un libérateur, l'argent que leur coûtoit le soin de leur conservation ? Les encouragemens que l'état, ce protecteur généreux, accorda long-tems à la culture de leurs riches productions; les avances gratuites qu'il prodigue encore aux contrées qu'on n'a point défrichées ; tant de bienfaits ne méritent-ils pas un retour de soulagement & de services ?

Tels étoient les motifs qui persuaderent au gouvernement Britannique, qu'il avoit le droit d'établir des impôts dans ses colonies. On a saisi l'occasion de la derniere guerre, pour manifester une prétention dangereuse à la liberté. Car, si l'on y prend garde, on verra que la guerre, soit heureuse, soit malheureuse, sert toujours de prétexte à toutes les usurpations des gouvernemens ; comme si les chefs des nations belligérantes s'y proposoient bien plus d'asservir leurs sujets, que de vaincre leurs ennemis. On ordonna donc aux provinces Américaines de fournir aux troupes, que la métropole envoyoit pour leur défense, une partie des approvisionnemens dont elles avoient besoin. La crainte de troubler une harmonie, si nécessaire au-dedans quand on est environné d'ennemis au-dehors, fit qu'on suivit les intentions du parlement ; mais avec la sagesse de ne pas parler d'un acte qu'on ne pouvoit, ni rejetter, sans causer une dissension civile, ni reconnoître, sans exposer des droits trop chers à conserver. La Nouvelle-Yorck osa seule s'écarter des ordres venus d'Europe. Quoique la transgression fût légere, on l'en punit comme d'une désobéissance, par la suspension de ses priviléges.

Cette atteinte portée à la liberté d'une colonie, devoit, ce semble, exciter la réclamation de toutes les autres. Soit défaut d'attention ou de prévoyance, aucune n'éleva la voix. On prit ce silence pour de la crainte, ou pour une soumission volontaire. La paix, qui devroit par-tout diminuer les impôts, fit éclorre, en 1764, le fameux acte du timbre, qui, établissant des droits sur le papier marqué, défendoit en même tems d'en employer d'autre dans toutes les écritures publiques, soit judiciaires, soit extrajudiciaires.

Toutes les colonies Angloises du nouveau-monde se sont révoltées contre cette innovation, & leur mécontentement s'est manifesté par des éclats signalés. Elles firent une espèce de conspiration, la seule qui convienne, peut-être, à des peuples policés & modérés ; c'étoit une convention entre les colons, de se priver des marchandises fabriquées dans la métropole, jusqu'à ce qu'elle eût retiré le bill dont on se plaignoit. Les femmes, dont on pouvoit craindre la foiblesse, renoncerent les premieres à ce que l'Europe leur avoir fourni jusqu'alors de plus séduisant & de plus agréable. A leur exemple, les hommes repousserent les commodités qu'ils devoient à l'ancien-monde. Dans les régions Septentrionales, on les vit payer les étoffes grossieres qui se fabriquoient sous leurs yeux, aussi cherement que les beaux draps qui passoient les mers ; & s'engager à ne point manger d'agneaux, afin que les troupeaux plus multipliés, pussent, avec le tems, suffire au vêtement de tous les colons. Dans les provinces Méridionales, où les laines sont

rares,

rares, & d'une qualité inférieure, on devoit s'habiller du lin & du coton que fournit le climat. De tous côtés on quittoit les cultures, pour se former à l'industrie dans des atteliers.

Cette espece de résistance indirecte & passive, qui doit servir d'exemple à toutes les nations qui se sentiront foulées par les abus de l'autorité, ne manqua pas son effet. Les manufacturiers de l'Angleterre, qui n'avoient presque plus d'autre débouché dans l'univers que les colonies nationales, tomberent dans le désespoir où devoit les plonger le défaut de travail; & leurs cris ne pouvant être étouffés ni dissimulés par le gouvernement, firent une impression salutaire pour les colonies. L'acte du timbre fut révoqué après deux ans d'un mouvement convulsif, qui, dans un siécle de fanatisme, auroit occasionné, sans doute, une guerre civile.

Mais le triomphe des colonies n'a pas été long. Le parlement n'avoit reculé qu'avec une répugnance extrême. On a bien vu qu'il ne renonçoit pas à ses prétentions, quand, en 1767, il a reversé les impôts que devoit lui produire le timbre, sur le verre, le plomb, le thé, les couleurs, le carton, les papiers peints qui seroient portés d'Angleterre en Amérique. Les patriotes même, qui fembloient le plus étendre l'autorité de la métropole fur les colonies, n'ont pu s'empêcher de blâmer une taxe, dont le contre-coup devoit retomber fur toute la nation, en détournant vers le travail des manufactures, des peuples qu'il convenoit de fixer uniquement à l'exploitation des terres. Les colons n'ont pas plus été les dupes de cette innovation, que de la premiere. En vain a-t-on allégué que le gouvernement avoit bien le pouvoir d'établir, fur fes exportations, les droits qu'il lui plaifoit, dès qu'il n'ôtoit pas à fes colonies la liberté de fabriquer elles-mêmes les marchandifes fujettes à la nouvelle taxe. Ce fubterfuge n'a paru qu'une dérifion à l'égard d'un peuple qui, purement cultivateur, & réduit à ne commercer qu'avec fa métropole, ne pouvoit fe procurer, ni par fes mains, ni par des relations au-dehors, les objets de befoin qu'on lui vendoit fi cher. Que ce fût dans l'ancien ou dans le nouveau-monde, qu'il payât un impôt ; il a fenti que les mots ne changeoient rien à la chofe, & que la liberté n'étoit pas moins attaquée par un tribut fur des denrées dont il ne pouvoit fe paffer, que par un droit fur le papier timbré qu'on lui rendoit nécessaire. Ce peuple éclairé a vu que le gouvernement vouloit le tromper, & n'a pas cru qu'il lui convînt de s'en laisser imposer, ni par la force, ni par l'artifice. Il a jugé que le caractere le plus marqué de foiblesse & de lâcheté dans une nation, étoit la connivence des sujets à toutes les fraudes & les violences qu'emploie le gouvernement, pour la corrompre & la subjuguer.

L'éloignement qu'il a montré pour ces nouvelles impositions, ne venoit pas de leur poids excessif, puisqu'elles ne s'élevoient pas au-dessus de 1 livre 8 sols par tête. Il n'y avoit pas-là de quoi effrayer une population immense, dont les dépenses publiques n'ont jamais excédé chaque année 3,600,000 livres.

Ce n'étoit pas la crainte de voir diminuer son aisance. La sécurité qui naissoit des cessions arrachées à la France; l'augmentation du commerce avec les Sauvages; l'extension des pêches de la baleine, de la morue, du chien & du loup-marin; le droit de couper du bois à Campêche; l'acquisition de plusieurs isles à sucre; de plus grandes facilités pour les liaisons interlopes avec les possessions Espagnoles dont on s'étoit rapproché : tant de moyens de fortune étoient une compensation abondante

M 2

de cette légere portion de revenu que le gouvernement sembloit vouloir prélever.

Ce n'étoit pas l'inquiétude de laisser écouler des colonies, le peu d'especes qui restoient dans la circulation. La solde des huit mille quatre cents hommes de troupes réglées, que la métropole entretient dans l'Amérique Septentrionale, y doit faire entrer beaucoup plus d'argent que l'impôt n'en pouvoit faire sortir.

Ce n'étoit pas indifférence pour la mere patrie. Les colonies, loin d'être ingrates, ont montré tant de zele pour ses intérêts dans la derniere guerre, que le parlement a été assez équitable pour leur faire remettre des sommes considérables, à titre de restitution ou d'indemnité.

Ce n'étoit pas enfin ignorance des obligations du citoyen envers le gouvernement. Quand même les colonies n'auroient pas cru devoir contribuer à la liquidation de la dette nationale, quoiqu'elles en eussent occasionné, peut-être, la plus grande partie, elles savoient bien qu'elles étoient contribuables pour les dépenses de la marine; pour l'entretien des établissemens d'Afrique & d'Amérique; pour tous les frais communs & relatifs à leur propre conservation, à leur prospérité, comme à celle de la métropole.

Si le nouveau-monde a refusé du secours à l'ancien, c'est qu'on exigeoit de lui ce qu'il suffisoit de lui demander ; c'est qu'on vouloit tirer de son obéissance, ce qu'on devoit attendre de sa volonté. Ses refus n'étoient point caprice, mais jalousie de ses droits. Ils ont été établis dans des écrits solides, & plus particulièrement dans des lettres éloquentes, où nous puiserons la plupart des choses que nous allons dire sur une matiere qui peut intéresser toutes les nations.

Depuis près de deux siécles que les Anglois se sont établis dans l'Amérique Septentrionale, leur patrie a souffert des guerres dispendieuses & cruelles ; elle a été troublée par des parlemens entreprenans & tumultueux ; elle a été gouvernée par des ministres audacieux & corrompus, toujours prêts à élever l'autorité du trône sur la ruine de tous les pouvoirs & de tous les droits du peuple. Cependant l'ambition, l'avarice, les factions, la tyrannie ; tout a reconnu, tout a respecté la liberté que les colonies avoient de s'imposer elles-mêmes les taxes qui concourent au revenu public.

Un contrat solemnel appuyoit cette prérogative, si naturelle & si conforme au but fondamental de toute société raisonnable. Les colonies pouvoient invoquer les chartes de leur établissement, qui les autorisoient à se taxer librement & de leur plein gré. Ces actes n'étoient, à la vérité, que des conventions faites avec la couronne ; mais quand même le prince eût excédé son autorité par des concessions qui ne tournoient certainement pas à son profit, une longue possession, tacitement avouée & reconnue par le silence du parlement, ne formoit-elle pas une prescription légale ?

Les provinces du nouveau-monde ont encore des titres plus authentiques en leur faveur. Elles prétendent qu'un citoyen Anglois, dans quelque hémisphère qu'il habite, ne doit contribuer aux charges de l'état que de son consentement, donné par lui-même, ou par ses représentans. C'est pour défendre ce droit sacré, que la nation a versé tant de fois son sang ; qu'elle a détrôné ses rois ; qu'elle a soulevé ou bravé des orages sans nombre. Voudroit-elle disputer à deux millions de ses enfans, un avantage qui lui coûta si cher ; qui, peut-être, est le seul fondement de son indépendance ?

On oppose aux colonies, que les Catholiques qui vivent en Angleterre y sont exclus du droit de suffrage, & que leurs terres y sont assujetties à une double taxe. Pourquoi, répondent-elles, les papistes refusent-ils de prêter le serment de fidélité que l'état exige ? Dès-lors suspects au gouvernement, la défiance qu'ils inspirent, justifie la rigueur qu'ils éprouvent. Que n'abjurent-ils une religion si contraire à la constitution libre de leur patrie ; si cruellement favorable aux prétentions du despotisme, aux attentats de la royauté sur les droits des peuples ? Quelle est leur obstination aveugle, pour une église ennemie de toutes les autres ? Ils méritent la peine qu'impose à des sujets intolérans, l'état qui consent à les tolérer. Mais les habitans du nouveau-monde seroient punis sans avoir commis d'offense, dès qu'ils ne pourroient devenir citoyens qu'en cessant d'être Américains.

On ose dire encore à ces fidelles colonies, que l'Angleterre nourrit dans son sein une multitude de sujets qui n'ont point de représentans, parce qu'ils n'ont pas l'étendue de propriété requise pour concourir à l'élection des membres qui doivent composer le parlement. Sur quels fondemens prétendent-elles à des priviléges plus grands, que ceux dont jouissent les citoyens de la métropole ? Non, répondent les colonies, nous ne réclamons pas une supériorité, mais une égalité de droits avec nos freres. Dans la Grande-Bretagne, un homme qui jouit de 45 liv. de rente en fonds de terre, est appellé à la décision des taxes; & celui qui possede en Amérique des terres immenses, n'aura pas la même prérogative? Non, ce qui est une exception à la loi, une dérogation à la régle générale dans la métropole, ne doit pas être une constitution fondamentale pour les colonies. Que les Anglois, qui veulent ôter aux provinces du nouveau-monde le droit de se taxer, supposent, pour un moment, que la chambre des communes, au lieu d'être l'ouvrage de leur choix, n'est qu'un tribunal héréditaire & permanent, ou même arbitrairement créé par le roi; si ce corps peut imposer sur la nation entiere des levées d'argent, sans consulter l'opinion publique ni la volonté générale, ces Anglois ne se croiront-ils pas un peuple esclave, comme tant d'autres ? Cependant cinq cents hommes qui se trouveroient placés au milieu de sept millions de citoyens, pourroient être retenus dans les bornes de la modération, sinon par un principe d'équité, du moins par une crainte bien fondée de l'indignation publique, qui poursuit les oppresseurs d'une nation même au-delà du tombeau

Mais le fort des Américains taxés par le sénat de la métropole, seroit sans ressource. Trop éloignés pour être entendus, on les écraseroit d'impôts sans aucun égard à leurs plaintes. La tyrannie même qu'on exerceroit contr'eux, seroit colorée du beau nom de patriotisme. Sous prétexte de soulager la métropole, on surchargeroit impunément les colonies.

Cette effrayante perspective ne leur permettra jamais d'abandonner le droit de se taxer elles-mêmes. Tant qu'elles délibéreront librement sur le revenu public, leurs intérêts seront respectés; ou si leurs droits sont quelquefois lésés, elles obtiendront bientôt le redressement de leurs griefs. Mais il ne restera plus aucune force à leurs remontrances auprès du gouvernement, lorsqu'elles ne seront pas appuyées du droit d'accorder ou de refuser de l'argent aux besoins de l'état. Le pouvoir qui aura usurpé le droit d'établir des impôts, en usurpera sans peine l'administration. Juge de leur levée, il sera l'arbitre de leur destination; & les fonds destinés en apparence au salut des peuples, seront employés à leur asservissement. Telle a été, dans tous les tems, la marche des empires. Aucune société n'a conservé une ombre de liberté, dès qu'une fois elle a perdu la

XXX. *Les colonies doivent-elles souffrir qu'on les impose.*

privilége de voter dans la sanction & la promulgation des loix fiscales. Une nation est à jamais esclave, quand elle n'a plus d'assemblée ni de corps qui puisse défendre ses droits contre les progrès de l'autorité qui la gouverne.

Les provinces de l'Amérique Angloise ont tout à craindre pour leur indépendance. Leur confiance même pourroit les trahir, & les livrer aux entreprises de leur métropole. Elles sont peuplées d'une infinité de gens simples & droits. Ils ne soupçonnent pas que des hommes qui tiennent les rênes d'un empire, puissent être emportés par des passions injustes & tyranniques. Ils ne supposent à leur patrie que des sentimens maternels, qui s'accordent si bien avec ses vrais intérêts, avec l'amour & le respect qu'ils ont conçus pour elle. A l'aveuglement de ces honnêtes citoyens, qui chérissent une si douce illusion, se joint le silence de ceux qui ne croient pas devoir troubler leur tranquillité pour des impôts légers. Ces hommes indolens, ne voient pas qu'on a voulu d'abord endormir leur vigilance par la modicité de l'imposition ; que l'Angleterre ne cherche un exemple de soumission, que pour s'en faire à l'avenir un titre ; que si le parlement a pu lever une piftole, il en pourra lever cent mille ; & qu'on n'aura pas plus de raifon pour limiter ce droit, qu'il n'y auroit aujourd'hui de juftice à le reconnoître. Mais une claffe d'hommes, la plus pernicieufe à la liberté, ce font ces ambitieux, qui, féparant leur bon-heur de celui du public & de leur poftérité, brûlent d'augmenter leur crédit, leur rang & leurs richeffes. Le miniftère Britannique, dont ils ont obtenu, ou dont ils attendent leur avancement, les trouve toujours difpofés à favorifer fes odieux projets, par la contagion de leur luxe & de leurs vices ; par l'artifice de leurs infinuations ; par la foupleffe de leurs manœuvres.

Que les vrais patriotes luttent donc avec conftance contre les préjugés, l'indolence, la féduction, & qu'ils ne défefperent pas de fortir victorieux d'un combat où leur vertu les aura engagés. On tentera, peut-être, de leurrer leur bonne-foi, par l'offre impofante d'admettre au parlement les députés de l'Amérique, pour régler, avec ceux de la métropole, les tributs de toute la nation. En effet, telles font l'étendue, la population, les richeffes, l'importance enfin des colonies, que la légiflation de l'empire ne fauroit les gouverner avec sagesse & sécurité, sans être éclairée par les avis & les rapports de leurs représentans. Mais qu'on prenne garde de jamais autoriser ces députés à décider de la fortune & des contributions de leurs constituans. Leurs voix foibles & peu nombreuses, seroient aisément étouffées par la multitude des représentans de la métropole; & les provinces dont ils seroient l'organe, se trouveroient chargées, par cette confusion d'intérêts & de voix, d'une portion du fardeau commun, trop pesante & trop inégale. Le droit de fixer, de répartir & de lever les impôts, continuera donc de résider exclusivement dans les assemblées provinciales du nouveau-monde. Elles doivent en être d'autant plus jalouses en ce moment, que la facilité de les en dépouiller semble avoir augmenté par les conquêtes de la derniere guerre.

La métropole a tiré de ses nouvelles acquisitions, l'avantage d'étendre ses pêcheries, & d'augmenter ses liaisons avec les Sauvages. Cependant, comme si ce succès n'étoit rien à ses yeux, elle ne cesse de répéter, que cette augmentation de territoire n'a eu d'autre but & d'autre fruit, que d'assurer la tranquillité des colonies. Les colonies soutiennent, au contraire, que leurs champs, d'où dépendoit toute leur fortune, ont perdu beaucoup de leur prix, depuis cette extenfion immenfe de terrein; que leur population diminuant ou n'augmentant pas, leur pays refte plus expofé à l'invafion; que leurs provinces trouvent une concurrence, les plus Septentrionales dans le Canada, & les plus Méridionales dans la Floride. Les colons, éclairés fur l'avenir par l'hiftoire du paffé, difent même que le gouvernement militaire établi dans les nouvelles conquêtes; que les nombreufes troupes qu'on y a répandues; que les fortereffes qui y font élevées, pourroient fervir un jour à mettre aux fers des contrées qui n'ont fleuri que par la liberté.

La Grande-Bretagne jouit, dans fes colonies, de toute l'autorité qu'elle doit y fouhaiter. Elle a le droit d'annuller toutes les loix qu'elles font. Le pouvoir exécutif eft tout entier dans les mains de fes délégués. On peut appeller à fon tribunal de tous les jugemens civils. C'eft fa volonté feule qui décide de toutes les liaifons de commerce qu'il eft permis aux colons de former & d'entretenir. Appefantir le joug d'une domination fi fagement combinée, ce feroit replonger un continent nouveau dans le cahos, dont il n'eft forti qu'avec peine par deux siécles de travaux continuels ; ce seroit réduire les hommes laborieux qui l'ont défriché, à s'armer pour défendre les droits sacrés qu'ils tiennent également de la nature & des institutions sociales. Le peuple Anglois, ce peuple si passionné pour la liberté, qui l'a quelquefois protégée dans les régions étrangeres à son climat & à ses intérêts, oublieroit-il des sentimens dont sa gloire, sa vertu, son instinct, son salut, lui font un devoir éternel ? Trahiroit-il des droits qui lui sont si chers, jusqu'à vouloir réduire ses freres & ses enfans en esclavage ? Cependant s'il arrivoit que des esprits factieux ourdissent une trame si funeste, & que dans un moment de délire & d'ivresse, ils la fissent adopter à la métropole, quelles devroient être alors les résolutions des colonies, pour ne pas tomber dans la plus odieuse dépendance ?

XXXI. *Jusqu'où les colonies doivent-elles pousser leur résistance aux impositions.*

Avant de prévoir ce renversement de politique, elles se souviendront de tous les biens qu'elles tiennent de leur patrie. L'Angleterre a toujours été pour elles, une fortification avancée contre les puissantes nations de l'Europe. Elle leur a servi de guide & de modérateur, pour les préserver & les guérir des dissensions civiles, que la jalousie & la rivalité

philosophique & politique. 191

n'excitent que trop souvent entre des peuplades voisines qui naissent & qui se forment. C'est à l'influence de son excellente constitution, qu'elles doivent la paix & la prospérité dont elles jouissent. Tant que ces colonies vivront sous un régime si sain & si doux, elles continueront à faire des progrès proportionnés à l'immensité d'une carriere qui s'étendra, sous leur industrie, jusqu'aux déserts les plus reculés.

Que leur amour de la patrie soit cependant accompagné d'une certaine jalousie de leur liberté. Que leurs droits soient continuellement examinés, éclaircis, discutés. Qu'elles s'accoutument à chérir ceux qui les leur rappelleront sans cesse, comme les meilleurs citoyens. Cet esprit d'inquiétude convient à tous les états libres; mais il est sur-tout nécessaire aux constitutions compliquées, où la liberté est mêlée d'une certaine dépendance, telle que l'exige une liaison entre des pays séparés par une mer immense. Cette vigilance sera le plus sûr gardien de l'union, qui doit indivisiblement attacher la métropole & ses colonies.

Si le ministère, toujours composé d'hommes ambitieux, même dans un état libre, tentoit d'augmenter la puissance du prince, ou les richesses de la métropole, aux dépens des colonies ; celles-ci devroient opposer une résistance invincible à cette usurpation. Toute entreprise du gouvernement, repoussée avec de vives réclamations, est presque toujours rectifiée ; tandis que les griefs, qu'on n'a pas le courage de faire redresser, sont constamment suivis de nouvelles oppressions. Les nations, en général, sont plus faites pour sentir que pour penser ; elles n'ont d'autre idée de la légalité d'un pouvoir, que l'exercice de ce pouvoir même. Accoutumées à obéir sans examen, elles se familiarisent presque toutes avec la dureté du gouvernement ; & comme elles ignorent l'origine ou le but de la société, elles n'imaginent pas des bornes à l'autorité. Dans les états sur-tout où les principes de la législation se confondent avec ceux de la religion ; de même qu'une seule extravagance dans le dogme, est capable d'en faire adopter mille à des esprits une fois déçus, une premiere usurpation du gouvernement ouvre la porte à toutes les autres. Qui croit le plus, croit le moins ; qui peut le plus, peut le moins : c'est par ce double abus de la crédulité & de l'autorité, que toutes les absurdités & les iniquités en matiere de religion & de politique, sont entrées dans le monde, pour écraser

écraser les hommes. Heureusement l'esprit de tolérance & de liberté, qui, jusqu'à présent, a regné dans les colonies Angloises, les a préservées de cet excès de foiblesse & de malheur. Elles sentent assez la dignité de l'homme, pour résister à l'oppression, fût-ce au péril de leur vie.

Ce peuple éclairé n'ignore pas que les partis extrêmes & les moyens violens ne peuvent être justifiés, qu'après qu'on a vainement épuisé toutes les voies de la conciliation. Mais il sait aussi que réduit à opter entre l'esclavage & la guerre, s'il lui falloit prendre les armes pour la défense de sa liberté, il ne devroit pas souiller une si belle cause par toutes les horreurs & les cruautés qui accompagnent les séditions; & qu'avec la résolution de ne déposer l'épée qu'après le recouvrement de ses droits, il lui suffiroit de borner le fruit de sa victoire au rétablissement de son état primitif d'indépendance légale.

Gardons-nous en effet de confondre la résistance que les colonies Angloises devroient opposer à leur métropole, avec la fureur d'un peuple soulevé contre son souverain par l'excès d'une longue oppression. Dès qu'une fois l'esclave du despotisme auroit brisé sa chaîne, auroit commis son sort à la décision du glaive, il seroit forcé de massacrer son tyran, d'en exterminer la race & la postérité, de changer la forme du gouvernement dont il auroit été la victime depuis des siécles. S'il osoit moins, il seroit tôt ou tard puni de n'avoir été courageux qu'à demi. Le joug retomberoit sur sa tête avec plus de poids & de force ; & la modération simulée de ses tyrans, ne seroit qu'un nouveau piége, où il se trouveroit pris & enchaîné sans retour. Tel est le malheur des factions dans un gouvernement absolu, que le prince ni le peuple ne voient point de bornes à leur ressentiment, parce qu'ils n'en connoissent pas dans l'autorité. Mais une constitution tempérée, comme celle des colonies Angloises, porte dans les principes & les limites de ses pouvoirs, le remede & le préservatif contre les maux de l'anarchie. Dès que la métropole auroit satisfait à leurs plaintes, en les rétablissant dans leur premiere situation, elles devroient s'y arrêter ; parce qu'elle est la plus heureuse où un peuple sage ait droit d'aspirer.

XXXII. *Seroit-il utile aux colonies de rompre les liens qui les* Elles ne pourroient embrasser un systême absolu d'indépendance, sans rompre les liens de la religion, du serment, des loix, du langage, du sang, de l'intérêt, du commerce, des

habitudes enfin qui les tiennent unies entr'el- *uniſſent à la*
les, ſous la paiſible influence de la métropole. *métropole.*
Croit-on qu'un ſi grand déchirement n'iroit pas
juſqu'au cœur, aux entrailles, à la vie même
des colonies ? Quand elles n'en viendroient
point à la funeſte extrémité des guerres civiles,
leur ſeroit-il aiſé de s'accorder ſur une nouvelle
forme de gouvernement ? Si chaque établiſſement compoſoit un état ſéparé, que de divi-
ſions entr'eux ! Que l'on juge des haînes qui
naîtroient de leur ſéparation, par la deſtinée
de toutes les ſociétés que la nature fit limitrophes. Que ſi tant de peuplades, où la diverſité des loix, l'inégalité des richeſſes, la variété des poſſeſſions, jetteroient un germe ſe-
cret d'oppoſition dans les intérêts, vouloient
former une confédération ; comment régler le
rang que chacune y prétendroit tenir, & l'influence qu'elle y devroit avoir à proportion de
ſes riſques & de ſes forces ? La jalouſie & cent
autres paſſions, qui diviſerent en peu de tems
les ſages états de la Grèce, ne mettroient-
elles pas la diſcorde dans une multitude de colonies, plutôt aſſociées par le reſſentiment &
par le dépit, qui ſont des liens paſſagers & cor-
roſifs, que par les principes réfléchis d'une
combinaiſon naturelle & permanente ? Toutes

ces considérations semblent démontrer qu'un divorce éternel avec la métropole, seroit un très-grand malheur pour les colonies Angloises.

XXXIII. *Conviendroit-il aux nations de l'Europe de travailler à rendre les colonies Angloises indépendantes de leur métropole.*

On ira plus loin : on dira que, fût-il au pouvoir des nations Européennes qui partagent le nouveau-monde, d'opérer cette grande révolution, elles n'ont aucun intérêt à la souhaiter. Ce sera peut-être un paradoxe aux yeux des puissances, qui voient leurs colonies continuellement menacées d'une invasion prochaine. Elles croyent, sans doute, que si l'Angleterre avoit moins de force en Amérique, elles y pourroient jouir paisiblement des richesses qu'elle leur envie & leur enleve souvent. On ne peut nier que l'influence qu'elle a dans ces régions éloignées, ne lui vienne de l'étendue & de la population de ses colonies Septentrionales. Ce sont elles qui la mettent en état d'attaquer toujours avec avantage, les isles & le continent des autres peuples, d'en conquérir les terres, ou d'en ruiner le commerce. Mais enfin cette couronne a dans les autres parties du monde, des intérêts qui peuvent traverser ses progrès en Amérique, y gêner ou retarder ses entreprises, y anéantir ses conquêtes par des restitutions.

Rompez le nœud qui lie l'ancienne Bretagne à la nouvelle ; bientôt les colonies Septentrionales auront seules plus de force, qu'elles n'en avoient dans leur union avec la métropole. Ce grand continent, affranchi de toute convention en Europe, aura la liberté de tous ses mouvemens. Alors il lui deviendra aussi important que facile, d'envahir des terres, dont les richesses suppléeront à la médiocrité de ses productions. Sa position indépendante lui permettra d'achever les préparatifs de son invasion, avant que le bruit en soit parvenu dans nos climats. Cette nation suivra ses opérations guerrieres, avec l'énergie propre aux nouvelles sociétés. Elle pourra choisir ses ennemis, le champ & le moment de ses victoires. Sa foudre tombera toujours sur des côtes prises au dépourvu, sur des mers trop mal gardées par des puissances éloignées. Les pays qu'elles voudront défendre, seront conquis avant d'être secourus. On ne pourra ni les ravoir par des traités, sans de grands sacrifices, ni les empêcher de retomber sous le joug dont on les aura délivrés pour un moment. Les colonies de nos monarchies absolues, voleront peut-être d'elles-mêmes au-devant d'un maître qui ne sauroit leur offrir une condition plus fâcheuse.

que celle de leur gouvernement ; ou bien, à l'exemple des colonies Angloises, elles briseront la chaîne qui les attache honteusement à l'Europe.

Non, rien n'engage les nations rivales de l'Angleterre à précipiter, par leurs insinuations ou par des secours clandestins, une révolution qui ne les délivreroit d'un ennemi voisin, que pour leur en donner, au loin, un bien plus redoutable. Pourquoi hâter un événement qui doit éclorre du concours inévitable de tant d'autres ? Car il seroit contre la nature des choses, que les provinces subordonnées à la nation dominante, restassent sous son empire, lorsqu'elles seront parvenues à égaler sa population & ses richesses. Qui sait même si cette scission n'arrivera pas plutôt ? La défiance & la haîne, qui, dans les derniers tems, ont pris la place du respect & de l'attachement qu'on avoit autrefois pour la mere patrie, ne font-elles pas propres à avancer le déchirement ? Ainsi tout conspire au grand démembrement, dont il n'est pas donné de prévoir l'époque. Tout y achemine ; & les progrès du bien dans le nouvel hémisphère, & les progrès du mal dans l'ancien.

Hélas ! la décadence prompte & rapide de

nos mœurs & de nos forces, les crimes des rois & les malheurs des peuples, rendront même universelle, cette fatale catastrophe, qui doit détacher un monde de l'autre. La mine est préparée sous les fondemens de nos empires chancelans ; les matériaux de leur ruine s'amassent & s'entassent, formés du débris de nos loix, du choc & de la fermentation de nos opinions, du renversement de nos droits, qui faisoient notre courage, du luxe de nos cours & de la misere de nos campagnes, de la haîne à jamais durable entre des hommes lâches, qui possédent toutes les richesses, & des hommes robustes, vertueux même, qui n'ont plus rien à perdre que leur vie. A mesure que nos peuples s'affoiblissent & succombent tous les uns sous les autres, la population & l'agriculture vont croître en Amérique ; les arts y naîtront rapidement, transportés par nos soins ; ce pays, sorti du néant, brûle de figurer à son tour sur la face du globe, & dans l'histoire du monde. O postérité ! tu seras plus heureuse, peut-être, que tes tristes & méprisables ayeux. Puisse ce dernier vœu s'accomplir, & consoler la génération expirante, par l'espoir d'une meilleure ! Mais laissant l'avenir à lui-même, jettons un coup-d'œil sur le résultat de trois siécles mémorables. Après avoir vu dans le début de cet ouvrage, en quel état de misere & de ténèbres étoit l'Europe à la naissance de l'Amérique ; voyons en quel état la conquête d'un monde a conduit & pouffé le monde conquérant. C'étoit l'objet d'un livre entrepris avec le desir d'être utile : si le but est rempli, l'auteur aura payé sa dette à son siécle, à la société.

Fin du dix-huitiéme Livre.

HISTOIRE
PHILOSOPHIQUE
ET
POLITIQUE

Des établissemens & du commerce des Européens dans les deux Indes.

LIVRE DIX-NEUVIEME.

Nous avons essayé de peindre au commencement de cet ouvrage l'état où étoit le commerce de l'Europe avant la découverte des deux Indes. La marche lente, pénible & tyrannique des établissemens formés dans ces contrées éloignées, a occupé ensuite. Le tableau sera fini, si l'on parvient à déterminer l'influence que les liaisons avec le nouveau-monde ont eue sur les mœurs, les gouvernemens, les arts, les opinions de l'ancien. Commençons par la religion.

XXXIV.
Religion.

Elle est dans l'homme l'effet du sentiment de ses maux, & de la crainte des puissances invisibles.

La plupart des législateurs se sont servi de cette disposition pour conduire les peuples; & plus encore pour les asservir. Quelques-uns ont fait descendre du ciel le droit de commander; & c'est ainsi que s'est établie la théocratie.

Si celle des Juifs a eu une origine plus sublime, elle n'a pas toujours été exempte des inconvéniens que l'ambition des prêtres a nécessairement dans le gouvernement théocratique.

Le Christianisme succéda au Judaïsme. L'asservissement d'une république, maîtresse du monde, à des monstres de tyrannie; la misere effroyable que le luxe d'une cour & la solde des armées répandirent dans un vaste empire, sous le regne des Nérons; les irruptions successives des Barbares qui démembrerent ce grand corps; la perte des provinces qui se souleverent ou furent envahies : tous ces maux physiques avoient préparé les esprits à une nouvelle religion, & les révolutions de la politique en devoient amener une dans le culte. On ne voyoit plus dans le Paganisme vieilli que les fables de son enfance, l'ineptie ou la méchanceté de ses dieux, l'avarice de ses prêtres,

philosophique & politique.

l'infamie & les vices des rois qui foutenoient ces dieux & ces prêtres. Alors le peuple qui ne connoiſſoit que ſes tyrans ſur la terre, chercha ſon aſyle dans le ciel.

Le Chriſtianiſme vint le conſoler, & lui apprendre à ſouffrir. Tandis que les vexations & les débauches du trône ſappoient le paganiſme avec l'empire, des ſujets opprimés & dépouillés, qui avoient embraſſé les nouveaux dogmes, achevoient cette ruine par l'exemple de toutes les vertus qui accompagnent toujours la ferveur du proſélytiſme. Mais une religion née dans les calamités publiques, devoit donner à ceux qui la prêchoient beaucoup d'empire ſur les malheureux qui ſe réfugioient dans ſon ſein. Auſſi le pouvoir du clergé naquit-il, pour ainſi dire, dans le berceau de l'évangile.

Du débris des ſuperſtitions payennes & des ſectes philoſophiques, il ſe forma un corps de rites & de dogmes que la ſimplicité des premiers Chrétiens ſanctifia par une piété vraie & touchante; mais qui laiſſerent en même tems un germe de diſputes & de débats, d'où ſortit cette complication de paſſions qu'on voile & qu'on honore ſous le nom de zèle. Ces diſſenſions enfanterent des écoles, des docteurs, un tribunal, une hiérarchie. Le Chriſtianiſme avoit commencé par des pêcheurs qui ne sçavoient que l'évangile ; il fut achevé par des évêques qui formerent l'église. Alors, il gagna de proche en proche, & parvint jusqu'à l'oreille des empereurs. Les uns le tolérerent par mépris ou par humanité ; les autres le persécuterent. La persécution hâta les progrès que la tolérance lui avoit ouverts. Le silence & la proscription, la clémence & la rigueur ; tout lui devint utile. La liberté naturelle à l'esprit humain, le fit adopter à sa naissance, comme elle l'a fait souvent rejetter dans sa vieillesse. Cette indépendance, moins amoureuse de la vérité que de la nouveauté, devoit lui donner des sectateurs dans toutes les conditions, quand il n'auroit pas eu tous les caractères propres à lui attribuer de la vénération.

Constantin, au lieu d'unir à sa couronne le pontificat quand il se fit Chrétien, comme ils étoient unis dans la personne des empereurs Payens, accorda au clergé tant de richesses & d'autorité, tant de moyens de les accroître de plus en plus, que cet aveugle abandon fut suivi d'un despotisme ecclésiastique, qui, avec le tems, devint intolérable.

Il étoit porté aux derniers excès, quand une partie de l'Europe en secoua le joug. Un moine qui fit perdre prefque toute l'Allemagne ; un chanoine, la moitié de la France ; un roi, pour une femme, la moitié de l'Angleterre. Dans d'autres états, beaucoup d'efprits hardis fe détacherent des dogmes du Chriftianifme ; & les plus vertueux d'entre eux n'en conferverent qu'un certain attachement à la pureté de fa morale, quoique extérieurement ils pratiquaffent ce que prefcrivoient les loix de la fociété où ils vivoient.

Cette maniere de penfer ne deviendra jamais générale & populaire, à moins que le magiftrat, infpecteur né de tout ce qui, par fa publicité, peut influer fur la police, ne recouvre fes premiers droits. Les dogmes, foit de théorie, foit de pratique, font par cette raifon foumis à la furveillance du gouvernement : mais fon pouvoir, comme fon devoir, fe borne à éloigner tout ce qui nuit au bonheur des peuples, à permettre tout ce qui n'altere point la paix & l'union des hommes.

Tous les états devroient avoir à-peu-près le même code moral de religion, & livrer le refte, non pas aux difputes des hommes, qu'il faut empêcher quand elles peuvent troubler la tranquillité publique, mais à l'impulfion de la confcience, en accordant une entiere liberté de penfer aux théologiens comme aux philofophes. Cette tolérance indéfinie sur tous les dogmes & les opinions qui n'attaqueroient pas le code moral des nations, seroit l'unique moyen de prévenir ou de sapper ce pouvoir, soit temporel, soit spirituel du clergé qui, avec le tems, en fait un corps formidable à l'état; d'éteindre insensiblement l'enthousiasme des ministres & le fanatisme des peuples.

C'est en partie à la découverte du nouveau monde qu'on devra la tolérance religieuse, qui doit s'introduire dans l'ancien. Elle arrivera, cette tolérance. La persécution ne feroit que hâter la chute des religions dominantes. L'industrie & la lumiere ont pris, chez les nations, un cours, un ascendant qui doit rétablir un certain équilibre dans l'ordre moral & civil des sociétés : l'esprit humain est désabusé de l'ancienne superstition. Si l'on ne profite de cet instant pour le rendre à l'empire de la raison, il doit se livrer à des superstitions nouvelles.

Tout a concouru depuis deux siécles à épuiser cette fureur de zèle qui dévoroit la terre. Les déprédations des Espagnols dans toute l'Amérique ont éclairé le monde sur les excès du fanatisme. En établissant leur religion par le fer & par le feu dans des pays dévastés & dépeuplés, ils l'ont rendue odieuse en Europe;

& leurs cruautés ont détaché plus de Catholiques de la communion Romaine, qu'elles n'ont fait de Chrétiens parmi les Indiens. L'abord de toutes les sectes dans l'Amérique Septentrionale, a nécessairement étendu l'esprit de tolérance au loin, & soulagé nos contrées de guerres de religion. Les missions nous ont délivrés de ces esprits inquiets, qui pouvoient incendier leur patrie, & qui sont allés porter les torches & les glaives de l'évangile au-delà des mers. La navigation & les longs voyages ont insensiblement détourné une grande partie du peuple des folles idées de la superstition. La différence des cultes & des nations, a familiarisé les esprits les plus grossiers avec une sorte d'indifférence pour l'objet qui avoit le plus frappé leur imagination. Le commerce entre les sectes les plus opposées, a refroidi la haîne religieuse qui les divisoit. On a vu qu'il y avoit partout de la morale & de la bonne-foi dans les opinions, par-tout du déréglement dans les mœurs, & de l'avarice dans les ames; & l'on en a conclu que c'étoit le climat, le gouvernement & l'intérêt social ou national, qui modifioient les hommes.

Depuis que la communication est établie entre les deux hémisphères de ce monde, on parle & l'on s'occupe moins de cet autre monde, qui faisoit l'espérance du petit nombre, & le tourment de la multitude. La variété, la multiplicité des objets que l'industrie a présentés à l'esprit & aux sens, a partagé les affections de l'homme & affoibli l'énergie de tous les sentimens. Les caractères se sont émoussés; & le fanatisme a du s'éteindre comme la chevalerie, comme toutes les grandes manies des peuples désœuvrés. Les causes de cette révolution dans les mœurs, ont influé encore plus rapidement sur les gouvernemens.

XXXV. Gouvernement.

La société vient naturellement de la population, & le gouvernement tient à l'état social. En considérant le peu de besoins que la nature donne à l'homme, en proportion des ressources qu'elle lui présente; le peu de secours & de biens qu'il trouve dans l'état civil, en comparaison des peines & des maux qu'il y entasse; son instinct, commun à tous les êtres vivans, pour l'indépendance & la liberté ; une multitude de raisons prises de sa constitution physique : on a voulu douter si la sociabilité étoit aussi naturelle à l'espece humaine, qu'on le pense ordinairement.

Mais aussi la foiblesse & la longueur de son enfance; la nudité de son corps sans poil & sans plume ; la perfectibilité de son esprit, suite nécessaire de la durée de sa vie ; l'amour maternel

maternel qui croît avec les soins & les peines, qui, après avoir porté son fruit neuf mois dans ses entrailles, le porte & l'allaite des années entieres dans ses bras; l'attachement réciproque, né de cette habitude entre deux êtres qui se soulagent & se caressent; la multiplication des signes communicatifs dans une organisation, qui joint aux accens de la voix, communs à tant d'animaux, le langage des doigts & des gestes particuliers à l'espece humaine; les événemens naturels, qui peuvent rapprocher de cent façons, & réunir des individus errans & libres; les accidens & les besoins imprévus qui les forcent à se rencontrer pour la chasse, la pêche, ou même pour leur défense; enfin l'exemple de tant d'especes qui vivent en troupe, telles que les amphibies & les monstres marins, les vols de grue & d'autres animaux, les insectes même qu'on trouve en bandes & en essaims : tous ces faits & ces raisonnemens semblent prouver que l'homme tend de sa nature à la sociabilité, & qu'il y arrive d'autant plus promptement, qu'il ne sauroit beaucoup peupler sous la Zone-Torride, sans se former en hordes errantes ou sédentaires, ni se répandre sous les autres Zones, sans 'associer à ses semblables, pour la proie & le butin qu'exige le besoin de se nourrir & de se vêtir.

De la nécessité de s'associer, dérive celle d'avoir des loix relatives à cet état : c'est-à-dire, de former, par la combinaison de tous les instincts communs & particuliers, une combinaison générale, qui maintienne la masse & la pluralité des individus. Car si la nature pousse l'homme vers l'homme, c'est sans doute par une suite de cette attraction universelle, qui tend à la reproduction & à la conservation. Tous les penchans que l'homme porte dans la société, tous les plis qu'il y prend, devroient être subordonnés à cette premiere impulsion. Vivre & peupler étant la destination de toutes les especes vivantes, il semble que la sociabilité, si c'est une des premieres facultés de l'homme, devroit concourir à cette double fin de la nature ; & que l'instinct qui le conduit à l'état social, devroit diriger nécessairement toutes les loix morales & politiques, au résultat d'une existence plus longue & plus heureuse pour la pluralité des hommes. Cependant, à ne considérer que l'effet, on diroit que toutes les sociétés n'ont pour principe ou pour suprême loi que la *sûreté de la puissance dominante*. D'où vient ce contraste singulier, entre la fin & les moyens, entre les loix de la nature & celles de la politique ? Une seule réponse se présente à l'esprit ; & la voici. C'est d'abord le hasard qui ébauche les gouvernemens, & la raison qui les perfectionne. D'après ce principe, examinons la nature des gouvernemens qui ont mené l'Europe à l'état de police où nous la voyons.

Tous les fondemens de la société actuelle se perdent dans les ruines de quelque catastrophe, ou révolution physique. Par-tout on voit les hommes chassés par les feux de la terre ou de la guerre, par un débordement des eaux ou des insectes dévorans, par la disette ou par la famine, se réunir dans un coin du monde inhabité, ou se disperser & se répandre dans des lieux déja peuplés. Toujours la police commence par le brigandage, & l'ordre par l'anarchie.

Les Hébreux, que les plaies d'Égypte forcerent à transmigrer dans l'Arabie Pétrée, furent au moins quarante ans à se discipliner en corps d'armée, avant d'aller dévaster la Palestine, pour s'y établir comme nation.

La Grèce vit ses états fondés par des brigands, qui détruisirent quelques monstres & beaucoup d'hommes, afin d'être rois.

Rome fut, dit-on, cimentée des débris échappés aux flammes de Troye, ou ne fut qu'une caverne de bandits de la Grèce & de l'Italie : mais de cette écume du genre humain, sortit un peuple de héros.

La guerre, qui, des grands peuples de l'Europe, n'avoit fait que l'empire des Romains, fit redevenir barbares ces Romains si nombreux. Le caractère & les mœurs des conquérans, passant presque toujours dans l'ame des vaincus, ceux qui s'étoient éclairés à la lumiere de Rome savante, retomberent dans les ténèbres des Scythes stupides & féroces. Durant des siécles d'ignorance, la force faisant toujours la loi, & le hasard, ou la faim, ayant ouvert aux forces du Nord, les portes du Midi, le flux & le reflux continuel des émigrations, empêcherent les loix de se fixer nulle part. Comme une foule de petits peuples avoit détruit une grande nation, plusieurs chefs ou tyrans dépecerent en fiefs chaque vaste monarchie. Le peuple, qui n'a rien gagné dans le gouvernement d'un seul homme ou de plusieurs, fut toujours écrâsé, mutilé, foulé par ces démembremens de l'anarchie féodale. C'étoient de petites guerres continuelles entre des bourgs voisins, au-lieu de nos grandes & superbes guerres de nation à nation.

Cependant, une fermentation continuelle

conduisoit les nations à prendre une forme, une consistance. Les rois voulurent s'élever sur les ruines de ces hommes ou de ces corps puissans, qui perpétuoient les troubles ; & ils employerent, pour y réussir, le secours du peuple. On le mania, on le façonna, on le polit, & on lui donna des loix plus raisonnées qu'il n'en avoit eu. La servitude avoit abattu sa vigueur naturelle ; la propriété lui rendit du ressort ; & le commerce, qui suivit la découverte du nouveau-monde, augmenta toutes ses facultés, en répandant une émulation universelle.

A ce mouvement général, s'en joignit un autre. Les monarques n'avoient pu aggrandir leur pouvoir, sans diminuer celui du clergé, sans favoriser ou préparer le discrédit des opinions religieuses. Les novateurs qui oserent attaquer l'église, furent appuyés du trône. Dès-lors l'esprit humain prit des forces, en s'exerçant contre les phantômes de l'imagination ; & rentré dans le chemin de la nature & de la raison, il découvrit les véritables principes du gouvernement. Luther & Colomb étoient nés ; l'Univers en trembla, toute l'Europe fut agitée : mais cet orage épura son horison pour des siécles. L'un de ces hommes ranima tous les esprits, l'autre tous les bras. Depuis qu'ils ont ouvert toutes les routes de l'industrie & de la liberté, la plupart des nations de l'Europe travaillent, avec quelque succès, à corriger ou à perfectionner la législation, d'où dépend toute la félicité des hommes.

Cependant, cet esprit de lumiere n'est pas arrivé jusqu'aux Turcs. Jamais ils n'ont discontinué d'être fidèles aux maximes du despotisme Asiatique. Le cimeterre est toujours à Constantinople, l'interpréte de l'Alcoran. Si le serrail ne voit pas le grand-seigneur entrer & sortir, comme le tyran de Maroc, une tête à la main & dégoûtant de sang, une nombreuse cohorte de satellites se charge d'exécuter ces meurtres féroces. Le peuple égorgé par son maître, égorge aussi son bourreau; mais satisfait de cette vengeance momentanée, il ne songe point à la sûreté de l'avenir, au bonheur de sa postérité. C'est trop de soins pour des Orientaux, que de veiller à la sûreté publique, par des loix pénibles à concevoir, à discuter, à conserver. Si leur tyran pousse trop loin les vexations & les cruautés, on demande la tête du visir, on fait tomber celle du despote, & tout est à sa place. Les Janissaires n'ont point d'autre remontrance. Les hommes même les plus puissants de l'empire, n'ont pas la premiere idée du droit des nations. Comme en Turquie, la sûreté personnelle est le partage d'un état abject, les familles principales tirent vanité du danger qui les menace de la part du gouvernement. Un pacha vous dira qu'un homme comme lui n'est pas fait pour terminer paisiblement sa carriere dans un lit, comme un homme obscur. On voit souvent des veuves se glorifier de ce que leurs maris, qu'on vient d'étrangler, leur ont été enlevés par un genre de mort convenable.

Les Russes & les Danois n'ont pas les mêmes préjugés, quoique soumis à un pouvoir également arbitraire. Parce que ces deux nations jouissent d'une administration plus supportable, de quelques réglemens écrits; elles osent penser ou dire que leur gouvernement est limité : mais quel homme éclairé ont-elles persuadé ? Dès que le prince institue les loix & les abolit, les étend & les restreint, en permet ou suspend l'exercice à son gré ; dès que l'intérêt de ses passions est la seule régle de sa conduite ; dès qu'il devient un être unique & central où tout aboutit ; dès qu'il crée le juste & l'injuste ; dès que son caprice devient loi, & que sa faveur est la mesure de l'estime publique : si ce n'est pas là le despotisme, qu'on nous dise quelle espece de gouvernement ce pourroit être ?

Dans cet état de dégradation, que font les hommes ? Leurs regards contraints n'osent se lever vers la voûte des cieux. Ils manquent également, & de lumiere pour voir leurs chaînes, & d'ame pour en sentir la honte. Éteint dans les entraves de la servitude, leur esprit n'a pas assez d'énergie pour saisir les droits inséparables de leur être. On pourroit douter si ces esclaves ne sont pas aussi coupables que leurs tyrans ; & si la liberté a plus à se plaindre de ceux qui ont l'insolence de l'envahir, que de l'imbécillité de ceux qui ne la savent pas défendre.

Cependant, vous entendrez dire que le gouvernement le plus heureux, seroit celui d'un despote juste & éclairé. Quelle extravagance! Il pourroit aisément arriver que la volonté de ce maître absolu, fût en contradiction avec la volonté de ses sujets. Alors, malgré toute sa justice & toutes ses lumieres, il auroit tort de les dépouiller de leurs droits, même pour leur avantage. Il n'est jamais permis à un homme, quel qu'il soit, de traiter ses commettans comme un troupeau de bêtes. On force celles-ci à quitter un mauvais pâturage, pour passer dans un plus gras : mais ce seroit une tyrannie, d'employer la même violence avec une société d'hommes. S'ils disent, nous sommes bien ici ; s'ils difent même d'accord, nous y fommes mal, mais nous voulons y refter ; il faut tâcher de les éclairer, de les détromper, de les amener à des vues faines, par la voie de la perfuafion, mais jamais par celle de la force. Le meilleur des princes, qui auroit fait le bien contre la volonté générale, feroit criminel, par la feule raifon qu'il auroit outrepaffé fes droits. Il feroit criminel pour le préfent & pour l'avenir : car, s'il eft éclairé & jufte, fon fucceffeur, fans être héritier de fa raifon & de fa vertu, héritera fûrement de fon autorité, dont la nation fera la victime. Peuples, ne permettez donc pas à vos prétendus maîtres de faire même le bien, contre votre volonté générale. Songez que la condition de celui qui vous gouverne, n'eft pas autre que celle de ce cacique à qui l'on demandoit s'il avoit des efclaves, & qui répondit : *des efclaves ? Je n'en connois qu'un dans toute ma contrée, & cet efclave là, c'eft moi.*

Entre la Ruffie & le Danemarck, eft la Suede. Voici fon hiftoire ; & démêlez-y, fi vous pouvez, fa conftitution.

Une nation pauvre, eft prefque néceffairement belliqueufe ; parce que fa pauvreté même, dont le fardeau l'importune fans ceffe, lui infpire tôt ou tard le defir de s'en délivrer ; &

ce desir devient, avec le tems, l'esprit général de la nation, & le ressort du gouvernement.

Pour que le gouvernement d'un tel pays passe rapidement de l'état d'une monarchie tempérée à l'état du despotisme le plus illimité, il ne lui faut qu'une suite de souverains heureux à la guerre. Le maître, fier de ses triomphes, se croit tout permis, ne connoît plus de loi que sa volonté; & ses soldats, qu'il a conduits tant de fois à la victoire, prêts à le servir envers & contre tous, deviennent, par leur attachement, la terreur de leurs concitoyens. Les peuples, de leur côté, n'osent refuser leurs bras à des chaînes qui leur sont présentées par celui, qui joint à l'autorité de son rang, celle qu'il tient de l'admiration & de la reconnoissance.

Le joug imposé par le monarque victorieux des ennemis de l'état, pese sans doute; mais on n'ose le secouer. Il s'appesantit même sous des successeurs qui n'ont pas le même droit à la patience de leurs sujets. Il ne faut alors qu'un grand revers, pour abandonner le despote à la merci de son peuple. Alors, ce peuple indigné de sa longue souffrance, ne manque guère de profiter de l'occasion pour rentrer dans ses droits. Mais comme il n'a ni vues, ni projets, il passe en un clin d'œil de l'esclavage à l'anarchie,

Au milieu de ce tumulte général, on n'entend qu'un cri ; c'eſt liberté. Mais comment s'aſſurer de ce bien précieux ? On l'ignore ; & voilà la nation diviſée en diverſes factions, mues par différens intérêts.

Entre ces factions, s'il en eſt une qui déſeſpere de prévaloir ſur les autres, elle ſe détache, elle oublie le bien général : & plus jalouſe de nuire à ſes rivaux que de ſervir la patrie, elle ſe range autour du ſouverain. A l'inſtant il n'y a plus que deux partis dans l'état, diſtingués par deux noms, qui, quels qu'ils ſoient, ne ſignifient jamais que royaliſtes & anti-royaliſtes. C'eſt le moment des grandes ſecouſſes ; c'eſt le moment des complots.

Quel eſt alors le rôle des puiſſances voiſines ? Tel qu'il a toujours été dans tous les tems & dans toutes les contrées ; c'eſt de ſemer des ombrages entre les peuples & leur chef ; c'eſt de ſuggérer aux ſujets tous les moyens d'avilir, d'abaiſſer, d'anéantir la ſouveraineté ; c'eſt de corrompre ceux même qui ſont raſſemblés autour du trône ; c'eſt de faire adopter quelque forme d'adminiſtration, également nuiſible à tout le corps national, qu'elle appauvrit, ſous prétexte de travailler à ſa liberté, & au ſouverain, dont elle réduit toutes les prérogatives à rien.

Alors, le monarque trouve autant d'autorités opposées à la sienne, qu'il y a d'ordres différens dans l'état. Alors, sa volonté n'est rien, sans le concours de ces différentes volontés. Alors, il faut qu'il assemble, qu'il propose, qu'on délibere sur les choses de la moindre importance. Alors, on lui donne des tuteurs comme à un pupille imbécille; & ces tuteurs sont des hommes, sur la malveillance desquels il peut compter.

Mais quel est alors l'état de la nation? Qu'a produit l'influence des puissances voisines? Elle a tout confondu, tout bouleversé, tout séduit, par son argent & par ses menées. Il n'y a plus qu'un parti; c'est le parti de l'étranger. Il n'y a plus que des factionnaires hypocrites. Le royalisme est une hypocrisie; l'anti-royalisme est une autre hypocrisie. Ce sont deux masques divers de l'ambition & de la cupidité. La nation n'est plus qu'un amas d'ames scélérates & vénales.

Ce qui doit arriver alors, n'est pas difficile à deviner. Il faut que les puissances étrangeres qui ont corrompu la nation, soient trompées dans leurs espérances. Elles ne se sont pas apperçues qu'elles en faisoient trop; que peut-être même elles faisoient tout le contraire de ce qu'une politique plus profonde leur auroit dicté; qu'elles coupoient le nerf national, tandis que leurs efforts ne faisoient que tenir courbé le nerf de la souveraineté, & que ce nerf venant un jour à se détendre avec toute l'impétuosité de son ressort, il ne se trouveroit aucun obstacle capable de l'arrêter; qu'il ne falloit qu'un homme & un instant pour produire cet effet inattendu.

Il est venu, cet instant; il s'est montré, cet homme: & tous ces lâches de la création des puissances ennemies se sont prosternés devant lui. Il a dit à ces hommes qui se croyoient tout: Vous n'êtes rien; & ils ont dit, nous ne sommes rien. Il leur a dit: Je suis le maître; & ils ont dit unanimement, vous êtes le maître. Il leur a dit: Voilà les conditions sous lesquelles je veux vous soumettre; & ils ont dit, nous les acceptons. A peine s'est-il élevé une voix qui ait réclamé. Quelle sera la suite de cette révolution? On l'ignore. Si le maître veut user des circonstances, jamais la Suede n'aura été gouvernée par un despote plus absolu. S'il est sage; s'il conçoit que la souveraineté illimitée ne peut avoir des sujets, parce qu'elle ne peut avoir des propriétaires; qu'on ne commande qu'à ceux qui ont quelque chose, & que l'autorité cesse sur ceux qui ne possèdent rien, la nation reprendra peut-être son premier esprit. Quels que soient ses projets & son caractere, la Suede ne sera jamais plus malheureuse qu'elle l'étoit.

La Pologne, qui, n'ayant qu'un peuple esclave au-dedans, mérite de ne trouver au-dehors que des oppresseurs, conserve pourtant l'ombre & le nom de liberté. Elle est encore aujourd'hui ce qu'étoient tous les états de l'Europe il y a dix siécles, soumise à de grands aristocrates, qui nomment un roi pour en faire l'instrument de leurs volontés. Chaque noble y tient de son fief, qu'il conserve par son épée comme ses ayeux l'acquirent, une autorité personnelle & héréditaire sur ses vassaux. Le gouvernement féodal y domine, dans toute la force de son institution primitive. C'est un empire composé d'autant d'états qu'il y a des terres. Ce n'est point à la pluralité, mais par l'unanimité des suffrages, qu'on y fait les loix, qu'on y prend les résolutions. Sur de fausses idées de droit & de perfection, on a supposé qu'une loi n'étoit juste, qu'autant qu'elle étoit adoptée d'un consentement unanime, parce qu'on a cru, sans doute, que tous verroient le bien, & que tous le voudroient ; deux choses impossibles dans une assemblée nationale, Mais peut-on même prêter des intentions si pures à une poignée de tyrans? Car cette constution, qui s'honore du nom de république & qui le profane, qu'est-elle autre chose qu'une ligue de petits despotes contre le peuple ? Là, tout le monde a de la force pour empêcher, & personne pour agir. Là, le vœu de chacun peut s'opposer au vœu général ; & là seulement, un sot, un méchant, un insensé, est sûr de prévaloir sur une nation entiere.

Aussi ce gouvernement n'a jamais prospéré; & la Pologne, qui doit à la jalousie de ses grands la liberté d'élire ses rois, n'a dû qu'à la jalousie de ses voisins, de n'avoir pas un despote héréditaire dans la famille d'un conquérant étranger. Il étoit réservé à nos jours de voir cet état déchiré par trois puissances rivales, qui se sont approprié les provinces qui étoient le plus à leur bienséance. Fasse le ciel que ce crime de l'ambition tourne au bien de l'humanité ; & que, par un acte glorieux de bienfaisance, les usurpateurs brisent les chaînes de la partie la plus laborieuse de leurs nouveaux peuples! Leurs sujets seront plus fideles, en étant plus libres ; & en cessant d'être des esclaves, ils deviendront des hommes.

Dans une monarchie, toutes les forces, toutes les volontés sont au pouvoir d'un seul homme; dans le gouvernement Germanique, chaque membre est un corps. C'est, peut-être, la nation qui ressemble le plus à ce qu'elle fut autrefois. Les anciens Germains, divisés en peuplades par d'immenses forêts, n'avoient pas besoin d'une législation bien rafinée. Mais à mesure que leurs descendans se sont multipliés & rapprochés, l'art a maintenu dans cette région ce qu'avoit établi la nature ; la séparation des peuples, & leur réunion politique. Les petits états qui composent cette république fédérative, y conservent l'image des premieres familles. Le gouvernement particulier n'est pas toujours paternel, ou les peres des nations n'y sont pas toujours doux & humains. Mais enfin la raison & la liberté qui réunissent les chefs, y temperent la sévérité de leur caractere & la rigueur de leur autorité. Un Prince, en Allemagne, ne peut pas être un tyran avec autant d'impunité que dans les grandes monarchies.

Les Allemands, plus guerriers encore que belliqueux, parce qu'ils possédent plus l'art de la guerre qu'ils n'en ont la passion, n'ont été conquis qu'une fois ; & ce fut Charlemagne qui put les vaincre, mais non pas les soumettre. Ils obéirent à l'homme, dont l'esprit supérieur à son siécle, sut en dompter, en éclairer la barbarie ; mais ils secouerent le joug de ses successeurs. Cependant ils conserverent à
leur

leur chef le titre d'empereur ; mais ce n'étoit qu'un nom, puisque la réalité de la puissance résidoit presqu'entiere dans les seigneurs qui possédoient les terres. Le peuple qui, malheureusement, a toujours été par-tout asservi, dépouillé, tenu dans la misere par l'ignorance, & dans l'ignorance par la misere, n'avoit aucune part au bienfait de la législation. De ce renversement de l'équilibre social, qui tend, non à l'égalité des conditions & des fortunes, mais à la plus grande répartition des biens, se forma le gouvernement féodal, dont le caractere est l'anarchie. Chaque seigneur vécut dans une entiere indépendance, & chaque peuple, sous la tyrannie la plus absolue. C'étoit l'effet inévitable d'un gouvernement où la monarchie étoit élective. Dans les états où elle étoit héréditaire, les peuples avoient, du moins, une digue, un recours permanent contre l'oppression. L'autorité royale ne pouvoit s'étendre, sans adoucir, pour quelque tems, le sort des vassaux, en affoiblissant le pouvoir des seigneurs.

Mais, en Allemagne, comme les grands profitoient de chaque interrégne pour envahir & pour restreindre les droits de la puissance impériale, le gouvernement ne put que dégénérer. La force décida de tout, entre ceux qui portoient l'épée. Les terres & les hommes ne furent que des instrumens ou des sujets de guerre entre les propriétaires. Les crimes furent les armes de l'injustice. La rapine, le meurtre & l'incendie, passerent non-seulement en usage, mais en droit. La superstition, qui avoit consacré la tyrannie, fut obligée d'y mettre un frein. L'église, qui donnoit un asyle à tous les brigands, établit une trêve entr'eux. On se mit sous la protection des saints, pour se soustraire à la fureur des nobles. Les cendres des morts pouvoient seules en imposer à la férocité ; tant le tombeau fait peur, même aux ames sanguinaires.

Quand les esprits, toujours effarouchés, furent disposés-au calme par la frayeur, la politique, qui se sert également de la raison & des passions, des ténebres & des lumieres, pour gouverner les hommes, hasarda quelque amélioration dans le gouvernement. D'un côté, l'on affranchit plusieurs habitans dans les campagnes ; de l'autre, on accorda des exemptions aux villes. Il y eut par-tout plus d'hommes libres. Les empereurs, qui, pour être choisis même par des princes ignorans & féroces, devoient montrer des talens & des vertus, préparerent les voies à la réforme de la législation.

Maximilien profita de tous les germes de bonheur que le tems & les événemens avoient amenés dans son siécle. Il abattit l'anarchie des grands. En France, en Espagne, on les avoit soumis aux rois; en Allemagne, un empereur les soumit aux loix. Sous le nom de paix publique, tout prince peut être cité en justice. A la vérité, ces loix établies entre des lions ne sauvent point les agneaux : le peuple est toujours à la merci de ses maîtres, qui ne se sont obligés que les uns envers les autres. Mais comme on ne peut ni violer la paix publique, ni faire la guerre, sans encourir les peines d'un tribunal toujours ouvert, & appuyé de toutes les forces de l'empire, les peuples sont moins sujets à ces irruptions subites, à ces hostilités imprévues, qui, troublant la propriété des souverains, menaçoient continuellement la vie & la sûreté des sujets. La guerre, qui faisoit le droit, est soumise à des conditions qui temperent le carnage. Les cris de l'humanité percent jusques dans l'effusion du sang. C'est à l'Allemagne que l'Europe doit les progrès de la législation dans tous les états; des régles & des procédés dans la vengeance des nations ; une certaine équité dans l'abus de la force ; la modération au sein de la victoire; un frein à l'ambition de tous les potentats ; enfin, de nouveaux obstacles à la guerre ; & de nouvelles facilités à la paix.

Cette heureuse constitution de l'empire Germanique, s'est perfectionnée avec la raison depuis le régne de Maximilien. Cependant les Allemands eux-mêmes se plaignent, de ce que formant un corps de nation, ayant le même nom, parlant la même langue, vivant sous un même chef, jouissant des mêmes droits, étant liés par le même intérêt, leur empire ne jouit ni de la tranquillité, ni de la force, ni de la considération qu'il devroit avoir.

Les causes de ce malheur se présentent d'elles-mêmes. La premiere est l'obscurité des loix. Les écrits sur le droit public de l'Allemagne, sont sans nombre ; & il n'y a que peu d'Allemands qui connoissent la constitution de leur patrie. Les membres de l'empire se font tous représenter dans l'assemblée nationale, au lieu qu'ils y siégeoient autrefois eux-mêmes. L'esprit militaire, qui est devenu général, a banni toute application des affaires, tout sentiment généreux de patriotisme, tout amour de ses concitoyens. Il n'y a pas de prince qui n'ait monté la magnificence de sa cour sur un ton plus grand que ses moyens, & qui ne se permette les vexations les plus criantes pour soutenir ce faste infenfé. Après tout, rien ne contribue à la décadence de l'empire, autant que l'aggrandiſſement démeſuré de quelques-uns de ſes membres. Ces ſouverains, devenus trop puiſſans, détachent leur intérêt particulier de l'intérêt général. Cette déſunion mutuelle des états, fait que dans les dangers communs, chaque province reſte abandonnée à elle-même. Elle eſt obligée de plier ſous la loi du plus fort, quel qu'il ſoit ; & la conſtitution Allemande dégénere inſenſiblement en eſclavage ou en tyrannie.

L'Angleterre doit ſon génie national à ſa poſition géographique, & ſon gouvernement à ſon caractere national. La nature l'appelloit à la mer, au commerce, à la liberté. Cette idole des ames fortes, qui les rend féroces dans l'état ſauvage & fieres dans l'état civil, la liberté régna toujours dans le cœur & dans l'eſprit des Anglois, lors même qu'ils ignoroient encore ſes droits & ſes avantages.

C'eſt la nation qui connut la premiere l'injuſtice & le néant du pouvoir eccléſiaſtique, les limites de l'autorité royale, les abus du gouvernement féodal. C'eſt la nation qui fut la premiere ſoulever & rejetter ce triple fardeau d'oppreſſion. Juſqu'au régne de Henri VIII, elle n'avoit combattu que pour le choix de ſes tyrans ; mais enfin, en les choiſiſſant, elle ſe préparoit à les abattre un jour, à les punir ou à les chaſſer.

Cependant ſes rois ſe croyoient encore abſolus, parce que tous ceux de l'Europe l'étoient. Le mot de monarchie trompa Jacques I. Il y attachoit une autorité ſans limites. Il manifeſta cette idée avec une franchiſe, une aveugle ſimplicité, qui ne lui permit pas même de ſe défier aſſez de ſes prétentions, pour les appuyer d'avance par la force. Ses courtiſans & ſon clergé l'entretinrent dans cette illuſion flatteuſe: il y perſévéra juſqu'à la fin. Il mourut plein de l'eſtime de lui-même, & mépriſé de ſon peuple, qui connoiſſoit la foibleſſe de ce monarque, & priſoit ſes propres forces.

Les Anglois, pour mettre fin aux vengeances, aux défiances, qui, après la fin tragique de Charles I, ſe ſeroient éternifés entre le trône & la nation, choiſirent dans une race étrangere un prince qui dût accepter enfin ce pacte ſocial, que tous les rois héréditaires affectent de méconnoître. Guillaume III reçut des conditions avec le ſceptre, & ſe contenta d'une autorité établie ſur la même baſe que les droits du peuple.

Sous les Stuarts, le pouvoir & la liberté

avoient été ballottés par des orages continuels, entre les prérogatives de la couronne & les priviléges de la nation. Depuis qu'un titre parlementaire ou national est le seul droit des rois, quelque faction qui tourmente le peuple, la force de la constitution prévaut toujours en sa faveur.

Le gouvernement placé entre la monarchie absolue, qui est une tyrannie; la démocratie, qui panche à l'anarchie; & l'aristocratie, qui, flottant de l'une à l'autre, tombe dans les écueils de tous les deux: le gouvernement mixte des Anglois, saisissant les avantages de ces trois pouvoirs, qui s'observent, se tempérent, s'entr'aident, & se répriment, va de lui-même au bien national. Cette constitution, qui, sans exemple dans l'antiquité, devroit servir de modele à la postérité, se soutiendra long-tems; parce qu'elle n'est pas l'ouvrage des mœurs & des opinions passageres, mais du raisonnement & de l'expérience.

Cependant les esprits sont sagement allarmés sur la durée d'un si bon gouvernement. On ne craint pas les usurpations de la couronne. Le concours du prince à la législation est trop foible, pour l'emporter sur les deux chambres du parlement. Son droit de rejetter ou de consentir, n'est aujourd'hui qu'une formalité. Sa plus grande force eſt dans le pouvoir exécutif, qui réſide en lui ſeul. Mais comme il n'a de ce pouvoir que le droit & l'exercice, ſans en avoir les inſtrumens & les moyens, il ne peut s'en prévaloir. S'il en abuſoit une fois, il riſqueroit de le perdre à jamais. L'argent vient des impôts, & les impôts du parlement. La nation donne des ſubſides au prince, qui rend ſes comptes à la nation. Dès-lors, le parlement, ſous les yeux duquel paſſent les revenus & les dépenſes, eſt le véritable légiſlateur. C'eſt lui qui ordonne les taxes, & qui juge de leur emploi. Mais ſi le prince eſt dans la dépendance des communes à cet égard, il a ſur elles un grand aſcendant; celui des graces & des faveurs.

Dans les monarchies, les rois ſont corrompus; en Angleterre, ils corrompent. Un écrivain philoſophe & politique, qui connoît la conſtitution de ſon pays, dit que cette corruption eſt néceſſaire, pour arrêter la pente du gouvernement vers la démocratie; & que le peuple deviendroit trop puiſſant, ſi le roi n'achetoit les communes.

D'un autre côté, ſi, créant les pairs à ſa volonté, le prince élevoit les membres des communes les plus riches à de grands honneurs, il feroit pencher le gouvernement à l'aristocratie. Mais comme il ne sauroit prodiguer la pairie sans l'avilir, & que d'ailleurs le commerce tiendra toujours les richesses dans la plus grande circulation, on ne verra guère les trésors & les dignités s'accumuler & se réunir sur quelques têtes ; & il s'élevera des murmures, des troubles, même des séditions, pour le salut du peuple, avant que ce malheur arrive. L'intérêt de tout le corps dans la chambre des communes, est restreint par l'intérêt de chaque individu. Le prince n'est pas assez riche pour les corrompre tous ; il ne peut les acheter ouvertement sans les déshonorer, ni les asservir sans déchaîner le peuple. Il se trouvera toujours des Démagogues ; & la nation en a besoin pour veiller, accuser, effrayer même le parlement.

Cependant, si les jouissances du luxe venoient à pervertir entiérement les mœurs nationales ; si l'amour des plaisirs amollissoit le courage des chefs & des officiers dans les flottes & dans les armées ; si l'ivresse des succès momentanés, si les vaines idées d'une fausse grandeur exposoient la nation à des entreprises plus vastes que ses forces ; si elle se trompoit dans le choix de ses ennemis ou de ses alliés ; si elle perdoit ses colonies à force de les étendre ou de les gêner ; si l'amour du patriotisme ne s'exaltoit pas chez elle jusqu'à l'amour de l'humanité : elle seroit tôt ou tard asservie elle-même, & retomberoit dans ce néant des choses & des hommes, d'où elle n'est sortie qu'à travers des torrens de sang, & par les calamités de deux siécles de fanatisme & de guerre. Ce peuple ressembleroit à tant d'autres qu'il méprise, & l'Europe ne pourroit montrer à l'univers une nation dont elle osât s'honorer. Le despotisme, qui s'appesantit universellement sur les ames affaissées & dégradées, leveroit seul la tête au milieu de la ruine des arts, des mœurs, de la raison & de la liberté.

L'histoire des Provinces-Unies offre de grandes singularités. Le désespoir forma leur union. L'Europe, presqu'entiere, favorisa leur établissement. Elles avoient à peine triomphé des longs & puissans efforts de la cour de Madrid, pour les remettre sous le joug, qu'elles mesurerent leurs efforts avec ceux des Bretons, & qu'elles déconcerterent les projets de la France. Elles donnerent ensuite un roi à l'Angleterre, & dépouillerent l'Espagne des provinces qu'elle possédoit en Italie & dans les Pays-Bas, pour les donner à l'Autriche. Depuis cette époque, la Hollande s'est dégoûtée d'une politique militaire. Elle ne s'occupe plus que de sa conservation ; mais peut-être avec trop peu d'énergie, de précautions & de vertu.

Son gouvernement, quoique tracé d'avance sur un plan réfléchi, n'est pas moins défectueux que ceux qui sont l'ouvrage du hasard. Les sept provinces composent une espece d'heptarchie, dont les membres sont trop indépendans l'un de l'autre. Dans la république, chaque province est souveraine ; dans les provinces, les villes ne sont point sujettes. Alliances, paix, guerre, subsides ; rien ne se fait que par les états-généraux ; & ceux-ci ne peuvent rien, sans le consentement des états-provinciaux, ni cette assemblée, sans la délibération des villes. Une souveraineté trop dispersée, premier vice. Unanimité de suffrages, second vice. Égalité de voix, troisiéme défaut. Sans égard à la différence de population & de grandeur, la province de Hollande n'a pas plus de voix que celle d'Overyssel, quoiqu'elle supporte vingt fois plus de charges publiques. Le suffrage d'Amsterdam n'a pas plus de poids que celui de la plus petite ville : source intarissable de discorde. Si l'entêtement d'une seule province trouble l'union, point de médiateur légal pour la rétablir : car le ſtadhouder n'en eſt pas un.

Chargé de terminer les querelles religieuſes, ce magiſtrat a, dès-lors, une influence dangereuſe, parce qu'il peut impliquer toutes les affaires de religion dans celles d'état, & toutes les affaires d'état dans celles de religion. Autoriſé à décider ſur les articles du traité d'union, quand il y a ſciſſion ou partage, le pouvoir de finir la diſcorde lui donne la facilité de la fomenter. Quelle carriere ouverte à ſon ambition !

Ces dangers firent ſupprimer le ſtadhouderat vers le milieu du ſiécle dernier. Mais ceux qui renverſerent ce phantôme de tyrannie, marchoient inſenſiblement à une tyrannie réelle. Ils changerent la démocratie en olygarchie. Dès-lors les bourges de chaque ville perdirent les priviléges de la liberté, avec le droit d'élire leurs magiſtrats & de former leur ſénat. Les bourgmeſtres choiſirent leurs échevins, & s'emparerent des finances, dont ils ne rendirent compte qu'à leurs égaux ou à leurs cliens. Les ſénateurs s'arrogerent le droit de compléter leur corps. Ainſi la magiſtrature ſe reſſerra dans quelques familles qui s'attribuerent un droit, comme excluſif, de députation aux états-généraux. Chaque province, chaque ville, tomba à la discrétion d'un petit nombre de citoyens, qui, partageant les droits & la dépouille du peuple, avoient l'art d'éluder ses plaintes, ou de prévenir la fureur de son mécontentement.

Ces attentats ont fait rétablir le stadhouderat dans la maison d'Orange, & on l'a rendu héréditaire, même aux femmes. Mais un stadhouder n'est qu'un capitaine général. Cependant ce magistrat, pour être utile à la république, devroit être tout entier à l'état. S'il avoit dans l'assemblée générale l'influence qu'il a dans le conseil de guerre, il ne lui resteroit d'autres intérêts que ceux de la patrie. Il seroit indifférent pour la guerre comme pour la paix.

Mais peut-être craint-on que le stadhouderat, réunissant le pouvoir civil à la force militaire, cette dignité ne devînt un jour un instrument d'oppression. Rome est toujours citée pour exemple à tous nos états libres, qui n'ont rien de commun avec elle. Si le dictateur devint l'oppresseur de cette république, c'est qu'elle avoit opprimé toutes les nations; c'est que sa puissance devoit périr par le glaive qui l'avoit fondée; c'est qu'une nation composée de soldats, ne pouvoit échapper au despotisme du gouvernement militaire. Elle tomba sous le joug, qui le croiroit ! parce qu'elle ne payoit point d'impôts. Les peuples conquis étoient feuls tributaires du fisc. Les revenus publics devant être les mêmes après qu'avant la révolution, la propriété ne paroissoit pas être attaquée; & le citoyen crut qu'il seroit assez libre, tant qu'il seroit le maître de ses biens.

La Hollande, au contraire, gardera sa liberté, parce qu'elle est sujette à des impôts très-considérables. Elle ne peut conserver son pays qu'à grands frais. Le sentiment de son indépendance lui donne seul une industrie proportionnée au poids de ces contributions, & à la patience d'en soutenir le fardeau. S'il falloit ajouter aux dépenses énormes de l'état, celles qu'exige le faste d'une cour; si le prince employoit à soudoyer les suppôts de la tyrannie, ce qu'il doit aux fondemens d'une terre bâtie sur la mer, il pousseroit bientôt les peuples au défespoir.

L'habitant Hollandois, placé sur une montagne, & découvrant au loin la mer s'élevant au-dessus du niveau des terres de dix-huit à vingt pieds, qui la voit s'avancer en mugissant contre ces digues qu'il a élevées, rêve, & se dit secrettement en lui-même : Tôt ou tard, cette bête féroce sera la plus forte. Il prend en dédain un domicile aussi précaire , & sa maison en bois ou en pierre à Amsterdam , n'est plus sa maison ; c'est son vaisseau qui est son asyle , & peu-à-peu il prend une indifférence & des mœurs conformes à cette idée. L'eau est pour lui , ce qu'est le voisinage des volcans pour d'autres peuples.

Si à ces causes physiques de l'affoiblissement de l'esprit patriotique, se joignoit la perte de la liberté , les Hollandois ne quitteroient-ils pas un pays qui ne peut être cultivé que par des hommes libres ? Ce peuple négociant porteroit ailleurs son esprit de commerce avec son argent. Ses isles de l'Asie, ses comptoirs d'Afrique, ses colonies du nouveau-monde , tous les ports de l'Europe, lui ouvriroient un asyle. Quel stadhouder , quel prince révéré chez un tel peuple, voudroit, oseroit en être le tyran ?

Les François, avec une autre situation , ont un autre gouvernement. Par quelles vicissitudes a-t-il passé ? Toujours attachés à un roi, parce qu'ils furent fondés par un capitaine, l'esprit guerrier les préserva long-tems de l'esclavage politique. Cette franchise de courage ; cette horreur de toute espece de lâcheté ; ce cœur franc qu'ils tenoient des Germains, leur fit croire ou qu'ils étoient libres , ou qu'ils devoient l'être , même sous des rois. Jaloux de cette idée d'eux-mêmes, la noblesse qui composa, pour-ainsi-dire, la nation, prétendit être indépendante, non-seulement du monarque, mais de son propre corps. Chaque seigneur forma dans le sein de l'état, comme une république de sa famille & de ses vassaux. La France avoit un gouvernement militaire impossible à définir, entre l'aristocratie & la monarchie, conservant tous les abus de ces deux polices, sans en avoir les vrais avantages. Une lutte perpétuelle entre les rois & la noblesse, une alternative de prépondérance entre le pouvoir d'un seul & celui de plusieurs, cette sorte d'anarchie dura, presque sans intervalle, jusques vers le milieu du quinziéme siécle.

Alors changea le caractere des François, par une suite d'événemens qui avoient changé la forme du gouvernement. La guerre, que les Anglois, unis ou soumis aux Normands, n'avoient cessé de faire à ce royaume depuis deux ou trois cents ans, y répandit l'allarme, & fit de grands ravages. Les victoires de l'ennemi, la tyrannie des grands, tout fit desirer à la nation que le prince devînt assez puissant pour chasser les étrangers & soumettre les seigneurs. Pendant que des rois sages & belliqueux travailloient à ce grand ouvrage, il naquit une nouvelle génération. Chacun, après le danger,

philosophique & politique. 241

se crut assez riche des droits qui étoient restés à son pere. On ne remonta pas jusqu'à l'origine du pouvoir des rois, qui dérivoit de la nation; & Louis XI se trouva, sans de grands efforts, plus puissant que ses prédécesseurs.

Avant lui, l'histoire de France offre une complication d'états, tantôt divisés & tantôt unis. Depuis ce prince, c'est l'histoire d'une grande monarchie. L'autorité de plusieurs tyrans, est concentrée dans une même main. Le peuple n'en est pas plus libre ; mais c'est une autre police. La paix est plus sûre au-dedans, & la guerre plus vigoureuse au-dehors.

Les guerres civiles, qui menent les peuples libres à l'esclavage, & les peuples esclaves à la liberté, n'ont fait en France qu'abaisser les grands, sans relever le peuple. Les ministres, qui seront toujours les hommes du prince, tant que la nation n'influera pas dans le gouvernement, ont tous vendu leurs concitoyens à leur maître; & comme le peuple, qui n'avoit rien, ne pouvoit rien perdre à cet asservissement, les rois y ont trouvé d'autant plus de facilité, qu'il a toujours été coloré d'un prétexte de police ou même de soulagement. L'antipathie que produit une excessive inégalité des conditions & des fortunes, a favorisé tous les projets qui devoient aggrandir l'autorité royale.

Tome VII. Q

Les princes ont eu la politique d'occuper la nation, tantôt de guerres au-dehors, tantôt de difputes religieufes au-dedans ; de laiffer divifer les efprits par les opinions, & les cœurs par les intérêts ; de femer & d'entretenir des rivalités entre les divers ordres de l'état ; de careffer tour-à-tour chaque ambition, par une apparence de faveur, & de confoler l'envie naturelle du peuple par l'humiliation de toutes. La multitude, pauvre, dédaignée, en voyant fucceffivement abattre tous les corps puiffans, a du moins aimé dans le monarque, l'ennemi de fes ennemis.

La nation, déchue par fon inadvertence du privilége de fe gouverner, n'a pas cependant encore fubi tous les outrages du defpotifme. C'eft que la perte de fa liberté n'eft pas l'ouvrage d'une révolution orageufe & fubite, mais de la lime de plufieurs fiécles. Le caractere national, qui a toujours influé dans l'efprit des princes & des cours, ne fût-ce que par les femmes, a formé comme un balancement de puiffance, qui, tempérant par les mœurs l'action de la force & la réaction des volontés, a prévenu ces éclats, ces violences, d'où réfulte, ou la tyrannie monarchique, ou la liberté populaire.

L'inconféquence naturelle à l'efprit d'une

nation gaie & vive comme les enfans, a heureusement prévalu sur les syftêmes de quelques miniftres defpotes. Les rois ont trop aimé les plaifirs, & en ont trop bien connu la fource, pour ne pas dépofer fouvent ce fceptre de fer, qui auroit effrayé la fociété, & diffipé les frivoles amufemens dont ils étoient idolâtres. L'intrigue, qui les a toujours affiégés depuis qu'ils ont appelé les grands à la cour, n'a point ceffé de renverfer les gens en place avec leurs projets. Comme le gouvernement s'eft altéré d'une maniere infenfible, les fujets ont confervé une forte de dignité, dans laquelle le monarque même fembloit refpecter la fource ou l'effet de la fienne propre. Il s'eft trouvé long-tems le fuprême légiflateur, fans vouloir ou pouvoir abufer de toute fa puiffance. Arrêté par le feul nom des loix fondamentales de fa nation, il a craint fouvent d'en choquer les maximes. Il a fenti qu'on avoit des droits à lui oppofer. En un mot, il n'y a point eu de tyran, lors même qu'il n'y avoit plus de liberté.

Tels, & plus abfolus encore, ont été les gouvernemens d'Efpagne & de Portugal, de Naples & de Piémont; toutes les petites principautés d'Italie. Les peuples du Midi, foit pareffe d'efprit ou foibleffe de corps, femblent être nés pour le defpotifme. L'Efpagne, avec beaucoup d'orgueil ; l'Italie, malgré tous les dons du génie, ont perdu tous les droits, toutes les traces de la liberté. Par-tout où la monarchie eft illimitée, on ne peut affigner la forme du gouvernement, puifqu'elle varie, non-feulement avec le caractere de chaque fouverain, mais à chaque âge du même prince. Ces états ont des loix écrites, ont des ufages & des corps privilégiés : mais quand le légiflateur peut bouleverfer les loix & les tribunaux; quand fon autorité n'a plus d'autre bafe que la force, & qu'il invoque Dieu pour fe faire craindre, au lieu de l'imiter pour fe faire aimer ; quand le droit originel de la fociété, le droit inaliénable de la propriété des citoyens, les conventions nationales, les engagemens du prince font en vain réclamés ; enfin, quand le gouvernement eft arbitraire, il n'y a plus d'état : ce n'eft plus que la terre d'un feul homme.

Dans ces fortes de pays, il ne fe formera point des hommes d'état. Loin que ce foit un devoir de s'inftruire des affaires publiques, c'eft un crime, un danger d'être éclairé fur l'adminiftration. Là, comme dans le miniftère de l'églife, la vocation s'appelle grace ; on l'obtient par des prieres. La faveur de la cour, le choix du prince, fuppléent aux talens.

Ce n'eſt pas qu'ils ne ſoient utiles ; on en a beſoin quelquefois pour ſervir, jamais pour commander. Auſſi, dans ces contrées, le peuple finit par ſe laiſſer gouverner, pourvu qu'on le laiſſe dormir. Une ſeule légiſlation mérite d'être obſervée dans ces belles régions de l'Europe ; c'eſt le gouvernement de Veniſe.

Une ville, grande, magnifique & riche, inexpugnable, ſans enceinte & ſans fortereſſes, domine ſur ſoixante-douze iſles. Ce ne ſont pas des rochers & des montagnes élevés par le tems au ſein d'une vaſte mer ; c'eſt plutôt une plaine morcelée & coupée en lagunes par les ſtagnations d'un petit golfe, ſur la pente d'un terrein bas. Ces iſles, ſéparées par des canaux, ſont jointes aujourd'hui par des ponts. Les ravages de la mer les ont formées ; les ravages de la guerre les ont peuplées vers le milieu du cinquiéme ſiécle. Les habitans de l'Italie fuyant devant Attila, chercherent un aſyle dans l'élément des tempêtes.

Les lagunes Vénitiennes ne compoſoient dans les premiers tems, ni la même ville, ni la même république. Unies par un intérêt commun de commerce, ou plutôt par le beſoin de ſe défendre ; elles étoient, du reſte, diviſées en autant de gouvernemens que d'iſles, ſoumiſes chacune à ſon tribun.

De la pluralité des chefs, naquit la division des esprits & la destruction du bien public. Ces peuples élurent donc, pour ne faire qu'un corps, un prince qui, sous le nom de duc ou de doge, jouit long-tems de tous les droits de la souveraineté, dont il ne lui reste aujourd'hui que les marques. Les doges furent élus par le peuple jusqu'en 1173, où les nobles s'étant emparés de toute l'autorité de la république, en nommerent le chef.

Le gouvernement de Venise seroit le meilleur de tous, si l'aristocratie n'étoit peut-être le pire. Toutes les branches du pouvoir y sont distribuées entre les nobles, & balancées avec une harmonie admirable. Les grands y régnent sans bruit avec une sorte d'égalité, comme les étoiles brillent au firmament dans le silence de la nuit. Le peuple jouit de ce spectacle, & s'en contente avec du pain & des jeux. La distinction entre les Plébéïens & les Praticiens y choque moins que dans d'autres républiques, parce que les loix y veillent surtout à réprimer, à épouvanter l'ambition des nobles. D'ailleurs, comme Venise avoit fondé sa prospérité sur son commerce, le peuple pouvoit s'y consoler de la perte du pouvoir, par l'espérance des richesses, où l'industrie & le travail le faisoient participer.

L'émulation qu'excita l'opulence chez cette nation maritime, la mit en état d'avoir de fortes armées. Le patriotisme, qui est naturel aux républiques, lui fournit des soldats. Le concours de lumieres qui résulte du gouvernement de plusieurs, en fit un peuple politique avant tous les autres. Il sut former des ligues, il sut en détruire, & se maintenir contre les plus formidables puissances. Mais depuis que la décadence de son commerce a diminué son action au-dehors, sa vigueur au-dedans, la république de Venise est tombée dans une circonspection pusillanime. Elle a pris, elle a renforcé le caractere national de toute l'Italie ombrageuse & défiante. Avec la moitié des trésors & des veilles, que lui a coûté, depuis deux siécles sa neutralité; elle se seroit délivrée à jamais des dangers dont, à force de précautions, elle s'environne. Sa plus grande confiance est dans un inquisiteur, qui rode perpétuellement entre les individus, la hache levée sur le cou de quiconque osera dire, ou du bien, ou du mal, de l'administration. Le grand crime est la satyre ou l'éloge du gouvernement. Le sénateur de Venise, caché derriere une grille, dit à son sujet : *Qui es-tu, pour oser approuver notre conduite ?* Un rideau se leve; le pauvre Vénitien, tremblant, voit un cadavre attaché à une potence, & entend une voix redoutable qui lui crie de derriere la grille: *C'est ainsi que nous traitons notre apologiste; retourne-t-en dans ta maison, & tais-toi.* La république de Venise se soutient encore par sa finesse. Une autre république en Europe se soutient par son courage : c'est la Suisse.

Les Suisses, connus dans l'antiquité sous le nom d'Helvétiens, ne devoient être subjugués, ainsi que les Gaulois & les Bretons, que par César, le plus grand des Romains, s'il eût plus aimé Rome. Ils furent unis à la Germanie, comme province Romaine, sous l'empire d'Honorius. Les révolutions faciles & fréquentes, dans un pays tel que les Alpes, diviserent des peuplades, séparées par de grands lacs ou de grandes montagnes, en différentes seigneuries. La plus considérable, occupée par la maison d'Autriche, s'empara à la longue de toutes les autres. La conquête entraîna la servitude; l'oppression amena la révolte; & de l'excès de la tyrannie, sortit la liberté.

Treize cantons de paysans robustes, qui gardent presque tous les rois de l'Europe, & n'en craignent aucun; qui sont mieux instruits de leurs vrais intérêts qu'aucune autre nation; qui forment le peuple le plus sensé de notre politique moderne : ces treize cantons composent entr'eux, non pas une république comme les sept provinces de la Hollande, ni une simple confédération comme le corps Germanique; mais plutôt une ligue, une aſſociation naturelle d'autant de républiques indépendantes. Chaque canton a ſa ſouveraineté, ſes alliances, ſes traités à part. La diete générale ne peut faire des loix, ni des réglemens pour aucun.

Les trois plus anciens ſe trouvent liés directement avec chacun des douze autres. C'eſt par cette liaiſon de convenance, non de conſtitution, que ſi l'un des treize cantons ſe trouvoit attaqué, tous les autres marcheroient à ſon ſecours. Mais il n'y a point d'alliance commune entre tous & chacun d'eux. Ainſi les branches d'un arbre ſe trouvent liées entr'elles, ſans tenir immédiatement au tronc commun.

Cependant l'union des Suiſſes fut inaltérable juſqu'au commencement du ſeiziéme ſiécle. Alors la religion, ce lien de paix & de charité, vint les diviſer. La réformation fendit en deux le corps Helvétique. L'état fut ſcié par l'Égliſe. Toutes les affaires publiques ſe traitent dans les diétes particulieres des deux communions, Catholique & Proteſtante. Les diétes générales ne s'aſſemblent que pour conſerver une apparence d'union. Malgré ce germe de dissension, la Suisse a joui de la paix, bien plus qu'aucun état de l'Europe.

Sous le gouvernement Autrichien, l'oppression & les levées de la milice, empêcherent la population de fleurir. Après la révolution, les hommes se multiplierent trop, en raison de la stérilité des rochers. Le corps Helvétique ne pouvoit grossir, sans crever; à moins qu'il ne fît des excursions au-dehors. Les habitans de ses montagnes devoient, comme les fleuves qui en descendent, s'épancher dans les plaines qui bordent les Alpes. Ces peuples se seroient détruits eux-mêmes, s'ils fussent restés isolés. Mais l'ignorance des arts, le manque de matieres pour les fabriques, le défaut d'argent pour attirer chez eux les denrées, ne leur ouvroient aucune issue pour l'aisance & l'industrie. Ils tirerent de leur population même un moyen de subsistance & de richesses, une source & une matiere de commerce.

Le duc de Milan, maître d'un pays riche, qui étoit ouvert à l'invasion & difficile à défendre, avoit besoin de soldas. Les Suisses, comme ses voisins les plus forts, devoient être ses ennemis, s'ils n'étoient ses alliés, ou plutôt ses gardiens. Il s'établit donc entre ce peuple & le Milanès une sorte de trafic, où la force devint l'échange de la richeſſe. La nation engagea ſucceſſivement des troupes à la France, à l'empereur, au pape, au duc de Savoye, à tous les potentats d'Italie. Elle vendit ſon ſang à des puiſſances éloignées, aux nations les plus ennemies, à la Hollande, à l'Eſpagne, au Portugal ; comme ſi ſes montagnes n'étoient qu'une miniere d'armes & de ſoldats, ouverte à quiconque voudroit acheter des inſtrumens de guerre.

Chaque canton traite avec la puiſſance qui lui offre les meilleures capitulations. Il eſt libre aux ſujets du pays d'aller faire la guerre au loin, chez quelque nation alliée. Le Hollandois eſt par état un citoyen du monde ; le Suiſſe eſt par état un deſtructeur de l'Europe. Plus on cultive, plus on conſomme de denrées, plus la Hollande gagne ; plus il y a de batailles & de carnage, & plus la Suiſſe proſpere.

C'eſt de la guerre, ce fléau inséparable du genre humain, ſauvage ou policé, que les républiques du corps Helvétique ſont forcées de vivre & de ſubſiſter. C'eſt par là qu'elles tiennent au-dedans le nombre des habitans en proportion avec l'étendue & le rapport de leurs terres, ſans forcer aucun des reſſorts du gouvernement, ſans gêner l'inclination d'aucun individu. C'est par ce commerce de troupes avec les puissances belligérantes, que la Suisse s'est préservée de la nécessité des émigrations subites qui font les invasions, & de la tentation des conquêtes qui eût causé la ruine de la liberté de ces républiques, comme elle perdit toutes les républiques de la Grèce.

Maintenant, si nous revenons sur nos pas, nous trouverons que tous les gouvernemens de l'Europe sont compris sous quelqu'une des formes que nous avons décrites, & qui sont diversement modifiées, par la situation locale, la masse de la population, l'étendue du territoire, l'influence des opinions & des occupations, les relations extérieures & la vicissitude des événemens qui agissent sur l'organisation des corps politiques, comme l'impression des fluides environnans agit sur les corps physiques.

Ne croyez pas, comme on le dit souvent, que les gouvernemens soient à-peu-près les mêmes, sans autre différence que celle du caractère des hommes qui gouvernent. Cette maxime est peut-être vraie dans les gouvernemens absolus, chez les nations qui n'ont pas en elles-mêmes le principe de leur volonté. Elles prennent le pli que le prince leur donne: élevées, fières & courageuses sous un monarque actif, amoureux de la gloire : indolentes & mornes fous un roi fuperftitieux : pleines d'efpérance ou de crainte, fous un jeune prince: de foibleffe & de corruption fous un vieux defpote ; ou plutôt alternativement confiantes & lâches, fous les miniftres que l'intrigue fufcite. Dans ces états, le gouvernement prend le caractère de l'adminiftration : mais dans les états libres, l'adminiftration prend le caractère du gouvernement.

Quoi qu'il en foit de la nature & du reffort des conftitutions qui gouvernent les hommes, l'art de la légiflation étant celui qui demande le plus de perfection, eft auffi le plus digne d'occuper les meilleurs génies. La fcience du gouvernement ne contient pas des vérités ifolées, ou plutôt elle n'a pas un feul principe qui ne tienne à toutes les branches d'adminiftration.

L'état eft une machine très-compliquée, qu'on ne peut monter ni faire agir fans en connoître toutes les piéces. On n'en fauroit preffer ou relâcher une feule, que toutes les autres n'en foient dérangées. Tout projet utile pour une claffe de citoyens ou pour un moment de crife, peut devenir funefte à toute la nation, & nuifible pour un long avenir. Détruifez ou dénaturez un grand corps, ces mouvemens convulsifs, qu'on appelle coups d'état, agiteront la masse nationale, qui s'en ressentira peut-être durant des siécles. Toutes les innovations doivent être insensibles, naître du besoin, être inspirées par une sorte de cri public, ou du moins s'accorder avec le vœu général. Anéantir ou créer tout à coup, c'est empirer le mal & corrompre le bien. Agir sans consulter la volonté générale, sans recueillir, pour ainsi dire, la pluralité des suffrages dans l'opinion publique ; c'est aliéner les cœurs & les esprits, tout décréditer, même le bon & l'honnête.

L'Europe auroit à desirer que les souverains, convaincus de la nécessité de perfectionner la science du gouvernement, voulussent imiter un établissement de la Chine. Dans cet empire, on distingue les ministres en deux classes, celle des *penseurs* & celle des *signeurs*. Tandis que la derniere est occupée du détail & de l'expédition des affaires, la premiere n'a d'autre travail que de former des projets, ou d'examiner ceux qu'on lui présente. C'est la source de tous ces réglemens admirables, qui font régner à la Chine la législation la plus savante, par l'administration la plus sage. Toute l'Asie est sous le despotisme : mais en Turquie, en Perse, c'est le despotisme de l'opinion par la religion ; à la Chine,

philosophique & politique.

c'est le despotisme des loix par la raison. Chez les Mahométans, on croit à l'autorité divine du prince : chez les Chinois, on croit à l'autorité naturelle de la loi raisonnée. Mais dans ces empires, c'est la persuasion qui meut les volontés.

Dans l'heureux état de police & de lumiere où l'Europe est parvenue, on sent bien que cette conviction des esprits, qui opere une obéissance libre, aisée & générale, ne peut venir que d'une certaine évidence de l'utilité des loix. Si les gouvernemens ne veulent pas soudoyer des *penseurs*, qui peut-être deviendroient suspects ou corrompus dès qu'ils seroient mercenaires ; qu'ils permettent du moins aux esprits supérieurs de veiller en quelque sorte sur le bien public. Tout écrivain de génie, est magistrat né de sa patrie. Il doit l'éclairer, s'il le peut. Son droit, c'est son talent. Citoyen obscur ou distingué, quels que soient son rang ou sa naissance, son esprit toujours noble, prend ses titres dans ses lumieres. Son tribunal, c'est la nation entiere ; son juge est le public, non le despote qui ne l'entend pas, ou le ministre qui ne veut pas l'écouter.

Toutes ces vérités ont leurs limites, sans doute : mais il est toujours plus dangereux d'étouffer la liberté de penser, que de l'abandonner à sa pente, à sa fougue. La raison & la vérité triomphent de l'audace des esprits ardens, qui ne s'emportent que dans la contrainte, & ne s'irritent que de la persécution. Rois & ministres, aimez le peuple; aimez les hommes, & vous serez heureux. Ne craignez alors, ni les esprits libres & chagrins, ni la révolte des méchans. Celle des cœurs est bien plus dangereuse: car la vertu s'aigrit & s'indigne jusqu'à l'atrocité. Caton & Brutus étoient vertueux; ils n'eurent à choisir qu'entre deux grands attentats, le suicide ou la mort de César.

Souvenez-vous que l'intérêt du gouvernement n'est que celui de la nation. Quiconque divise en deux cet intérêt si simple, le connoît mal, & ne peut qu'y préjudicier.

Un bon gouvernement peut quelquefois faire des mécontens : mais quand on fait beaucoup de malheureux sans aucune sorte de prospérité publique, c'est alors que le gouvernement est vicieux de sa nature.

Le genre humain est ce qu'on veut qu'il soit; c'est la maniere dont on le gouverne, qui le décide au bien ou au mal.

Un état ne doit avoir qu'un objet; & cet objet est la félicité publique. Chaque état a sa

maniere

maniere d'aller à ce but ; & cette maniere est son esprit, son principe auquel tout est subordonné.

Un peuple ne sauroit avoir d'industrie pour les arts, ni de courage pour la guerre, sans confiance & sans amour pour le gouvernement. Mais dès que la crainte a rompu tous les autres ressorts de l'ame, une nation n'est plus rien, un prince est exposé à mille entreprises au-dehors, à mille dangers au-dedans. Méprisé de ses voisins, haï de ses sujets, il doit trembler jour & nuit sur le sort de son royaume & sur sa propre vie. C'est un bonheur pour une nation, que le commerce, les arts & les sciences y fleurissent. C'est même un bonheur pour ceux qui la gouvernent, quand ils ne veulent pas la tyranniser. Rien n'est si facile à conduire que des esprits justes ; mais rien ne hait autant qu'eux, la violence & la servitude. Donnez des peuples éclairés aux monarques ; laissez les brutes aux despotes.

Le despotisme s'éleve avec des soldats, & se dissout par eux. Dans sa naissance, c'est un lion qui cache ses griffes, pour les laisser croître. Dans sa force, c'est un frénétique qui déchire son corps avec ses bras. Dans sa vieillesse, c'est Saturne qui, après avoir dévoré ses enfans, se voit honteusement mutilé par sa propre race.

Le gouvernement peut se diviser en législation & en politique. La législation agit au-dedans, & la politique au-dehors.

XXXVI. Politique.

Les peuples sauvages & chasseurs ont plutôt une politique qu'une législation. Gouvernés chez eux par les mœurs & l'exemple, ils n'ont des conventions ou des loix que de nation à nation. Des traités de paix ou d'alliance font tout leur code.

Telles étoient à-peu-près les sociétés des tems anciens. Séparés par des déserts, sans communication de commerce ou de voyages, ces peuples n'avoient que des intérêts du moment à démêler. Finir une guerre, en fixant les limites d'un état, c'étoit toutes leurs négociations. Comme il s'agissoit de persuader une nation, & non de corrompre une cour par les maîtresses ou les favoris du prince, ils employoient des hommes éloquens; & le nom d'orateur étoit synonyme à celui d'ambassadeur.

Dans le moyen âge, où tout, jusqu'à la justice, se décidoit par la force, où le gouvernement gothique divisoit par les intérêts tous les petits états qu'il multiplioit par sa constitution; les négociations n'avoient guère d'influence sur des peuples isolés & farouches, qui ne connoissoient d'autre droit que la guerre, ni des traités, que pour des trèves ou des rançons.

Durant ce long période d'ignorance & de férocité, la politique fut toute concentrée à la cour de Rome. Elle y étoit née des artifices, qui avoient fondé le gouvernement des papes. Comme les pontifes influoient par les loix de la religion & par les regles de la hiérarchie, sur un clergé très-nombreux que le prosélytisme étendoit sans cesse au loin dans tous les états Chrétiens, la correspondance qu'ils entretenoient avec les évêques, établit de bonneheure à Rome, un centre de communication de toutes ces églises, ou de ces nations. Tous les droits étoient subordonnés à une religion qui dominoit exclusivement sur les esprits ; elle entroit dans presque toutes les entreprises, ou comme motif, ou comme moyen ; & les papes ne manquoient jamais, par les émissaires Italiens qu'ils avoient placés dans les prélatures de la Chrétienté, d'être instruits de tous les mouvemens, & de profiter de tous les événemens. Ils y avoient le plus grand intérêt ; celui de parvenir à la monarchie universelle. La barbarie des siécles où ce projet fut conçu, n'en obscurcit point l'éclat & la sublimité. Quelle audace d'esprit, pour soumettre sans troupes des nations toujours armées ! Quel art de rendre respectable & sacrée la foiblesse même du clergé ! Quelle adresse à remuer, à secouer les trônes les uns après les autres, pour les tenir tous dans la dépendance ! Un dessein si profond & si vaste ne pouvant s'exécuter qu'autant qu'il n'est pas manifesté, ne sauroit convenir à une monarchie héréditaire, où les passions des rois & les intrigues des ministres, mettent tant d'instabilité dans les affaires. Ce projet, & le plan général de conduite qu'il exige, ne pouvoient naître que dans un gouvernement électif, où le chef est pris dans un corps toujours animé du même esprit, imbu des mêmes maximes ; où une cour aristocratique gouverne le prince, plutôt qu'elle ne se laisse gouverner par lui.

Pendant que la politique Italienne épioit dans toute l'Europe, & saisissoit les occasions d'aggrandir & d'affermir le pouvoir ecclésiastique, chaque souverain voyoit avec indifférence les révolutions qui se passoient au-dehors. La plupart étoient trop occupés à cimenter leur autorité dans leurs propres états, à disputer les branches du pouvoir aux différens corps qui en étoient en possession, ou qui luttoient contre la pente naturelle de la monarchie au despotisme : ils n'étoient pas assez maîtres de leur propre héritage, pour s'occuper des affaires de leurs voisins.

Le quinziéme siécle fit éclorre un autre ordre de choses. Quand les princes eurent rassemblé leurs forces, ils voulurent les mesurer. Jusqu'alors, les nations ne s'étoient fait la guerre que sur leurs frontieres. Le tems de la campagne se passoit à assembler les troupes que chaque baron levoit toujours lentement. C'étoient des escarmouches entre des partis, & non des batailles entre des armées. Quand un prince, par des alliances ou des héritages, eut acquis des domaines en différens états, les intérêts se confondirent, & les peuples se brouillerent. Il fallut des troupes réglées à la solde du monarque, pour aller défendre au loin des possessions qui n'appartenoient pas à l'état. La couronne d'Angleterre cessa d'avoir des provinces au cœur de la France; mais celle d'Espagne acquit des droits en Allemagne, & celle de France forma des prétentions en Italie. Dèslors toute l'Europe fut dans une alternative perpétuelle de guerre & de négociation.

L'ambition, les talens & les rivalités de Charles-Quint & de François I, donnerent naissance au systême actuel de la politique moderne. Avant ces deux rois, les deux nations Espagnole & Françoise, s'étoient disputé le royaume de Naples, au nom des maisons d'Aragon & d'Anjou. Leurs querelles avoient excité une fermentation dans toute l'Italie, & la république de Venise étoit l'ame de cette réaction inteſtine contre deux puiſſances étrangeres. Les Allemands prirent part à ces mouvemens, ou comme auxiliaires, ou comme intéreſſés. L'empereur & le pape s'y engagerent avec preſque toute la Chrétienté. Mais François I & Charles-Quint attacherent à leur ſort les regards, les inquiétudes & la deſtinée de l'Europe. Toutes les puiſſances ſemblerent ſe partager entre deux maiſons rivales, pour affoiblir tour à tour la dominante. La fortune ſeconda l'habileté, la force & la ruſe de Charles-Quint. Plus ambitieux & moins voluptueux que François I, ſon caractère emporta l'équilibre, & l'Europe pencha de ſon côté, mais ne plia pas ſans retour.

Philippe II qui avoit bien toutes les intrigues, mais non les vertus militaires de ſon pere, hérita des projets & des vues de ſon ambition, & trouva des tems favorables à ſon aggrandiſſement. Il épuiſa ſon royaume d'hommes & de vaiſſeaux, même d'argent, lui qui avoit les mines du nouveau-monde ; & laiſſa une monarchie plus vaſte, mais l'Eſpagne plus foible qu'elle n'avoit été ſous ſon pere.

Son fils crut renouer les chaînes de l'Europe, en s'alliant à la branche de ſa maiſon qui régnoit en Allemagne. Philippe II s'en étoit détaché par négligence ; Philippe III reprit ce fil de politique. Mais il suivit du reste les principes erronés, étroits, superstitieux & pédantesques de son prédécesseur. Au-dedans, beaucoup de formalités, mais point de régle, point d'économie. L'église ne cessa de dévorer l'état. L'inquisition, ce monstre informe, qui cache sa tête dans les cieux & ses pieds dans les enfers, tarit la population dans sa racine, tandis que les guerres & les colonies en moissonnoient la fleur. Au-dehors, toujours la même ambition, avec des moyens plus mal-adroits. Téméraire & précipité dans ses entreprises, lent & opiniâtre dans l'exécution, Philippe III réunit tous les défauts qui se nuisent, & font tout avorter, tout échouer. Il épuisa le peu de vie & de vigueur qui restoit au tronc de la monarchie. Richelieu profita de cette foiblesse de l'Espagne, de la foiblesse du roi qu'il maîtrisoit, pour remplir son siécle de ses intrigues, & la postérité de son nom. L'Allemagne & l'Espagne étoient comme liées par la maison d'Autriche : à cette ligue, il opposa par contrepoids celle de la France avec la Suéde. Ce système auroit été l'ouvrage de son tems, s'il n'avoit pas été celui de son génie. Gustave Adolphe enchaîna tout le Nord à la suite de ses victoires.

L'Europe entiere concourut à l'abaissement de l'orgueil Autrichien ; & la paix des Pyrennées fit passer les honneurs de la prépondérance de l'Espagne à la France.

On avoit accusé Charles-Quint d'aspirer à la monarchie universelle; on accusa Louis XIV de la même ambition. Mais ni l'un ni l'autre ne conçut un projet si haut, si téméraire. Ils avoient tous les deux passionnément à cœur d'étendre leur empire, en élevant leurs familles. Cette ambition est également naturelle aux princes ordinaires, nés sans aucun talent, & aux monarques d'un esprit supérieur, qui n'ont point de vertus ou de morale. Mais, ni Charles-Quint, ni Louis XIV n'avoient cette détermination, cette impulsion de l'ame à tout braver, qui fait les héros conquérans : ils n'avoient rien d'Alexandre. Cependant on prit, l'on sema des allarmes utiles. On ne sauroit les concevoir, les répandre trop tôt, quand il s'éleve des puissances formidables à leurs voisins. C'est entre les nations sur-tout, c'est à l'égard des rois que la crainte opere la sûreté.

Quand Louis XIV voulut regarder autour de lui, peut-être dut-il être étonné de se voir plus puissant qu'il ne le croyoit. Sa grandeur venoit en partie du peu de concert qui régnoit entre les forces & les mesures de ses ennemis.

L'Europe avoit bien senti le besoin d'un lien commun, mais n'en avoit pas trouvé le moyen. En traitant avec ce monarque, fier des succès & vain des éloges, on croyoit gagner beaucoup que de ne pas tout perdre. Enfin les insultes de la France multipliées avec ses victoires ; la pente de ses intrigues à diviser tout, pour dominer seule ; le mépris pour la foi des traités ; son ton de hauteur & d'autorité, acheverent de changer l'envie en haîne, de répandre l'inquiétude. Les princes même qui avoient vu sans ombrage ou favorisé l'accroissement de sa puissance, sentirent la nécessité de réparer cette erreur de politique, & comprirent qu'il falloit combiner & réunir entr'eux une masse de forces supérieures à la sienne, pour l'empêcher de tyranniser les nations.

Des ligues se formerent, mais long-tems sans effet. Un seul homme sut les conduire & les animer. Échauffé de cet esprit public, qui ne peut entrer que dans les ames grandes & vertueuses, ce fut un prince, mais né dans une république, qui se pénétra pour l'Europe entiere de l'amour de la liberté, si naturel aux esprits justes. Cet homme tourna son ambition vers l'objet le plus élevé, le plus digne du tems où il vivoit. Jamais son intérêt ne put le détourner de l'intérêt public. Avec un courage qui étoit tout à lui, il fut braver les défaites qu'il prévoyoit ; attendant moins de succès de fes talens militaires, qu'une heureufe iffue de fa patience & de fon activité politique. Telle étoit la fituation des chofes, lorfque la fucceffion au trône d'Efpagne mit l'Europe en feu.

Depuis l'empire des Perfes & celui des Romains, jamais une fi riche proie n'avoit tenté l'ambition. Le prince qui auroit pu la joindre à fa couronne, feroit monté naturellement à cette monarchie univerfelle, dont le fantôme épouvantoit tous les efprits. Il falloit donc empêcher que ce trône n'échût à une puiffance déja formidable, & tenir la balance égale entre les maifons d'Autriche & de Bourbon, qui feules y pouvoient afpirer par le droit du fang.

Des hommes verfés dans la connoiffance des mœurs & des affaires de l'Efpagne, ont prétendu, fi l'on en croit Bolingbrock, que fans les hoftilités que l'Angleterre & la Hollande exciterent alors, on eût vu Philippe V aufli bon Efpagnol que les Philippes fes prédéceffeurs, & que le confeil de France n'auroit eu aucune influence fur l'adminiftration d'Efpagne; mais que la guerre faite aux Efpagnols pour leur donner un maître, les obligea de recourir aux flottes & aux armées

philosophique & politique. 267

d'une couronne qui feule pouvoit les aider à prendre un roi qui leur convînt. Cette idée profonde & jufte a été confirmée par un demi-fiècle d'expérience. Jamais le génie Espagnol n'a pu s'accommoder au goût François. L'Espagne, par le caractère de fes habitans, femble moins appartenir à l'Europe qu'à l'Afrique.

Cependant les événemens répondirent au vœu général. Les armées & les confeils de la quadruple alliance, prirent un égal afcendant fur l'ennemi commun. Au lieu de ces campagnes languiffantes & malheureufes qui avoient éprouvé, mais non rebuté le prince d'Orange, on vit toutes les opérations réuffir aux confédérés. La France, à fon tour, par-tout humiliée & défaite, touchoit à fa ruine, lorfque la mort de l'empereur la releva.

Alors on fentit que l'archiduc Charles venant à hériter de tous les états de la maifon d'Autriche, s'il joignoit les Efpagnes & les Indes à ce grand héritage, furmonté de la couronne Impériale, auroit dans fes mains cette même puiffance exorbitante que la guerre arrachoit à la maifon de Bourbon. Les ennemis de la France s'obftinoient cependant à détrôner Philippe V, fans fonger à celui qui rempliroit fa place ; tandis que les vrais politiques, malgré leurs triomphes, fe laffoient d'une guerre, dont les succès devenoient toujours des maux, quand ils cessoient d'être des remedes.

Cette diversité d'opinions brouilla les alliés; & cette dissension empêcha que la paix d'Utrecht n'eût pour eux tous les fruits qu'ils devoient se promettre de leurs prospérités. Les meilleures barrieres dont on pouvoit couvrir les provinces des alliés, étoit de découvrir les frontieres de la France. Louis XIV avoit employé quarante ans à les fortifier, & ses voisins avoient vu tranquillement élever ces boulevards qui les menaçoient à jamais. Il falloit les démolir: car toute puissance forte qui se met en défense, projette d'attaquer. Philippe resta sur le trône d'Espagne; & les bords du Rhin, la Flandre, resterent fortifiés.

Depuis cette époque, aucune occasion ne s'est présentée, pour réparer l'imprudence commise à la paix d'Utrecht. La France a toujours conservé sa supériorité dans le continent: mais la fortune en a souvent diminué les influences. Les bassins de la balance politique ne seront jamais dans un parfait équilibre, ni assez justes pour déterminer les dégrés de puissance, avec une exacte précision. Peut-être même ce systême d'égalité n'est-il qu'une chimere? La balance ne peut s'établir que par des traités, &

les traités n'ont aucune solidité, tant qu'ils ne sont faits qu'entre des souverains absolus, & non entre des nations. Ces actes doivent subsister entre des peuples, parce qu'ils ont pour objet la paix & la sûreté qui sont leurs plus grands biens : mais un despote sacrifie toujours ses sujets à son inquiétude, & ses engagemens à son ambition.

Mais ce n'est pas uniquement la guerre qui décide de la prépondérance des nations, comme on l'a cru jusqu'à nos jours; depuis un demi-siécle le commerce y a beaucoup plus influé. Tandis que les puissances du continent mesuroient & partageoient l'Europe en portions inégales, que la politique, par ses ligues, ses traités & ses combinaisons, mettoit toujours en équilibre ; un peuple maritime formoit, pour ainsi dire, un nouveau syftême, & soumettoit par son industrie la terre à la mer ; comme la nature l'y a soumise elle-même par ses loix. Elle créoit ou développoit ce vaste commerce qui a pour base une excellente agriculture, des manufactures florissantes, & les plus riches possessions des quatre parties du monde. C'est cette espece de monarchie universelle que l'Europe doit ôter à l'Angleterre, en redonnant à chaque état maritime la liberté, la puissance qu'il a droit d'avoir sur l'élément qui l'environne.

C'est un systéme de bien public, fondé sur l'équité naturelle. Ici, la justice est l'expression de l'intérêt général. On ne sauroit trop avertir les peuples de reprendre toutes leurs forces, & d'employer les ressources que leur offrent le climat & le sol qu'ils habitent, pour acquérir l'indépendance nationale & individuelle où ils sont nés.

Si les lumieres étoient assez répandues en Europe, & que chaque nation connût ses droits & ses vrais biens, ni le continent, ni l'Océan ne se feroient mutuellement la loi ; mais il s'établiroit une influence réciproque entre les peuples de la terre & de la mer, un équilibre d'industrie & de puissance, qui les feroit tous communiquer ensemble pour l'utilité générale. Chacun cultiveroit & recueilleroit sur l'élément qui lui est propre. Les divers états auroient cette liberté d'exportation & d'importation qui doit régner entre les provinces d'un même empire.

Une grande erreur domine dans la politique moderne : c'est celle d'affoiblir, autant qu'on peut, ses ennemis. Mais aucune nation ne peut travailler à la ruine des autres, sans préparer & avancer son asservissement. Sans doute, il est des momens où la fortune offre tout-à-coup un grand accroissement de puissance à un peuple ; mais une prospérité subite est peu durable.

Souvent il vaudroit mieux soutenir des rivaux, que de les opprimer. Sparte refusa de rendre Athènes esclave ; & Rome se repentit d'avoir détruit Carthage.

Cette élévation de sentimens, qui convient encore plus à des nations qu'à des rois, épargneroit bien des crimes & des mensonges à la politique ; des épines & des tortures d'esprit aux négociateurs. Aujourd'hui, la complication des affaires a rendu les négociations très-difficiles. La politique, semblable à l'insecte insidieux qui fabrique ses filets dans l'obscurité, a tendu sa toile au milieu de l'Europe, & l'a comme attachée à toutes les cours. On ne peut toucher à un seul fil, sans les tirer tous. Le moindre souverain a quelque intérêt caché, dans les traités entre les grandes puissances. Deux petits princes d'Allemagne ne peuvent faire l'échange d'un fief ou d'un domaine, sans être croisés ou secondés par les cours de Vienne, de Versailles ou de Londres. Il faut négocier des années entieres dans tous les cabinets, pour un léger arrondissement de terrein. Le sang des peuples est la seule chose qu'on ne marchande pas. Une guerre est décidée en deux jours, une paix traîne des années entieres. Cette lenteur dans les négociations, qui vient de la nature des affaires, tient encore au caractère des négociateurs.

La plupart font des ignorans, qui traitent avec quelques hommes inſtruits. Il y a peut-être deux ou trois cabinets ſages & judicieux en Europe. Tout le reſte eſt livré à des intrigans, parvenus au maniement des affaires par les paſſions & les plaiſirs honteux d'un maître & de ſes maitreſſes. Un homme arrive à l'adminiſtration, ſans la connoître; prend le premier ſyſtême qu'on offre à ſon caprice; le ſuit ſans l'entendre, avec d'autant plus d'entêtement qu'il y apporte moins de lumieres; renverſe tout l'édifice de ſes prédéceſſeurs, pour jetter les fondemens du ſien qui n'ira pas à hauteur d'appui. Le premier mot de Richelieu miniſtre, fut : *le conſeil a changé de maximes*. Ce mot qui ſe trouva bon une fois dans la bouche d'un ſeul homme, peut-être n'eſt-il pas un des ſucceſſeurs de Richelieu qui ne l'ait dit ou penſé. Tous les hommes publics ont la vanité, non-ſeulement de meſurer le faſte de leur dépenſe, de leur ton & de leur air, à la hauteur de leur place; mais auſſi d'enfler l'opinion qu'ils ont de leur eſprit, par l'influence de leur autorité.

Quand une nation eſt grande & puiſſante,

que doivent être ceux qui la gouvernent ? La cour & le peuple le difent, mais en deux fens bien oppofés. Les miniftres ne voient dans leur place, que l'étendue de leurs droits; le peuple n'y voit que l'étendue de leurs devoirs. Le peuple a raifon; parce qu'enfin les devoirs & les droits de chaque gouvernement, devroient être réglés par les befoins & les volontés de chaque nation. Mais ce principe de droit naturel n'eft point applicable à l'état focial. Comme les fociétés, quelle que foit leur origine, font gouvernées prefque toutes par l'autorité d'un feul homme, les mefures de la politique font fubordonnées au caractère des princes.

Qu'un roi foit foible & changeant, fon gouvernement variera comme fes miniftres, & fa politique avec fon gouvernement. Il aura tour à tour des miniftres aveugles, éclairés, fermes, légers, fourbes ou finceres, durs ou humains, enclins à la guerre ou à la paix; tels en un mot que la viciffitude des intrigues les lui donnera. Un tel gouvernement n'aura ni fyftême, ni fuite dans fa politique. Avec un tel gouvernement, tous les autres ne pourront affeoir des vues & des mefures conftantes. La politique alors ne peut qu'aller felon le vent du jour & du moment; c'eft-à-dire, felon l'humeur du prince. On ne doit avoir que des intérêts momentanés & des liaisons subordonnées à l'instabilité du ministère, sous un régne foible & changeant.

Mais le sort des nations & l'intérêt politique sont bien différens dans les gouvernemens républicains. Là, comme l'autorité réside dans la masse ou dans le corps du peuple, il y a des principes & des intérêts publics qui dominent dans les négociations. Il ne faut pas alors borner l'étendue d'un système à la durée d'un ministère, ou à la vie d'un seul homme. L'esprit général qui vit & se perpétue dans la nation, est la seule régle des négociations. Ce n'est pas qu'un citoyen puissant, un démagogue éloquent, ne puisse entraîner quelquefois un gouvernement populaire dans un écart politique; mais on en revient aisément. Là, les fautes sont des leçons, comme les succès. Ce sont de grands événemens, & non des hommes, qui font époque dans l'histoire des républiques. Il est inutile de vouloir surprendre un traité de paix ou d'alliance par la ruse ou par l'intrigue, avec un peuple libre. Ses maximes le ramenent toujours à ses intérêts permanens, & tous les engagemens y cédent à la loi suprême. Là, c'est le salut du peuple qui fait tout, tandis qu'ailleurs c'est le bon plaisir du maître.

Ce contraste de maximes politiques a rendu suspectes ou odieuses les constitutions populaires à tous les souverains absolus. Ils ont craint que l'esprit républicain n'arrivât jusqu'à leurs sujets, dont tous les jours ils appesantissent de plus en plus les fers. Aussi s'apperçoit-on d'une conspiration secrette entre toutes les monarchies, pour détruire & sapper insensiblement les états libres. Mais la liberté naîtra du sein de l'oppression. Elle est dans tous les cœurs: elle passera, par les écrits publics, dans les ames éclairées; & par la tyrannie, dans l'ame du peuple. Tous les hommes sentiront enfin, & le jour du réveil n'est pas loin, ils sentiront que la liberté est le premier don du ciel, comme le premier germe de la vertu. Les instrumens du despotisme en deviendront les destructeurs; & les ennemis de l'humanité, ceux qui semblent aujourd'hui n'être armés que pour la combattre, combattront pour sa défense.

XXXVII. Guerre.

La guerre est de tous les tems & de tous les pays, comme la société; mais l'art militaire ne se trouve que dans certains siécles & chez quelques peuples. Les Grecs l'instituerent, & vainquirent toutes les forces de l'Asie. Les Romains le perfectionnerent, & conquirent le monde. Ces deux nations, dignes de commander à toutes les autres, puisqu'elles s'éleverent par le génie & la vertu, dûrent leur supériorité à l'infanterie, où l'homme seul est dans toute sa force. Les phalanges & les légions menerent par-tout la victoire sur leurs pas.

Lorsque la mollesse, plutôt que l'industrie, eut fait prévaloir la cavalerie dans les armées, Rome perdit de sa gloire & de ses succès. Malgré la discipline de ses troupes, elle ne put résister à des nations barbares qui combattoient à pied.

Cependant ces hommes demi-sauvages, qui, avec les seules armes & les seules forces de la nature, avoient soumis l'empire le plus étendu & le plus policé de l'univers, ne tarderent pas à changer aussi leur infanterie en cavalerie. Celle-ci fut proprement appellée *la bataille*, ou l'armée. Toute la noblesse, qui possédoit seule les terres & les droits, ces appanages de la victoire, voulut monter à cheval; & la populace esclave fut laissée à pied, presque sans armes & sans honneur.

Dans un tems où le cheval faisoit la distinction du gentilhomme; où l'homme n'étoit rien, & le chevalier étoit tout; où les guerres n'étoient que des irruptions, & les campagnes qu'une journée; où l'avantage étoit dans la célérité des marches : alors la cavalerie décidoit du fort des armées. Durant le treiziéme & le quatorziéme fiécles, l'Europe n'avoit, pour-ainfi-dire, que de la cavalerie. L'adreffe & la force des hommes ne fe montroient plus à la lutte, au cefte, dans l'exercice des bras & dans tous les mufcles du corps ; mais dans les tournois, à manier un cheval, à pouffer une lance au galop. Ce genre de guerre, plus convenable à des tartares errans qu'à des fociétés fixes & fédentaires, étoit un des vices du gouvernement féodal. Une race de conquérans, qui portoit par-tout fes droits dans fon épée ; qui mettoit fa gloire & fon mérite dans fes armes ; qui n'avoit d'autre occupation que la chaffe, ne pouvoit guère aller qu'à cheval, avec tout cet attirail d'orgueil & d'empire dont un efprit groffier devoit la furcharger. Mais des troupes d'une cavalerie pefamment armée, que pouvoient-elles pour attaquer & défendre des châteaux & des villes, où l'on étoit gardé par des murs & des eaux ?

C'eft cette imperfection de l'art militaire qui fit durer pendant des fiécles une guerre fans interruption, entre la France & l'Angleterre. C'eft faute de combattans, qu'on combattoit fans ceffe. Il falloit des mois pour affembler, pour armer, pour mener en campague des troupes qui n'y devoient rester que des semaines. Les rois ne pouvoient convoquer qu'un certain nombre de vassaux, & à des tems marqués. Les seigneurs n'avoient droit d'appeller à leur banniere que quelques tenanciers, à de certaines conditions. Les formes & les régles emportoient tout le tems à la guerre, comme elles consument tout l'argent dans les tribunaux de justice. Enfin les François, las d'avoir éternellement à repousser les Anglois, semblables au cheval qui implore le secours de l'homme contre le cerf, se laisserent imposer le joug & le fardeau qu'ils portent aujourd'hui. Les rois leverent, à leur solde, des troupes toujours subsistantes. Charles VII, après avoir chassé les Anglois avec des mercenaires, quand il licencia son armée, conserva neuf mille hommes de cavalerie & seize mille hommes d'infanterie.

Ce fut-là l'origine de l'abaissement de la noblesse, & de l'accroissement de la monarchie; de la liberté politique de la nation au-dehors, mais de sa servitude civile au-dedans. Le peuple ne sortit de la tyrannie féodale, que pour tomber un jour sous le despotisme des rois: tant le genre-humain semble né pour l'esclavage! Il fallut assigner des fonds à la solde d'une milice; & les impôts devinrent arbitraires, illimités, comme le nombre des soldats. Ceux-ci furent distribués dans les différentes places du royaume, sous prétexte de couvrir les frontieres contre l'ennemi ; mais, au fond, pour contenir & opprimer les sujets. Les officiers, les commandans, les gouverneurs, furent des instrumens toujours armés contre la nation même. Ils cesserent de se regarder, eux & leurs soldats, comme des citoyens de l'état, dévoués uniquement à la défense des biens & des droits du peuple. Ils ne connurent plus dans le royaume que le roi, prêts à égorger, en son nom, & leurs peres & leurs freres. Enfin la milice nationale ne fut plus qu'une milice royale.

L'invention de la poudre, qui demanda de grandes dépenses & de grands préparatifs, des forges, des magasins, des arsenaux, mit plus que jamais les armes dans la dépendance des rois, & acheva de donner l'avantage à l'infanterie sur la cavalerie. Celle-ci prêtoit au feu de l'autre le flanc de l'homme & du cheval. Un cavalier démonté, étoit un homme nul ou perdu ; un cheval sans guide, portoit le trouble & le désordre par tous les rangs. L'artillerie & la mousqueterie faisoient, dans les escadrons, un ravage plus difficile à réparer que dans les bataillons. Enfin les hommes pouvoient s'acheter & se discipliner à moins de frais que les chevaux : c'est ce qui fit que les rois eurent aisément des soldats.

C'est ainsi que l'innovation de Charles VII, funeste à ses sujets, du moins pour l'avenir, préjudicia, par son exemple, à la liberté de tous les peuples de l'Europe. Chaque nation eut besoin de se tenir en défense contre une nation toujours armée. La politique, s'il y en eût eu dans un tems où les arts, les lettres & le commerce n'avoient point encore ouvert la communication entre les peuples, la politique étoit que les princes eussent attaqué tous à la fois celui qui s'étoit mis dans un état de guerre continuel. Mais au lieu de l'obliger à poser les armes, ils les prirent eux-mêmes. Cette contagion gagna d'autant plus vîte, qu'elle paroissoit le seul reméde au danger d'une invasion, le seul garant de la sécurité des nations.

Cependant on manquoit par-tout des connoissances nécessaires pour discipliner une infanterie, dont l'importance commençoit à se faire sentir. La maniere de combattre que les Suisses avoient employée contre les Bourguignons, les avoit rendus aussi fameux que formidables. Avec de pesantes épées & de longues hallebardes, ils avoient toujours renversé les chevaux & les hommes de la milice féo-

philosophique & politique. 281

dale. Impénétrables eux-mêmes, marchant en colonnes épaisses, ils abattoient tout ce qui les attaquoit, tout ce qu'ils rencontroient. Chaque puissance voulut avoir de ces soldats. Mais les Suisses sentant le besoin qu'on avoit de leurs bras, & se faisant acheter trop cher, il fallut se résoudre à s'en passer, & composer par-tout une infanterie nationale, pour ne pas dépendre de ces troupes auxiliaires.

Les Allemands furent les premiers à recevoir une discipline qui ne demandoit que la force du corps, & la subordination des esprits. Sortis d'une terre féconde en hommes & en chevaux, ils atteignirent presque à la réputation de l'infanterie Suisse, sans perdre l'avantage de leur cavalerie.

Les François, plus vifs, adopterent avec plus de peine & de lenteur, un genre de milice qui contraignoit tous les mouvemens, & qui sembloit exiger plus de patience que de fougue. Mais le goût de l'imitation & de la nouveauté prévalut chez une nation légere, sur cette vanité qui est amoureuse de ses usages.

Les Espagnols, malgré l'orgueil qu'on leur reproche, enchérirent sur les Suisses, en perfectionnant la discipline de ce peuple guerrier. Ils composerent une infanterie qui fut tour-à-tour la terreur & l'admiration de l'Europe.

A mesure que l'infanterie augmentoit, cessoient par-tout l'usage & le service de la milice féodale, & la guerre s'étendoit de plus en plus. La constitution nationale n'avoit guère permis durant des siécles aux différens peuples, de franchir les barrieres de leurs états pour aller s'égorger. La guerre ne se faisoit que sur les frontieres, entre les peuples limitrophes. Quand la France & l'Espagne eurent essayé leurs armes à l'extrémité la plus reculée de l'Italie, il ne fut plus possible de convoquer le ban & l'arriere-ban des nations ; parce que ce n'étoient pas réellement les peuples qui se faisoient la guerre, mais les rois avec leurs troupes, pour la gloire de leur personne ou de leur famille, sans aucun égard au bien de leurs sujets. Ce n'est pas que les princes ne tâchassent d'engager dans leurs querelles l'orgueil national des peuples ; mais uniquement pour affoiblir ou pour soumettre cette indépendance, qui luttoit encore dans quelques corps, contre l'autorité absolue où ils s'étoient élevés par dégrés.

Toute l'Europe fut en combustion. On vit les Allemands en Italie ; les Italiens en Allemagne ; les François dans l'une & l'autre de ces régions; les Turcs devant Naples & devant Nice ; les Espagnols tout à la fois, en Afrique, en Hongrie, en Italie, en Allemagne, en France, & dans les Pays-Bas. Toutes ces nations, en aiguifant, en trempant leurs armes dans leur fang, fe formerent dans la fcience de fe battre & de fe détruire avec un ordre, une mefure infaillibles.

La religion mit aux prifes les Allemands contre les Allemands, les François contre les François; mais fur-tout la Flandre avec l'Efpagne. C'eft dans les marais de la Hollande qu'échoua toute la fureur d'un roi bigot & defpote; d'un prince fuperftitieux & fanguinaire; de deux Philippes & d'un duc d'Albe. C'eft dans les Pays-Bas qu'on vit une république fortir des gibets de la tyrannie & des bûchers de l'inquifition. Après que la liberté eut rompu fes chaînes, qu'elle eut trouvé fon afyle dans l'Océan, elle éleva fes remparts fur le continent. Les Hollandois imaginerent les premiers l'art de fortifier les places: tant le génie & la création appartiennent aux ames libres. Leur exemple fut imité par-tout. Les grands états n'avoient befoin que de fortifier leurs frontieres. L'Allemagne & l'Italie, partagées entre plufieurs princes, furent hériffées d'un bout à l'autre de fortes citadelles. On n'y voyage point fans trouver chaque foir des portes fermées & des ponts-levis à l'entrée des villes.

Tandis que la Hollande avoit perfectionné l'art de bâtir, d'attaquer & de défendre des places, la Suede formoit, pour-ainfi dire, la fcience militaire des campagnes. Guftave Adolphe poffcda fupérieurement l'art de la guerre, que les autres nations ont poffédé par intervalle, mais que les Allemands ont toujours confervé comme un appanage de leur climat. Ailleurs il refte encore des foldats ; mais l'Allemagne feule a des généraux.

Louis XIV avança fingulierement cet art, qui s'exerçoit depuis cent ans. L'efprit humain doit à ce monarque l'ufage des habits uniformes ; de porter la bayonnette au bout du fufil ; de fervir l'artillerie avec avantage ; de donner enfin au fer & au feu l'action la plus meurtriere.

Le roi de Pruffe a créé feul un nouvel art de difcipliner les armées, de commander des batailles, & de les gagner lui-même. Ce prince, qu'une autre nation auroit encore mieux fervi, & fans doute mieux loué qu'il n'a pû l'être de la fienne ; ce roi, qui, depuis Alexandre, n'a point eu fon égal dans l'hiftoire pour l'étendue & la variété des talens ; lui qui, fans avoir été formé par des Grecs, a fu former des Lacédémoniens ; enfin, ce roi qui mérita, plus que tout autre, d'attacher fon nom à fon fiécle, comme un titre de grandeur & de rivalité avec les plus beaux siécles : le roi de Prusse a changé les principes de la guerre, en donnant, en quelque sorte, l'avantage aux jambes sur les bras; c'est-à-dire, que par la rapidité de ses évolutions & la célérité de ses marches, il a toujours surpassé ses ennemis, lors même qu'il ne les a pas vaincus. Toutes les nations de l'Europe ont été forcées de prendre ses leçons, pour ne pas subir son joug. Il aura la gloire, puisque c'en est une, d'avoir élevé la guerre à un dégré de perfection, dont elle ne peut heureusement que descendre.

Ce n'est pas à lui, c'est à Louis XIV, qu'il faut attribuer cette excessive multiplication de troupes, qui nous offrent le spectacle de la guerre jusques dans le sein de la paix. A l'exemple de ce monarque, qui tint toujours sur pied de nombreuses levées, tous les princes de l'Europe, grands ou petits, ont eu des corps de troupes, souvent plus onéreux aux sujets par les frais de leur solde, qu'utiles pour la défense de l'état. Quelques-uns des plus habiles ont mis ces troupes à la solde des grandes puissances; &, par un double avantage, ils ont su tirer beaucoup d'argent pour un sang qui étoit toujours vendu sans être jamais versé.

On parle des siécles de barbarie du gouvernement féodal ; & cependant la guerre étoit alors un état violent, un tems d'orage : aujourd'hui, c'est presque un état naturel. La plupart des gouvernemens sont ou deviennent militaires. La perfection même de la discipline en est une preuve. La sûreté dans les campagnes, la tranquillité dans les villes, soit que les troupes y passent ou qu'elles y séjournent; la police qui régne autour des camps & dans les places de garnison, annoncent bien que les armes ont un frein, mais que tout est soumis au pouvoir des armes.

Si l'on réprime la licence & le brigandage du soldat, les peuples payent cher cette sécurité, par la levée des taxes & des milices. Ce n'est pas uniquement par les batailles que les guerres sont funestes. Un million d'hommes tués ou perdus est peu de chose, auprès de cent millions d'ames que peut contenir l'Europe. Mais ce million est la fleur de la population, l'élite de la jeunesse, l'ame de la reproduction, le nerf de l'industrie & du travail. Mais pour entretenir & recruter ce million de soldats, il faut surcharger toutes les classes de la société, qui, refoulant les unes sur les autres, écrâsent la derniere, la plus nécessaire, celle des cultivateurs. L'accroissement des impôts & la difficulté des recouvremens, font mourir de faim

& de misere ces mêmes familles, qui sont les meres & les nourrices des atteliers & des armées.

Second inconvénient: augmentation de soldats, diminution de courage. Peu d'hommes naissent propres à la guerre. Si l'on en excepte Lacédémone & Rome, où des citoyens, des femmes libres enfantoient des soldats ; où les enfans s'endormoient & s'éveilloient au bruit des fanfares & des chansons guerrieres ; où l'éducation dénaturoit les hommes, faisoit d'eux des êtres d'une nouvelle espece : tous les peuples n'ont jamais eu qu'un petit nombre de braves. Aussi, moins on en leve, plus ils valent. Autrefois chez nos peres, moins policés & plus forts que nous, les armées étoient beaucoup moins nombreuses que les nôtres, & les guerres plus décisives. Il falloit être noble ou riche pour faire le service militaire. C'étoit un droit, un honneur, que de prendre les armes. On ne voyoit sous les drapeaux que des volontaires. Les engagemens finissoient avec la campagne. Un homme qui n'auroit pas aimé la guerre, pouvoit s'en retirer. D'ailleurs, il y avoit plus de cette chaleur de sang & de cette fierté de sentimens, qui fait le vrai courage. Aujourd'hui, quelle gloire de servir des despotes qui mesurent les hommes à la toise, les prisent par leur paye, les enrôlent par force ou par subtilité, les retiennent, les congédient comme ils les ont pris, sans leur consentement! Quel honneur d'aspirer au commandement des armées, sous la maligne influence des cours, où l'on donne & l'on ôte tout pour rien ; où l'on éleve & l'on dégrade par caprice des hommes sans mérite & sans crimse! Aussi, hormis les empires naissans & les momens de crise, plus il y a de soldats dans un état, plus la nation s'affoiblit ; & plus un état s'affoiblit, plus on multiplie les soldats.

Troisiéme inconvénient : la multiplication de la milice achemine au despotisme. Les troupes nombreuses, les places fortes, les magasins & les arsenaux, peuvent empêcher les invasions ; mais en préservant un peuple des irruptions d'un conquérant, ils ne le sauvent pas des attentats d'un despote. Tant de soldats ne font que tenir à la chaîne des esclaves tout faits. L'homme le plus foible est alors le plus fort. Comme il peut tout, il veut tout. Par les seules armes, il brave l'opinion & force les volontés. Avec des soldats, il leve des impôts ; avec des impôts, il leve des soldats. Il croit exercer & manifester sa puissance, en détruisant ce qu'il a créé ; mais il travaille dans le néant & pour le néant. Il refond perpétuellement sa milice, sans jamais retrouver une force nationale. C'est en vain qu'il arme des bras toujours levés sur la tête du peuple; si ses sujets tremblent devant ses troupes, ses troupes fuiront devant l'ennemi. Mais alors la perte d'une bataille est celle d'un royaume. Tous les cœurs aliénés volent d'eux-mêmes sous un joug étranger, parce qu'avec un conquérant, il reste de l'espérance, & qu'avec un despote, on ne sent que la crainte. Quand les progrès du gouvernement militaire ont amené le despotisme, alors il n'y a plus de nation. Les troupes sont bientôt insolentes & détestées; les familles se dessèchent & dépérissent dans la stérilité de la misere & du libertinage. L'esprit de désunion & de haîne gagne entre tous les états, alternativement corrompus & flétris. Les corps se trahissent, se vendent, se dépouillent, & se livrent tour-à-tour les uns les autres aux verges du despote. Il les crible tous, il les vanne, il les pressure dans sa main, les dévore & les anéantit. Telle est la fin de cet art de la guerre, qui mene au gouvernement militaire. Voyons quelle est l'influence de la marine.

Les anciens nous ont transmis presque tous les arts, qui sont ressuscités avec les lettres ; mais nous l'emportons sur eux dans la marine

XXXVIII.
Marine.

militaire. Tyr & Sydon, Carthage & Rome, n'ont presque vu que la Méditerranée; & pour courir cette mer, il ne falloit que des radeaux, des galeres & des rameurs. Les combats alors pouvoient être sanglans; mais l'art de la construction & de l'armement des flottes ne devoit pas être savant. Pour traverser de l'Europe en Afrique, il ne falloit, pour-ainsi-dire, que des bateaux plats, qui débarquoient des Carthaginois ou des Romains : car ce furent presque les seuls peuples qui rougirent la mer de leur sang. Les Athéniens & les républiques de l'Asie, firent heureusement plus de commerce que de carnage.

Après que ces nations fameuses eurent laissé la terre & la mer à des brigands & à des pirates, la marine resta durant douze siécles dans le néant où étoient tombés tous les autres arts. Ces essaims de barbares, qui dévorerent le cadavre & le squelette de Rome, vinrent de la mer Baltique, sur des radeaux ou des pirogues, ravager & piller nos côtes de l'Océan ; mais sans s'écarter du continent. Ce n'étoient point des voyages, mais des descentes qui se renouvelloient chaque jour. Les Danois & les Normands n'étoient point armés en course, & ne savoient guère se battre que sur terre.

Enfin, le hasard ou la Chine donna la bous-

sole à l'Europe, & la boussole lui donna l'A-
mérique. L'aiguille aimantée montrant aux
navigateurs de combien ils s'approchoient ou
s'éloignoient du Nord, les enhardit à tenter
les plus longues courses, à perdre la terre de
vue durant des mois entiers. La géométrie &
l'astronomie apprirent à mesurer la marche
des astres, à fixer par eux les longitudes, & à
estimer à-peu-près de combien on avançoit à
l'Est ou à l'Ouest. Dès-lors on devoit savoir à
quelle hauteur, à quelle distance on se trouvoit de toutes les côtes de la terre. Quoique
la connoissance des longitudes soit beaucoup
plus inexacte que celle des latitudes, l'une &
l'autre eurent bientôt assez hâté les progrès de
la navigation, pour faire éclorre l'art de la
guerre navale. Cependant, elle débuta par des
galeres qui étoient en possession de la Méditerranée. La plus fameuse bataille de la marine moderne, fut celle de Lepante, qui fut
livrée il y a deux cents ans, entre deux cents
cinq galeres des Chrétiens, & deux cents soixante des Turcs. L'Italie qui a tout trouvé &
n'a rien gardé, l'Italie seule avoit construit ce
prodigieux armement ; mais alors elle avoit
le double du commerce, des richesses, de la
population qui lui restent aujourd'hui. D'ailleurs, ces galeres n'étoient ni si longues, ni si

T 2

larges que celles de nos jours, comme l'attestent encore d'anciennes carcasses qui se conservent dans l'arsenal de Venise. La chiourme consistoit en cent cinquante rameurs, & les troupes n'étoient que de quatre-vingts hommes par bâtiment. Aujourd'hui Venise a de plus belles galeres, & moins de puissance sur cette mer qu'elle époufe, & que d'autres fillonnent & labourent.

Mais les galeres étoient bonnes pour des forçats; il falloit de plus forts vaisseaux pour des foldats. L'art de la construction s'accrut avec celui de la navigation. Philippe II, roi de toutes les Espagnes & des deux Indes, employa tous les chantiers d'Espagne & de Portugal, de Naples & de Sicile, qu'il possédoit alors, à construire des navires d'une grandeur, d'une force extraordinaires; & sa flotte prit le nom de l'*invincible armada*. Elle étoit composée de cent trente vaisseaux, dont près de cent étoient les plus gros qu'on eût encore vus sur l'Océan. Vingt caravelles, ou petits bâtimens, suivoient cette flotte, voguoient & combattoient sous ses aîles. L'enflure Espagnole du seiziéme siécle, s'est prodigieusement appesantie sur une description exagérée & pompeuse de cet armement si formidable. Mais ce qui répandit la terreur & l'admiration il y a deux siécles, sera viroit de risée aujourd'hui. Les plus grands de ces vaisseaux ne seroient que du troisième rang dans nos escadres. Ils étoient si pesamment armés & si mal gouvernés, qu'ils ne pouvoient presque se remuer, ni prendre le vent, ni venir à l'abordage, ni obéir à la manœuvre dans des tems orageux. Les matelots étoient aussi lourds que les vaisseaux étoient massifs, les pilotes presqu'aussi ignorans que les matelots.

Les Anglois, qui connoissoient déjà toute la foiblesse & le peu d'habileté de leurs ennemis sur la mer, se reposerent du soin de leur défaite sur leur inexpérience. Contens d'éviter l'abordage de ces pesantes machines, ils en brûlerent une partie. Quelques-uns de ces énormes galions furent pris, d'autres désemparés. Une tempête survint. La plupart avoient perdu leurs ancres ; ils furent abandonnés par l'équipage à la fureur des vagues, & jettés, les uns sur les côtes Occidentales de l'Écosse, les autres sur les côtes d'Irlande. A peine la moitié de cette invincible flotte put retourner en Espagne, où son délabrement, joint à l'effroi des matelots, répandit une consternation dont la nation ne se releva plus : abattue à jamais par la perte d'un armement qui lui avoit coûté trois ans de préparatifs, où ses forces & ses revenus s'étoient comme épuisés.

La chûte de la marine Espagnole fit passer le sceptre de la mer aux mains des Hollandois. L'orgueil de leurs anciens tyrans ne pouvoit être mieux puni, que par la prospérité d'un peuple forcé, par l'oppression, à briser le joug des rois. Lorsque cette république levoit la tête hors de ses marais, le reste de l'Europe étoit plongé dans les guerres civiles par le fanatisme. Dans tous les états, la persécution lui préparoit des citoyens. L'inquisition que la maison d'Autriche vouloit étendre dans les pays de sa domination ; les bûchers que Henri II allumoit en France ; les émissaires de Rome que Marie appuyoit en Angleterre : tout concourut à donner à la Hollande un peuple immense de réfugiés. Elle n'avoit ni terres, ni moissons pour les nourrir. Il leur fallut chercher une subsistance par mer, dans le monde entier. Lisbonne, Cadix & Anvers, faisoient presque tout le commerce de l'Europe sous un même souverain, que sa puissance & son ambition rendoient l'objet de la haîne & de l'envie. Les nouveaux républicains, échappés à sa tyrannie, excités par le ressentiment & le besoin, se firent corsaires, & se formerent une marine aux dépens des Espagnols & des Portugais, qu'ils détestoient. La France & l'Angleterre, qui ne voyoient que l'humiliation de la maison d'Autriche, dans les progrès de la république naissante, l'aiderent à garder des conquêtes & des dépouilles, dont elles ne connoissoient pas encore tout le prix. Ainsi les Hollandois s'assurerent des établissemens par-tout où ils voulurent porter leurs armes ; s'affermirent dans leurs acquisitions, avant qu'on pût en être jaloux, & se rendirent insensiblement les maîtres de tout le commerce par leur industrie, & de toutes les mers, par la force de leurs escadres.

Les troubles domestiques de l'Angleterre favoriserent quelque tems cette prospérité, sourdement acquise dans des pays éloignés. Mais enfin Cromwel éveilla dans sa patrie la jalousie du commerce. Elle étoit naturelle à un peuple insulaire. Partager avec lui l'empire de la mer, c'étoit le lui céder. Les Hollandois résolurent de le garder. Au lieu de s'allier avec l'Angleterre, ils s'exposerent courageusement à la guerre. Ils combattirent long-tems avec des forces inégales ; & cette opiniâtreté contre les revers, leur conserva, du moins, une honorable rivalité. La supériorité dans la construction, dans la forme des vaisseaux, donna souvent la victoire à leurs ennemis ; mais les vaincus ne firent point de pertes décisives.

Cependant, ces longs & terribles combats

avoient épuisé, du moins rallenti, la vigueur des deux nations, lorsque Louis XIV, voulant profiter de leur affoiblissement réciproque, aspira à l'empire des mers. En prenant les rênes de son royaume, ce prince n'avoit trouvé dans ses ports que huit ou neuf vaisseaux demi-pourris ; encore n'étoient-ils ni du premier, ni du second rang. Richelieu avoit sû jetter une digue devant la Rochelle, mais non créer une marine, dont Henri IV & son ami Sully devoient pourtant avoir conçu le projet ; mais tout ne pouvoit naître à la fois que dans le beau siécle de la nation Françoise. Louis, qui saisissoit, du moins, toutes les idées de grandeur qu'il n'enfantoit pas, établit un conseil de construction dans chacun des cinq ports qu'il ouvrit à la marine royale ou militaire. Il créa des chantiers & des arsenaux. En moins de vingt ans, la France eut cent vaisseaux de ligne.

Ses forces s'essayerent d'abord contre les Barbaresques, qui furent châtiés. Ensuite elles firent baisser le pavillon à l'Espagne. De-là, se mesurant avec les flottes, tantôt séparées, tantôt combinées, de l'Angleterre & de la Hollande, presque toujours elles emporterent l'honneur & l'avantage du combat. La premiere défaite mémorable qu'essuya la marine

philosophique & politique. 297

Françoise, fut en 1692, lorsqu'avec quarante vaisseaux, elle attaqua vis-à-vis de la Hogue quatre-vingt-dix vaisseaux Anglois & Hollandois, pour donner à l'Angleterre un roi qu'elle ne vouloit pas, & qui ne souhaitoit pas trop de l'être. Le parti le plus nombreux eut la victoire. Jacques II sentit un plaisir involontaire, en voyant triompher le peuple qui le repoussoit; comme si dans ce moment, l'amour aveugle de la patrie l'eût emporté contre lui dans son cœur, sur l'ambition du trône. Depuis cette journée, la France vit décliner ses forces navales, qui ne se sont pas rétablies.

L'Angleterre prit dès-lors une supériorité, qui l'a portée au comble de la prospérité. Une nation, qui se voit aujourd'hui la premiere sur toutes les mers, s'imagine aisément qu'elle y a eu toujours de l'empire. Tantôt elle fait remonter sa puissance maritime jusqu'au tems de César; tantôt elle veut avoir régné sur l'Océan, du moins au neuviéme siécle. Peut-être un jour, les Corses, qui ne sont rien, quand ils seront devenus un peuple maritime, écriront & liront dans leurs fastes, qu'ils ont toujours dominé sur la Méditerranée. Telle est la vanité de l'homme; il a besoin d'aggrandir son néant dans le passé comme dans l'avenir. La vérité feule, qui vit avant & après les nations ; dit qu'il n'y a point eu de marine en Europe depuis l'ere chrétienne jufqu'au feiziéme fiécle. Les Anglois eux-mêmes n'en avoient pas befoin, tant qu'ils furent les maîtres de la Normandie & des côtes de la France.

Lorfque Henri VIII voulut équipper une flotte, il fut obligé de louer des vaiffeaux de Hambourg, de Lubeck, de Dantzick ; mais fur-tout de Gênes & de Venife, qui favoient feules conftruire & conduire une marine ; qui fourniffoient les navigateurs & les amiraux ; qui donnoient à l'Europe un Colomb, un Améric, un Cabot, un Verezani, ces hommes divins, par qui le monde eft devenu fi grand. Élizabeth eut befoin d'une force navale contre l'Efpagne. Elle permit à des citoyens d'armer des vaiffeaux, pour courir fur les ennemis de l'état. Cette permiffion forma des foldats matelots. La reine alla voir un vaiffeau qui avoit fait le tour du monde ; elle y embraffa Drake, en le créant chevalier. Elle laiffa quarante-deux vaiffeaux de guerre à fes fucceffeurs. Jacques I & Charles I, ajouterent quelques navires aux forces navales qu'ils avoient reçues avec le trône ; mais les commandans de cette marine étoient pris dans la noblesse, qui, contente des honneurs, laissoit les travaux à des pilotes. L'art ne faisoit point de progrès.

Le parti qui détrôna les Stuarts, avoit peu de nobles. Les vaisseaux de ligne furent donnés à des capitaines d'une naissance commune, mais d'une habileté rare dans la navigation. Ils perfectionnerent, ils illustrerent la marine Angloise.

Charles II, en remontant sur le trône, la trouva forte de cinquante-six vaisseaux. Elle s'augmenta sous son régne, jusqu'au nombre de quatre-vingt-trois bâtimens, dont cinquante-huit étoient de ligne. Cependant elle déclina vers les derniers jours de ce prince. Mais Jacques II, son frere, la rétablit dans son premier éclat, l'éleva même à plus de splendeur. Grand amiral avant d'être roi, il avoit inventé l'art de commander la manœuvre sur les flottes, par les signaux des pavillons. Heureux, s'il avoit mieux entendu l'art de gouverner un peuple libre! Quand le prince d'Orange, son gendre, prit sa couronne, la marine Angloise étoit composée de cent soixante-trois vaisseaux de toute grandeur, armés de sept mille canons, & montés par quarante-deux mille hommes d'équipage. Cette force doubla pendant la guerre pour la succession d'Espagne.

Elle a fait depuis des progrès tels, que l'Angleterre se croit en état de balancer seule par ses forces navales, toute la marine de l'Univers. Cette puissance est sur mer, ce qu'étoit Rome sur la terre, quand elle tomba de sa grandeur.

La nation Angloise regarde sa marine comme le rempart de sa sûreté, comme la source de ses richesses. C'est dans la paix, comme dans la guerre, le pivot de ses espérances. Aussi leve-t-elle, & plus volontiers, & plus promptement, une flotte qu'un bataillon. Elle n'épargne aucun moyen de dépense, aucune ressource de politique pour avoir des hommes de mer.

Elle y employe d'abord l'attrait des récompenses. Le parlement, en 1744, déclara que toutes les prises que feroit un vaisseau de guerre, appartiendroient aux officiers & à l'équipage du navire vainqueur. Il accorda de plus cinq livres sterlings de gratification à chaque Anglois qui, dans le combat, se feroit élancé sur le navire ennemi, pris ou coulé à fond. A l'appât du gain, le gouvernement ajoute les voies de la force, si la nécessité l'exige. Dans les tems de guerre, on enleve les matelots de la marine marchande.

Rien n'est plus contraire en apparence à la liberté nationale, que ces coups d'autorité qui frappent à la fois sur les hommes & sur le commerce. Cependant quand ces actes de violence n'ont lieu qu'en conséquence des besoins de la république, on ne peut les regarder comme des attentats contre la liberté ; parce qu'ils ont pour objet la sûreté publique, l'intérêt particulier de ceux même qui paroissent en être les victimes ; & que l'état de société exige que chaque volonté particuliere soit soumise à la volonté générale. D'ailleurs, les mariniers reçoivent du gouvernement la même paye qu'ils obtiendroient du négociant, ce qui acheve de justifier cette voie de contrainte, voie qui est toujours la plus utile à l'état. Le matelot n'est à la charge du public, que lorsqu'il le sert. Les expéditions en sont plus secrettes & plus promptes ; les équipages ne sont jamais oisifs. Enfin fût-ce un inconvénient, est-il pire que la servitude perpétuelle où les classes tiennent les matelots de toute l'Europe ?

La marine est un nouveau genre de puissance, qui doit changer la face du monde. Elle a fait tomber l'ancien système d'équilibre. L'Allemagne, qui tenoit la balance entre les maisons d'Autriche & de Bourbon, l'a cédée à l'Angleterre. C'est cette isle qui dispose aujourd'hui du continent. Comme elle est voisine, par ses vaisseaux, de tous les pays qui tiennent à la mer, elle peut faire du bien & du mal à plus d'états. Elle a donc plus d'alliés, plus de confidération & d'influence. C'est elle qui domine en Amérique; parce qu'elle y possède des hommes & des arts, au lieu d'or & de matieres de luxe. Elle seule est le levier du monde. Voyez comme elle prépare les révolutions; comme elle promene sur ses flottes le destin des nations! On l'accuse de vouloir être seule maitresse de la mer & du commerce. Cet empire, dont elle pourroit s'emparer pour un moment peut-être, entraîneroit sa perte. La monarchie universelle des mers, n'est pas un projet moins vain que celle de la terre.

La France crie & répete qu'il faut établir un équilibre de puissance sur mer : mais on la soupçonne de n'y vouloir point de maîtres, pour n'avoir plus de rivaux sur le continent, du moins elle n'a persuadé jusqu'à présent que l'Espagne. C'est un bonheur pour l'Europe que les forces de la mer fassent une diversion à celles de la terre. Une puissance qui a des côtes à garder, ne peut aisément franchir les barrieres de ses voisins. Il lui faut des préparatifs immenses; des troupes innombrables; des arsenaux de toute espece; une double provision de moyens & de ressources, pour exécuter des projets de conquête. Depuis que l'Europe navigue, elle jouit d'une plus grande sécurité au-dedans, d'une influence prépondérante au-dehors. Ses guerres ne font peut-être, ni moins fréquentes, ni moins fanglantes; mais elle en est moins ravagée, moins affoiblie. Les opérations y font conduites avec plus de concert, de combinaison, & moins de ces grands effets qui dérangent tous les fystêmes. Il y a plus d'efforts, & moins de fecouffes. Toutes les paffions des hommes y font entraînées vers un certain bien général, un grand but politique, un heureux emploi de toutes les facultés phyfiques & morales. Quel est-il? Le commerce.

Si la navigation est née de la pêche, comme la guerre de la chaffe ; la marine est fortie du commerce. On a d'abord voyagé fur mer, pour poffeder ; on a conquis un monde, pour enrichir l'autre. Cet objet de conquête a fondé le commerce ; & pour foutenir le commerce, il a fallu des forces navales, qui font elles-mêmes le produit de la navigation marchande. Les Phéniciens, fitués fur les bords de la mer aux confins de l'Afie & de l'Afrique, pour recevoir & répandre toutes les richeffes de l'ancien-monde ; les Phéniciens ne fonderent des colonies, ne bâtirent des villes que pour le commerce. A Tyr, ils étoient les maîtres de la Méditerranée; à Carthage, ils jetterent les fondemens d'une république qui commerça par

XXXIX.
Commerce.

l'Océan sur les meilleures côtes de l'Europe.

Les Grecs succéderent aux Phéniciens ; les Romains aux Carthaginois & aux Grecs : ils furent les maîtres de la mer comme de la terre ; mais ils ne firent d'autre commerce que celui d'apporter pour eux en Italie, toutes les richesses de l'Afrique, de l'Asie & du monde conquis. Quand Rome eut tout envahi, tout perdu, le commerce retourna, pour ainsi dire, à sa source vers l'Orient. C'est là qu'il se fixa, tandis que les Barbares inondoient l'Europe. L'empire fut divisé : les armes & la guerre resterent dans l'Occident ; mais l'Italie conserva du moins une communication avec le Levant, où couloient toujours les trésors de l'Inde.

Les croisades épuiserent en Asie toutes les fureurs de zele & d'ambition, de guerre & de fanatisme qui circuloient dans les veines des Européens : mais elles rapporterent en Europe le goût du luxe Asiatique ; & elles racheterent par un germe de commerce & d'industrie, le sang & la population qu'elles avoient coûté. Trois siécles de guerre & de voyages en Orient, donnerent à l'inquiétude de l'Europe, un aliment dont elle avoit besoin pour ne pas périr d'une sorte de consomption interne : ils préparerent cette effervescence de génie & d'activité qui, depuis, s'exhala & se déploya dans la conquête

&

& le commerce des Indes Orientales & de l'Amérique.

Les Portugais tenterent de doubler l'Afrique, mais pas à pas. Ils s'emparerent succeſſivement de toutes les pointes, de tous les ports qui devoient les conduire au cap de Bonne-Eſpérance. Ils employerent quatre-vingts ans à ſe rendre maîtres de toute la côte Occidentale, où finit ce grand cap. En 1497, Vaſco de Gama franchit cette barriere; & remontant la côte Orientale de l'Afrique, il alla par un trajet de douze cents lieues, aboutir à la côte de Malabar, où devoient fondre les tréſors des plus riches pays de l'Aſie. Ce fut là le théâtre des conquêtes des Portugais.

Tandis que cette nation avoit les marchandiſes, l'Eſpagne s'emparoit de ce qui les achete, des mines d'or & d'argent. Ces métaux devinrent non-ſeulement un véhicule, mais encore une matiere de commerce. Ils attirerent d'abord tout le reſte, & comme ſigne, & comme marchandiſe. Toutes les nations en avoient beſoin pour faciliter l'échange de leurs denrées, pour s'approprier les jouiſſances qui leur manquoient. L'épanchement du luxe & de l'argent du Midi de l'Europe, changea la face & la direction du commerce, en même-tems qu'il en étendit les limites.

Cependant les deux nations conquérantes des deux Indes, négligerent les arts & la culture. Pensant que l'or devoit tout leur donner, sans songer au travail qui seul attire l'or ; elles apprirent un peu tard, mais à leurs dépens, que l'industrie qu'elles perdoient, valoit mieux que les richesses qu'elles acqueroient ; & ce fut la Hollande qui leur fit cette dure leçon.

Les Espagnols devinrent ou resterent pauvres avec tout l'or du monde ; les Hollandois furent bientôt riches, sans terres & sans mines. C'est une nation au service de toutes les autres ; mais qui s'est louée à très-haut prix. Dès qu'elle se fut réfugiée au sein de la mer, avec l'industrie & la liberté, qui sont ses dieux tutélaires, elle s'apperçut qu'elle n'avoit pas même assez de terre pour nourrir le sixiéme de sa population. Alors, elle jetta les yeux sur la face du globe, & se dit à elle-même : « mon domaine » est le monde entier ; j'en jouirai par ma » navigation & mon commerce. Toutes les » terres fourniront à ma subsistance ; tous les » peuples à mon aisance. » Entre le Nord & le Midi de l'Europe, elle prit la place de la Flandre dont elle s'étoit détachée, pour n'appartenir qu'à elle-même. Bruges & Anvers avoient attiré l'Italie & l'Allemagne dans leurs ports ; la Hollande devint à son tour l'entrepôt de toutes les puissances, riches ou pauvres, mais commerçantes. Non-contente d'appeller les autres nations, elle alla chez elles acheter de l'une ce qui manquoit à l'autre ; apporter au Nord les subsistances du Midi ; vendre aux Espagnols des navires pour des cargaisons, échanger sur la Baltique du vin pour du bois. Elle imita les intendans & les fermiers des grandes maisons, qui, par le gain & les profits qu'ils y font, se mettent en état de les acheter tôt ou tard. C'est, pour ainsi dire, aux frais de l'Espagne & du Portugal, que la Hollande vint à bout d'enlever à ces puissances une partie de leurs conquêtes dans les deux Indes, & presque tout le profit de leurs colonies. Elle sut endormir la paresse de ces conquérans superbes ; & par son activité, sa vigilance, surprendre la clef de leurs trésors dont elle ne leur laissoit que la cassette, qu'elle avoit soin de vuider à mesure qu'ils la remplissoient. C'est ainsi qu'un peuple roturier ruina des peuples gentilshommes ; mais au jeu le plus honnête & le plus légitime qui soit dans les combinaisons de la fortune.

Tout favorisa la naissance & les progrès du commerce de la république : sa position sur les bords de la mer, à l'embouchure de plusieurs grandes rivieres : fa proximité des terres les plus abondantes ou les mieux cultivées de l'Europe : fes liaifons naturelles avec l'Angleterre & l'Allemagne, qui la défendoient contre la France : le peu d'étendue & de fertilité de fon terrein qui forçoit fes habitans à devenir pêcheurs, navigateurs, courtiers, banquiers, voituriers, commiffionnaires; à vivre, en un mot, d'induftrie au défaut de domaine. Les caufes morales fe joignirent à celles du climat & du fol, pour établir & hâter fa profpérité. La liberté de fon gouvernement, qui ouvrit un afyle à tous les étrangers mécontens du leur; la liberté de fa religion, qui laiffoit à toutes les autres un exercice public & tranquille, c'eft-à-dire, l'accord du cri de la nature avec celui de la confcience, des intérêts avec les devoirs, en un mot la tolérance, cette religion univerfelle de toutes les ames juftes & éclairées, amies du ciel & de la terre, de Dieu comme leur pere, des hommes comme leurs freres. Enfin la république commerçante fut tourner à fon profit tous les événemens, & faire concourir à fon bonheur les calamités & les vices des autres nations; les guerres civiles que le fanatifme allumoit chez un peuple ardent, que le patriotifme excitoit chez un peuple libre; l'-

gnorance & l'indolence que le bigotifme nourriffoit chez deux peuples foumis à l'empire de l'imagination.

Cette induftrie de la Hollande, où fe mêla beaucoup de cette fineffe politique qui feme la jaloufie & les différends entre les nations, ouvrit enfin les yeux à d'autres puiffances. L'Angleterre fut la premiere à s'appercevoir qu'on n'avoit pas befoin de l'entremife des Hollandois pour trafiquer. Cette nation, chez qui les attentats du defpotifme avoient enfanté la liberté, parce qu'ils précéderent la corruption & la molleffe, voulut acheter les richeffes par le travail qui en eft le contrepoifon. Ce fut elle qui la premiere envifagea le commerce, comme la fcience & le foutien d'un peuple éclairé, puiffant & même vertueux. Elle y vit moins une acquifition de jouiffances, qu'une augmentation d'induftrie; plus d'encouragement & d'activité pour la population, que de luxe & de magnificence pour la repréfentation. Appellée à commercer par fa fituation; ce fut là l'efprit de fon gouvernement & le levier de fon ambition. Tous fes refforts tendirent à ce grand objet. Mais dans les autres monarchies, c'eft le peuple qui fait le commerce; dans cette heureufe conftitution, c'eft l'état ou la nation entiere: toujours fans doute avec le defir de dominer qui renferme celui d'aſſervir, mais du moins avec des moyens qui font le bonheur du monde, avant de le ſoumettre. Par la guerre, le vainqueur n'eſt guère plus heureux que le vaincu; puiſqu'il ne s'agit entr'eux que de ſang & de plaies : mais par le commerce, le peuple conquérant introduit néceſſairement l'induſtrie dans un pays qu'il n'auroit pas conquis, ſi elle y avoit été, ou qu'il ne garderoit pas, ſi elle n'y étoit point entrée avec lui. C'eſt ſur ces principes que l'Angleterre a fondé ſon commerce & ſa domination, & qu'elle a réciproquement, & tour à tour, étendu l'un par l'autre.

Les François, ſitués ſous un ciel & ſur un ſol également heureux, ſe ſont long-tems flattés d'avoir beaucoup à donner aux autres nations, & preſque rien à leur demander. Mais Colbert ſentit que, dans la fermentation où ſe trouvoit de ſon tems toute l'Europe, il y auroit un gain évident pour la culture & les productions d'un pays qui travailleroit ſur celles du monde entier. Il ouvrit des manufactures à tous les arts. Les laines, les ſoieries, les teintures, les broderies, les étoffes d'or & d'argent acquirent dans les mains des François un rafinement de luxe & de goût, qui les fit rechercher par-tout de cette nobleſſe qui poſſède les plus riches fonds de terre. Pour augmenter le produit des arts, il fallut posséder les matieres premieres, & le commerce direct pouvoit seul les fournir. Les hasards de la navigation avoient donné des possessions à la France dans le nouveau-monde, comme à tous les brigands qui avoient couru la mer. L'ambition de quelques particuliers y avoit formé des colonies, qui s'étoient nourries d'abord & même aggrandies par le commerce des Hollandois & des Anglois. Une marine nationale devoit rendre à la métropole cette liaison naturelle avec ses colons. Le gouvernement éleva donc ses forces navales à l'appui de sa navigation commerçante. La nation dut faire alors un double profit sur la matiere & l'art de ses manufactures. Elle poussa cette branche précaire & momentanée avec une vigueur, une émulation qui devoit laisser long-tems ses rivaux en arriere; & la France jouit encore de sa supériorité sur les autres nations dans tous les arts de luxe & de décoration qui attirent les richesses à l'industrie.

La mobilité naturelle du caractere national, sa frivolité même, a valu des trésors à l'état, par l'heureuse contagion de ses modes. Semblable à ce sexe délicat & léger, qui nous montre & nous inspire le goût de la parure, le François domine dans les cours, au moins par la toilette ; & son art de plaire est un des secrets de sa fortune & de sa puissance. D'autres peuples ont maîtrisé le monde par ces mœurs simples & rustiques, qui font les vertus guerrieres ; lui seul y devoit régner par ses vices. Son empire durera, jusqu'à ce qu'avili sous les pieds de ses maîtres par des coups d'autorité sans principes & sans bornes, il devienne méprisable à ses propres yeux. Alors, avec sa confiance en lui-même, il perdra cette industrie, qui est une des sources de son opulence & des ressorts de son activité. Bientôt il n'aura plus ni manufactures, ni colonies, ni commerce.

Cette nouvelle ame du monde moral s'est insinuée de proche en proche, jusqu'à devenir comme essentielle à l'organisation ou à l'existence des corps politiques. Le goût du luxe & des commodités a donné l'amour du travail, qui fait aujourd'hui la principale force des états. A la vérité, les occupations sédentaires des arts méchaniques, rendent les hommes plus sensibles aux injures des saisons, moins propres au grand air, qui est le premier aliment de la vie. Mais enfin, on est encore plus heureux d'énerver l'espece humaine sous les toits des atteliers, que de l'aguerrir sous les tentes, puisque la guerre détruit quand le commerce crée. Par cette utile révolution dans les mœurs, les maximes générales de la politique ont changé l'Europe. Ce n'eſt plus un peuple pauvre qui devient redoutable à une nation riche. La force eſt aujourd'hui du côté des richeſſes, parce qu'elles ne ſont plus le fruit de la conquête, mais l'ouvrage des travaux aſſidus & d'une vie entierement occupée. L'or & l'argent ne corrompent que les ames oiſives qui jouiſſent des délices du luxe, au ſéjour des intrigues & des baſſeſſes, qu'on appelle grandeur. Mais ces métaux occupent les bras & les doigts du peuple ; mais ils excitent dans les campagnes, à reproduire ; dans les villes maritimes, à naviguer ; dans le centre d'un état, à fabriquer des armes, des habits, des meubles, des édifices. L'homme eſt aux priſes avec la nature : ſans ceſſe il la modifie, & ſans ceſſe il en eſt modifié. Les peuples ſont taillés & façonnés par les arts qu'ils exercent. Si quelques métiers amolliſſent & dégradent l'eſpece, elle s'endurcit & ſe répare dans d'autres. S'il eſt vrai que l'art la dénature, du moins elle ne ſe repeuple pas pour ſe détruire, comme chez les nations barbares des tems héroïques. Sans doute, il eſt facile, il eſt beau de peindre les Romains avec le ſeul art de la guerre, ſubjuguant tous les autres arts, toutes les nations oisives ou commerçantes, policées ou féroces ; brisant ou méprisant les vases de Corinthe, plus heureux sous des dieux d'argile qu'avec les statues d'or de leurs empereurs de boue. Mais il est encore plus doux & plus beau, peut-être, de voir toute l'Europe peuplée de nations laborieuses, qui roulent sans cesse autour du globe, pour le défricher & l'approprier à l'homme ; agiter par le souffle vivifiant de l'industruie, tous les germes reproductifs de la nature ; demander aux abymes de l'Océan, aux entrailles des rochers, ou de nouveaux soutiens, ou de nouvelles jouissances ; remuer & soulever la terre avec tous les leviers du génie ; établir entre les deux hémisphères, par les progrès heureux de l'art de naviguer, comme des ponts volans de communication, qui rejoignent un continent à l'autre ; suivre toutes les routes du soleil, franchir les barrieres annuelles, & passer des tropiques aux poles sous les aîles des vents ; ouvrir, en un mot, toutes les sources de la population & de la volupté, pour les verser par mille canaux sur la face du monde. C'est alors, peut-être, que la divinité contemple avec plaisir son ouvrage, & ne se repent pas d'avoir fait l'homme.

 Telle est l'image du commerce. Admirez ici le génie du négociant. Le même esprit qu'avoit Newton pour calculer la marche des astres, il l'emploie à suivre la marche des peuples commerçans qui fécondent la terre. Ses problêmes sont d'autant plus difficiles à résoudre, que les conditions n'en sont pas prises dans les loix invariables de la nature, comme les hypothèses du géometre ; mais dépendent des caprices des hommes & de l'instabilité de mille événemens. Cette justesse de combinaisons que devoient avoir Cromwel & Richelieu, l'un pour détruire, l'autre pour cimenter le despotisme des rois, il la possede, & va plus loin : car il embrasse les deux mondes dans son coup d'œil, & dirige ses opérations sur une infinité de rapports, qu'il n'est donné que rarement à l'homme d'état, ou même au philosophe, de saisir & d'apprécier. Rien ne doit échapper à sa vue. Il doit prévoir l'influence des saisons, sur l'abondance, la disette, la qualité des denrées, sur le départ ou le retour des vaisseaux ; l'influence des affaires politiques sur celles du commerce ; les révolutions que la guerre ou la paix doivent opérer dans le prix & le cours des marchandises, dans la masse & le choix des approvisionnemens, dans la fortune des places & des ports du monde entier ; les suites que peut avoir sous la zone torride l'alliance des deux nations du

Nord; les progrès, soit de grandeur ou de décadence, des différentes compagnies de commerce; le contre-coup que portera sur l'Afrique & sur l'Amérique la chûte d'une puissance d'Europe dans l'Inde; les stagnations que produira dans certains pays, l'engorgement de quelques canaux d'industrie; la dépendance réciproque entre la plupart des branches de commerce, & le secours qu'elles se prêtent par les torts passagers qu'elles semblent se faire; le moment de commencer, & celui de s'arrêter dans toutes les entreprises nouvelles : en un mot, l'art de rendre toutes les nations tributaires de la sienne, & de faire sa fortune avec celle de sa patrie, ou plutôt de s'enrichir, en étendant la prospérité générale des hommes. Tels sont les objets qu'embrasse la profession de négociant.

C'est à lui, sur-tout, qu'il appartient d'approfondir le cœur humain, & de traiter avec ses égaux, en apparence, comme s'ils étoient de bonne-foi, mais au fond, comme s'ils n'avoient point de probité. Le commerce est une science qui demande, à la fois, la connoissance des hommes & des choses. La difficulté de la science vient, il faut l'avouer, moins encore de la multiplicité des objets, que de l'avidité de ceux qui la pratiquent. Si l'émulation augmente le concours des efforts, la jalousie en arrête le succès. Si l'intérêt est le vice rongeur des professions, que doit-il être pour celle qu'il enfante ? Sa propre faim le dévore lui-même. La passion de l'argent répand dans le commerce une avarice qui rétrécit tout, jusqu'aux moyens d'amasser.

Faut-il accuser ici les commerçans de cette rivalité des gouvernemens, qui gêne l'industrie générale par des prohibitions réciproques ; ou la tyrannie de l'autorité, qui, pour gagner sans commerce, gêne toutes les classes de l'industrie par des corporations ? Oui, tous ces corps étouffent l'ame du commerce : la liberté ! Ordonner à l'homme indigent de payer pour travailler, c'est le condamner en même tems à l'oisiveté par l'indigence, à l'indigence par l'oisiveté ; c'est diminuer la masse du travail national ; c'est appauvrir le peuple pour enrichir le fisc ; c'est les anéantir l'un & l'autre.

La jalousie du commerce n'est, entre les états, qu'une conspiration secrette de se ruiner tous, sans qu'aucun s'enrichisse. Ceux qui gouvernent les peuples, mettent la même adresse à se défendre de l'industrie des nations, qu'à se garantir des souplesses des grands. Un seul homme, bas & méchant, suffit pour introduire cent contraintes en Europe. Les chaînes s'y multiplient comme les armes destructives. L'art des prohibitions dans le commerce, l'art des extorsions de la finance, ont fait les contrebandiers & les forçats, les douanes & les monopoles, les corsaires & les maltotiers. La terre & l'eau sont couvertes de guérites & de barrieres. Le voyageur n'a point de repos, le marchand point de propriété; l'un & l'autre sont exposés à tous les piéges d'une législation artificieuse, qui seme les crimes avec les défenses, les peines avec les crimes. On se trouve coupable, sans le savoir ni le vouloir : on est arrêté, dépouillé, taxé, sans cesser d'être innocent. Le droit des gens est violé par ses protecteurs ; le droit du citoyen par le citoyen ; l'homme du prince ne cesse de tourmenter l'homme de l'état ; & le traitant vexe le négociant. Tel est le commerce en tems de paix. Que reste-t-il à dire des guerres de commerce ?

Qu'un peuple confiné dans les glaces de l'Ourse, arrache le fer aux entrailles de la terre, qui lui refuse la subsistance, & qu'il aille le glaive à la main couper les moissons d'un autre peuple ; la faim, qui n'ayant point de loix n'en peut violer aucune, semble excuser ses hostilités. Il faut bien qu'il vive de carnage, lorsqu'il n'a point de grains. Mais quand une nation jouit d'un grand commerce, & peut faire subsister plusieurs états du superflu de ses richesses, quel intérêt l'excite à déclarer la guerre à d'autres nations industrieuses ; à les empêcher de naviguer & de travailler ; en un mot, à leur défendre de vivre sous peine de mort ? Pourquoi s'arroge-t-elle une branche exclusive de commerce, un droit de pêche & de navigation à titre de propriété, comme si la mer devoit être divisée en arpens de même que la terre ? Sans doute on voit le motif de ces guerres ; on sait que la jalousie de commerce n'est qu'une jalousie de puissance. Mais une nation a-t-elle droit d'empêcher le travail qu'elle ne peut faire elle-même, & d'en condamner une autre à l'oisiveté, parce qu'elle s'y dévoue ?

Des guerres de commerce : quel mot contre nature ! Le commerce alimente, & la guerre détruit. Le commerce peut bien enfanter & nourrir la guerre ; mais la guerre coupe toutes les veines du commerce. Tout ce qu'une nation gagne sur une autre dans le commerce, est un germe de travail & d'émulation pour toutes les deux : dans la guerre, c'est une perte pour l'une & pour l'autre ; car le pillage, & le fer, & le feu, n'engraissent ni les terres, ni les hommes. Les guerres de commerce sont d'autant plus funestes, que par l'influence actuelle de la mer sur la terre, & de l'Europe sur les trois autres parties du monde, l'embrasement devient général ; & que les dissensions de deux peuples maritimes répandent la discorde chez tous leurs alliés, & l'inertie dans le parti même de la neutralité.

Toutes les côtes & toutes les mers rougies de sang & couvertes de cadavres ; les foudres de la guerre tenant d'un pole à l'autre, entre l'Afrique, l'Asie & l'Amérique, sur l'Océan qui nous sépare du nouveau-monde, sur la vaste étendue de la mer Pacifique : voilà ce qu'on a vu dans les deux dernieres guerres, où toutes les puissances de l'Europe ont tour-à-tour éprouvé des secousses & frappé de grands coups. Cependant la terre se dépeuploit de soldats, & le commerce ne la repeuploit pas; les campagnes étoient desséchées par les impôts, & les canaux de la navigation n'arrosoient pas l'agriculture. Les emprunts de l'état ruinoient d'avance la fortune des citoyens par les bénéfices usuraires, pronostics des banqueroutes. Les nations même victorieuses, succomboient sous le faix des conquêtes; & s'emparant de plus de pays qu'elles n'en pouvoient garder ou cultiver, s'anéantissoient, pour-ainsi dire, dans la ruine de leurs ennemis. Les nations

tions neutres, qui vouloient s'enrichir en paix au milieu de cet incendie, recevoient & souffroient des insultes plus flétrissantes que les défaites d'une guerre ouverte.

Quel système insensé que ces guerres de commerce, également nuisibles à toutes les puissances qui les font, sans être avantageuses aux états qui n'y sont point compris ; que ces guerres où les matelots sont changés en soldats, & les vaisseaux marchands en corsaires ; où les métropoles & les colonies souffrent de l'interruption de leurs échanges, & de la cherté réciproque de leurs denrées !

Quelle source d'abus politiques que ces traités de commerce, qui deviennent autant de semences de guerre ! ces priviléges exclusifs qu'une nation obtient chez une autre pour un trafic de luxe, ou pour un approvisionnement de subsistance ! La liberté générale de l'industrie & du commerce : voilà le seul traité qu'une nation maritime devroit établir chez elle, & négocier chez les autres. Ce peuple seroit le bienfaiteur du genre-humain. Plus il y auroit de travail sur la terre, de vaisseaux sur la mer, plus il lui reviendroit de ces jouissances qu'il recherche & par des traités, & par des guerres. Car il n'y a point de progrès de richesses dans un pays, s'il n'y a point d'industrie chez ses voisins.

Ceux-ci ne peuvent acquérir que par des matieres d'échange, ou qu'avec de l'or & de l'argent. Mais on n'a ni métaux, ni ouvrages précieux, sans commerce & sans industrie ; ni ces deux sources de richesses, sans liberté. L'oisiveté d'une nation nuit à toutes les autres, ou parce qu'elle les condamne à plus de travail, ou parce qu'elle les prive des productions d'un pays. L'ordre est interverti par le système actuel du commerce & de l'industrie.

On retrouve les belles laines d'Espagne dans les troupeaux de l'Angleterre, & les soieries de l'Italie sont cultivées jusques dans l'Allemagne. Le Portugal pourroit perfectionner ses vins, sans le commerce exclusif qu'il en donne à une compagnie protégée. Les montagnes du Nord & du Midi suffiroient pour approvisionner l'Europe de bois ou de métaux, & les plaines en produiroient plus de grains & de fruits. Les manufactures s'éleveroient dans les terres arides, si la circulation y versoit l'abondance des choses communes. On ne laisseroit pas des provinces incultes au milieu d'un état, pour fertiliser des marais mal-sains, où, quand la terre vous substante, l'air & la mer vous consument. On ne verroit pas toutes les richesses du commerce dans quelques villes d'un grand royaume, comme on y voit tous les droits &

tous les biens du peuple dans quelques familles. La circulation feroit plus vive, & la confommation plus abondante. Chaque province cultiveroit fa production favorite, & chaque famille fon petit champ. Sous chaque toît, il naîtroit un enfant de plus pour la navigation & pour les arts. L'Europe deviendroit, comme la Chine, un effaim innombrable de population & d'induftrie. Enfin, la liberté du commerce ameneroit infenfiblement cette paix univerfelle, qu'un roi guerrier, mais humain, ne croyoit pas chimérique. L'efprit de calcul & d'intérêt fonderoit le fyftême du bonheur des nations fur le développement de la raifon, qui feroit une fauve-garde des mœurs plus fûre que les fantômes de la fuperftition. Ces fpectres s'envolent à l'âge des paffions ; mais la raifon croît & mûrit avec elles.

Le commerce, qui fort naturellement de l'agriculture, y revient par fa pente & fa circulation : ainfi les fleuves retournent à la mer, qui les a produits par l'exhalaifon de fes eaux en vapeurs, & par la chûte de fes vapeurs en eaux. La pluie d'or qu'attirent le tranfport & la confommation des fruits de la terre, retombe enfin fur les campagnes, pour y reproduire tous les alimens de la vie & les matieres de commerce. Sans la culture des terres, tout

XI. Agriculture

commerce est précaire, parce qu'il manque des premiers fonds, qui sont les productions de la nature. Les nations qui ne sont que maritimes ou commerçantes, ont bien les fruits du commerce; mais l'arbre en appartient aux peuples agricoles. L'agriculture est donc la premiere & la véritable richesse d'un état.

C'est ce qu'avoient oublié les Romains, dans l'ivresse de ces conquêtes qui leur avoient donné toute la terre sans la cultiver. C'est ce qu'avoient ignoré les barbares, qui, détruisant par le fer un empire établi par le fer, laisserent à des esclaves la culture des terres, dont ils se réservoient les fruits & la propriété. C'est ce qu'on avoit méconnu, même dans le siécle qui suivit la découverte des deux Indes; soit qu'en Europe on fût trop occupé de guerres d'ambition ou de religion; soit qu'en effet les conquêtes faites par le Portugal & par l'Espagne au-delà des mers, nous ayant rapporté des trésors sans travail, on se fût contenté d'en jouir par le luxe & les arts, avant de songer à perpétuer ces richesses.

Mais le tems vint, où le pillage cessa faute de pâture. Après qu'on se fut disputé & partagé les terres conquises dans le nouveau-monde, il fallut les défricher, & nourrir les colons de ces établissemens. Comme c'étoient des Européens, ils cultivoient pour l'Europe des productions qu'elle n'avoit pas, & lui demandoient en retour des alimens auxquels l'habitude les avoit naturalisés. A mesure que les colonies se peuplerent, & que leurs productions multiplierent les navigateurs & les manufacturiers, nos terres dûrent fournir un surcroît de subsistance pour un surplus de population ; une augmentation de denrées indigenes, pour des objets étrangers d'échange & de consommation. Les travaux pénibles de la navigation, l'altération des alimens par le transport, occasionnant une plus grande déperdition de subftances & de fruits, on fut obligé de solliciter, de remuer la terre, pour en tirer une surabondance de fécondité. La consommation des denrées de l'Amérique, loin de diminuer celle des productions d'Europe, ne fit que l'accroître & l'étendre sur toutes les mers, dans tous les ports, dans toutes les villes de commerce & d'industrie. Ainsi les nations les plus commerçantes, dûrent devenir en même tems les plus agricoles.

L'Angleterre eut les premieres idées de ce nouveau syftême. Elle l'établit & le perfectionna par des honneurs & des prix proposés aux cultivateurs. Une médaille fut frappée & adjugée au duc de Bedfort, avec cette inscription : POUR AVOIR SEMÉ DU GLAND. Triptolème & Cerès ne furent adorés dans l'antiquité, qu'à des titres semblables ; & l'on érige encore des temples & des autels à des moines fainéans ! O Dieu de la nature, tu veux donc que les hommes périssent ! Non : tu as gravé dans les ames généreuses, dans tous les esprits sublimes, dans le cœur des peuples & des rois éclairés, que le travail est le premier devoir de l'homme, & que le premier travail est celui de la terre. L'éloge de l'agriculture est dans sa récompense, dans la satisfaction de nos besoins. *Si j'avois un homme qui me produisît deux épis de bled au lieu d'un,* disoit un monarque, *je le préférerois à tous les génies politiques.* Pourquoi faut-il que ce roi, que ce mot, ne soient qu'une fiction du philosophe Swif ! Mais une nation qui produisit de tels écrivains, devoit réaliser cette belle sentence. L'Angleterre doubla le produit de sa culture.

A son exemple, toutes les nations qui connoissoient le prix de l'industrie, la rappellerent à son origine, à sa premiere destination. Après la paix d'Aix-la-Chapelle, les François, qui, sous le ministère de trois cardinaux, n'avoient guère pu s'occuper d'idées publiques, oserent enfin écrire sur des matieres solides, & d'un intérêt sensible. L'entreprise d'un dictionnaire universel des sciences & des arts, mit tous les grands objets sous les yeux, tous les bons esprits en action. L'esprit des loix parut, & l'horison du génie fut aggrandi. L'histoire naturelle d'un Pline François, qui surpassa la Grèce & Rome dans l'art de connoître & de peindre la physique ; cette histoire, hardie & grande comme son sujet, échauffa l'imagination des lecteurs, & les attacha fortement à des contemplations dont un peuple ne sauroit descendre sans retomber dans la barbarie. En moins de vingt ans, la nation Françoise fut éclairée sur ses intérêts. Elle ouvrit les yeux au gouvernement, & l'agriculture fut, sinon encouragée par des récompenses, du moins protégée par quelques ministres.

L'Allemagne a senti les bénignes influences de cet esprit de lumiere qui féconde la terre, & multiplie ses habitans. Tout le Nord s'est mis en mouvement pour faire valoir ses terres. L'Espagne même s'est remuée ; & faute d'habitans, elle a, du moins, attiré des laboureurs étrangers dans ses provinces en friche.

Il est singulier, & pourtant naturel, que les hommes ne soient revenus au premier des arts, qu'après avoir parcouru tous les autres. C'est la marche de l'esprit humain, de ne rentrer dans le bon chemin, que lorsqu'il s'est épuisé dans les fausses routes. Il va toujours en avant ; & comme il est parti de l'agriculture pour suivre la carriere du commerce & du luxe, il fait rapidement le tour du cercle, & se retrouve enfin dans le berceau de tous les arts, où il s'attache par ce même esprit d'intérêt qui l'en avoit fait sortir. Tel l'homme avide & curieux qui s'expatrie dans sa jeunesse, las de courir le monde, revient vivre & mourir sous le toît de sa naissance.

Tout, en effet, dépend & résulte de la culture des terres. Elle fait la force intérieure des états ; elle y attire les richesses du dehors. Toute puissance qui vient d'ailleurs que de la terre, est artificielle & précaire, soit dans le physique, soit dans le moral. L'industrie & le commerce qui ne s'exercent pas en premier lieu sur l'agriculture d'un pays, sont au pouvoir des nations étrangeres, qui peuvent, ou les disputer par émulation, ou les ôter par envie ; soit en établissant la même industrie chez elles; soit en supprimant l'exportation de leurs matieres en nature, ou l'importation de ces matieres en œuvre. Mais un état bien défriché, bien cultivé, produit les hommes par les fruits de la terre, & les richesses par les hommes. Ce ne sont pas les dents du dragon qu'il seme pour enfanter des soldats qui se détruisent, c'est le lait de Junon qui peuple le ciel d'une multitude innombrable d'étoiles.

Le gouvernement doit donc sa protection aux campagnes plutôt qu'aux villes. Les unes sont des meres & des nourrices toujours fécondes ; les autres ne sont que des filles souvent ingrates & stériles. Les villes ne peuvent guère subsister que du superflu de la population & de la reproduction des campagnes. Les places même & les ports de commerce, qui, par leurs vaisseaux semblent tenir au monde entier, qui répandent plus de richesses qu'elles n'en possédent, n'attirent cependant tous les trésors qu'elles versent, qu'avec les productions des campagnes qui les environnent. C'est donc à la racine qu'il faut arroser l'arbre. Les villes ne seront florissantes, que par la fécondité des champs.

Mais cette fertilité dépend moins encore du sol, que de ses habitans. L'Espagne & l'Italie même, quoique situées sous le climat le plus favorable à l'agriculture, produisent moins que la France & l'Angleterre, parce que le gouvernement y étouffe la nature de mille manieres. Par-tout où la nation est attachée à sa patrie par la propriété, par la sûreté de ses fonds & de ses revenus, les terres fleurissent & prosperent. Par-tout où les priviléges ne seront pas pour les villes, & les corvées pour les campagnes, on verra chaque propriétaire, amoureux de l'héritage de ses peres, l'accroître & l'embellir par une culture assidue, y multiplier ses enfans à proportion de ses biens, & ses biens à proportion de ses enfans.

L'intérêt du gouvernement est donc de favoriser les cultivateurs, avant toutes les classes oiseuses de la société. La noblesse n'est qu'une distinction odieuse, quand elle n'est pas fondée sur des services réels & vraiment utiles à l'état, comme celui de défendre la nation contre les invasions de la conquête, & contre les entreprises du despotisme. Elle n'est que d'un secours précaire & souvent ruineux, quand après avoir mené une vie molle & licentieuse dans les villes, elle va prêter une foible défense à la patrie sur les flottes & dans les armées, & revient à la cour, mendier pour récompense de ses lâchetés, des places & des honneurs outrageans & onéreux pour les peuples. Le clergé n'est qu'une profession au moins stérile pour la terre, lors même qu'il s'occupe à prier. Mais quand, avec des mœurs scandaleuses, il prêche une doctrine que son exemple & son ignorance rendent doublement incroyable, impraticable ; quand, après avoir déshonoré, décrié, renversé la religion par un plis d'abus, de sophismes, d'injustices & d'usurpations, il veut l'étayer par la persécution : alors ce corps privilégié, paresseux & turbulent, devient le plus cruel ennemi de l'état & de la nation. Il ne lui reste de sain & de respectable, que cette classe de pasteurs, la plus avilie & la plus surchargée, qui, placée parmi les peuples des campagnes, travaille, édifie, conseille, console & soulage une multitude de malheureux.

Les cultivateurs méritent la préférence du gouvernement, même sur les manufactures & les arts, soit méchaniques, soit libéraux. Honorer & protéger les arts de luxe, sans songer aux campagnes, source de l'industrie qui les a créés & les soutient, c'est oublier l'ordre des rapports de la nature & de la société. Favoriser les arts & négliger l'agriculture, c'est ôter les pierres des fondemens d'une pyramide, pour en élever le sommet. Les arts méchaniques attirent assez de bras par les richesses qu'ils procurent aux entrepreneurs, par les commodités qu'ils donnent aux ouvriers, par l'aisance, les plaisirs & les commodités qui naissent dans les cités où sont les rendez-vous de l'industrie. C'est le séjour des campagnes qui a besoin d'encouragement pour les travaux les plus pénibles, de dédommagement pour les ennuis & les privations. Le cultivateur est éloigné de tout ce qui peut flatter l'ambition ou charmer la curiosité. Il vit séparé des honneurs & des agrémens de la société. Il ne peut, ni donner à ses enfans une éducation civile sans les perdre de vue, ni les mettre dans une route de fortune qui les distingue & les avance. Il ne jouit point des sacrifices qu'il fait pour eux, lorsqu'ils sont élevés loin de ses yeux. En un mot, il a toutes les peines de la nature; mais en a-t-il les plaisirs, s'il n'est pas soutenu par les soins paternels du gouvernement? Tout est onéreux & humiliant pour lui, jusqu'aux impôts, dont le nom seul rend quelquefois sa condition méprisable à toutes les autres.

Les arts libéraux attachent par le talent même, qui en fait une sorte de passion; par la considération qu'ils réfléchissent sur ceux qui s'y distinguent. On ne peut admirer les ouvrages qui demandent du génie, sans estimer & rechercher les hommes doués de ce don précieux de la nature. Mais l'homme champêtre, s'il ne jouit en paix de ce qu'il possede & qu'il recueille; s'il ne peut cultiver les vertus de son état, parce qu'on lui en ôte les douceurs; si les milices, les corvées & les impôts viennent lui arracher son fils, ses bœufs & ses grains, que lui restera-t-il, qu'à maudire le ciel & la terre qui l'affligent ? Il abandonnera son champ & sa patrie.

Un gouvernement sage ne sauroit donc, sans se couper les veines, refuser ses premieres attentions à l'agriculture. Le moyen le plus prompt & le plus actif de la seconder, c'est de favoriser la multiplication de toutes les especes de productions, par la circulation la plus libre & la plus illimitée.

Une liberté indéfinie dans le commerce des denrées, rend en même tems un peuple agricole & commerçant ; elle étend les vues du cultivateur sur le commerce, les vues du négociant sur la culture ; elle lie l'un à l'autre par des rapports suivis & continus. Tous les hommes tiennent ensemble aux campagnes & aux villes ; les provinces se connoissent & se fréquentent. La circulation des denrées amene vraiment l'âge d'or, où les fleuves de lait & de miel coulent dans les campagnes. Toutes les terres sont mises en valeur. Les prés favorisent le labourage, par les bestiaux qu'ils engraissent ; la culture des bleds encourage celle des vins, en fournissant une subsistance toujours assurée à celui qui ne seme, ni ne moissonne ; mais plante, taille & cueille.

Prenez un système opposé. Entreprenez de régler l'agriculture & la circulation de ses produits par des loix particulieres : que de calamités ! L'autorité voudra non-seulement tout voir, tout savoir ; mais tout faire, & rien ne se fera. Les hommes seront conduits comme leurs troupeaux & leurs grains ; ils seront ramassés en tas, & dispersés au gré d'un despote, pour être égorgés dans les boucheries de la guerre, ou pour dépérir inutilement sur les flottes & dans les colonies. La vie d'un état en deviendra la mort. Ni les terres, ni les hommes ne pourront prospérer ; & les états marcheront promptement à leur dissolution, à ce démembrement, qui est toujours précédé du massacre des peuples & des tyrans. Que deviendront alors les manufactures ?

XLI. Manufactures.

Les arts naissent de l'agriculture, lorsqu'elle est portée à ce dégré d'abondance & de perfection, qui laisse aux hommes le loisir d'imaginer & de se procurer des commodités ; lorsqu'elle produit une population assez nombreuse pour être employée à d'autres travaux que ceux de la terre. Alors il faut nécessairement qu'un peuple devienne ou soldat, ou navigateur, ou fabriquant. Dès que la guerre a émoussé la rudesse & la férocité d'une nation robuste ; dès qu'elle a circonscrit à-peu-près l'étendue d'un empire, les bras qu'elle exerçoit aux armes, doivent manier la rame, les cordages, le ciseau, la navette, tous les outils, en un mot, du commerce & de l'industrie : car la terre qui nourrissoit tant d'hommes sans leur secours, n'a pas besoin qu'ils reviennent à la charrue. Comme les arts ont toujours une contrée, un asyle, où ils s'exercent & fleurissent en paix, il est plus aisé d'aller les y chercher & de les attirer, que d'attendre chez soi leur naissance & leurs progrès de la lenteur des siécles & de la faveur du hasard, qui préside aux découvertes du génie. Aussi toutes les nations industrieuses de l'Europe ont-elles pris la plus riche partie de leurs arts en Asie. C'est-là que l'invention paroît être aussi ancienne que le genre-humain.

La beauté, la fécondité du climat y engendra de tout tems, avec l'abondance de tous les fruits, une population nombreuse. La stabilité des empires y fonda les loix & les arts, enfans du génie & de la paix. La richesse du sol y produisit le luxe, créateur des jouissances de l'industrie. L'Inde & la Chine, la Perse & l'Égypte, possédèrent avec tous les trésors de la nature, les plus brillantes inventions de l'art. La guerre y a souvent détruit les monumens du génie ; mais ils y renaissent de leurs cendres, de même que les hommes. Semblables à ces essaims laborieux, que l'aquilon des hivers fait périr dans les ruches, & qu'on voit se reproduire au printems avec le même amour du travail & de l'ordre ; certains peuples de l'Asie, malgré les invasions & les conquêtes des Tartares, ont toujours conservé les arts du luxe avec ses matériaux.

Ce fut dans un pays successivement conquis par les Scythes, les Romains & les Sarrasins, que les nations de l'Europe, qui n'avoient pu être civilisées ni par le christianisme, ni par les siécles, retrouverent les sciences & les arts qu'ils ne cherchoient point. Les croisés épuiserent leur fanatisme, & perdirent leur barbarie à Constantinople. C'est en allant au tombeau de leur Dieu, né dans une crêche & mort sur une croix, qu'ils prirent le goût de la magnificence, du faste & des richesses. Ils rapporterent la pompe Asiatique dans les cours de l'Europe. L'Italie, d'où la religion dominoit sur les autres contrées, adopta la premiere une industrie utile à ses temples, aux cérémonies de son culte, à ces spectacles qui nourrissent la dévotion par les sens, quand elle s'est une fois emparée de l'ame. Rome chrétienne, qui avoit emprunté ses rites de l'Orient, devoit en tirer ce qui les soutient, l'éclat des richesses.

Venise, qui avoit des vaisseaux sous l'étendard

dard de la liberté, ne pouvoit manquer d'industrie. Les Italiens éleverent des manufactures, & furent long-tems en possession de tous les arts, même quand la conquête des deux Indes eut fait déborder en Europe les tréfors du monde entier. La Flandre tira ses métiers de l'Italie, l'Angleterre eut les siens de la Flandre, & la France emprunta son industrie de toutes les nations. Elle acheta des Anglois le métier à bas, qui travaille dix fois plus vîte que l'aiguille. Les doigts que ce métier faisoit reposer, se consacrerent à la dentelle, qu'on déroba aux Flamands. Paris surpassa les tapis de Perse & les tentures de Flandre, par ses desseins & ses teintures ; les glaces de Venise, par la transparence & la grandeur. La France apprit à se passer de l'Italie, pour une partie de ses soies ; & de l'Angleterre, pour les draps. L'Allemagne a gardé, avec les mines de fer & de cuivre, la supériorité dans l'art de fondre, de tremper & de travailler ces métaux. Mais l'art de polir & de façonner toutes les matieres qui peuvent entrer dans les décorations du luxe & dans les agrémens de la vie, semble appartenir aux François ; soit qu'ils trouvent dans la vanité de plaire, les moyens d'y réussir par tous les dehors brillans ; soit qu'en effet la grace & l'aisance accompagnent par-tout un peuple vif & gai, qui possède le goût par un instinct naturel.

Toute nation agricole doit avoir des arts pour employer ses matieres, & doit augmenter ses productions pour entretenir ses artisans. Si elle ne connoissoit que les travaux de la terre, son industrie seroit bornée dans ses causes, ses moyens & ses effets. Avec peu de desirs & de besoins, elle feroit peu d'efforts, elle emploieroit moins de bras, & travailleroit moins de tems. Elle ne sauroit accroître ni perfectionner la culture. Si cette nation avoit à proportion plus d'arts que de matieres, elle tomberoit à la merci des étrangers, qui ruineroient ses manufactures, en faisant baisser le prix de son luxe, & monter le prix de sa subsistance. Mais quand un peuple agricole réunit l'industrie à la propriété, la culture des productions à l'art de les employer, il a dans lui-même toutes les facultés de son existence & de sa conservation, tous les germes de sa grandeur & de sa prospérité. C'est à ce peuple qu'il est donné de pouvoir tout ce qu'il veut, & de vouloir tout ce qu'il peut.

Rien n'est plus favorable à la liberté, que les arts. Elle est leur élément, & ils sont, par leur nature, cosmopolites. Un habile artiste peut travailler dans tous les pays du monde, parce qu'il travaille pour le monde entier. Les talens fuyent par-tout l'esclavage, que des soldats trouvent par-tout. Les Protestans chassés de la France par l'intolérance ecclésiastique, s'ouvrirent un refuge dans tous les états civilisés de l'Europe; & des prêtres, bannis de leur patrie, n'ont eu d'asyle nulle part, pas même dans l'Italie, berceau du monachisme & de l'intolérance.

Les arts multiplient les moyens de fortune, & concourent, par une plus grande distribution de richesses, à une meilleure répartition de la propriété. Alors cesse cette inégalité excessive, fruit malheureux de l'oppression, de la tyrannie & de l'engourdissement de toute une nation.

Les manufactures contribuent au progrès des lumieres & des sciences. Le flambeau de l'industrie éclaire à la fois un vaste horison. Aucun art n'est isolé; la plupart ont des formes, des modes, des instrumens, des élémens qui leur sont communs. La méchanique seule a dû prodigieusement étendre l'étude des mathématiques. Toutes les branches de l'arbre généalogique des sciences, se sont développées avec les progrès des arts & des métiers. Les mines, les moulins, les draperies, les teintures, ont aggrandi la sphere de la physique &

de l'histoire naturelle. Le luxe a créé l'art de jouir, qui dépend tout entier des arts libéraux. Dès que l'architecture admet des ornemens au-dehors, elle attire la décoration au-dedans. La sculpture & la peinture travaillent auſſi-tôt à l'embelliſſement, à l'agrément des édifices. L'art du deſſin s'empare des habits & des meubles. Le crayon, fertile en nouveautés, varie à l'infini ſes traits & ſes nuances ſur les étoffes & les porcelaines. Le génie de la penſée & de la parole, médite à loiſir les chef-d'œuvres de la poéſie & de l'éloquence, ou ces heureux ſyſtêmes de la politique & de la philoſophie, qui rendent aux peuples tous leurs droits, aux ſouverains toute leur gloire, celle de régner ſur les eſprits & ſur les cœurs, ſur l'opinion & ſur la volonté, par la raiſon & l'équité.

C'eſt alors que les arts enfantent cet eſprit de ſociété, qui fait le bonheur de la vie civile, qui délaſſe des travaux ſérieux par des repas, des ſpectacles, des concerts, des entretiens, par toute ſorte de divertiſſemens agréables. L'aiſance donne à toutes les jouiſſances honnêtes, un air de liberté qui lie & mêle les conditions. L'occupation ajoute du prix ou du charme aux plaiſirs qui ſont ſa récompenſe. Chaque citoyen, aſſuré de ſa ſubſiſtance par le produit de son industrie, vaque à toutes les occupations agréables ou pénibles de la vie, avec ce repos de l'ame qui mene au doux sommeil. Ce n'est pas que la cupidité ne fasse beaucoup de victimes ; mais encore moins que la guerre ou que la superstition, fléaux continuels des peuples oisifs.

Après la culture des terres, c'est donc celle des arts qui convient le plus à l'homme. L'une & l'autre font aujourd'hui la force des états policés. Si les arts ont affoibli les hommes, ce sont donc les peuples foibles qui subjuguent les forts ; car la balance de l'Europe est dans les mains des nations artistes.

Depuis que l'Europe est couverte de manufactures, l'esprit & le cœur humain semblent avoir changé de pente. Le désir des richesses est né par-tout de l'amour du plaisir. On ne voit plus de peuple qui consente à être pauvre, parce que la pauvreté n'est plus le rempart de la liberté. Faut-il le dire ? les arts tiennent lieu de vertus sur la terre. L'industrie peut enfanter des vices ; mais, du moins, elle bannit ceux de l'oisiveté, qui sont mille fois plus dangereux. Les lumieres étouffant par dégrés toute espece de fanatisme, tandis qu'on travaille par besoin de luxe, on ne s'égorge point par superstition. Le sang humain, du moins, n'est jamais versé sans une apparence d'intérêt ; & peut-être la guerre ne moissonne-t-elle que ces hommes violens & féroces, qui, dans tous les états, naissent ennemis & perturbateurs de l'ordre, sans autre talent, sans autre instinct que celui de détruire. Les arts contiennent cet esprit de dissension, en assujettissant l'homme à des travaux assidus & réglés. Ils donnent à toutes les conditions des moyens & des espérances de jouir, même aux plus basses une sorte de considération & d'importance, par l'utilité qu'elles rapportent. Tel ouvrier, à l'âge de quarante ans, a plus valu d'argent à l'état, qu'une famille entiere de serfs cultivateurs n'en rendoit autrefois au gouvernement féodal. Une riche manufacture attire plus d'aisance dans un village, que vingt châteaux de vieux barons chasseurs ou guerriers n'en rendoient dans une province.

S'il est vrai que dans l'état actuel du monde, les peuples les plus industrieux doivent être les plus heureux & les plus puissans ; soit que dans des guerres inévitables, ils fournissent par eux-mêmes, ou qu'ils achetent par leurs richesses, plus de soldats, de munitions & de forces maritimes ou terrestres ; soit qu'ayant un plus grand intérêt à la paix, ils évitent ou terminent les querelles par des négociations ;

soit que dans les défaites, ils réparent plus promptement leurs pertes à force de travail ; soit qu'ils jouissent d'un gouvernement plus doux, plus éclairé, malgré les instrumens de corruption & de servitude que la mollesse du luxe prête à la tyrannie : si les arts, en un mot, civilisent les nations, un état doit chercher tous les moyens de faire fleurir les manufactures.

Ces moyens dépendent du climat qui, dit Polybe, forme la figure, la couleur & les mœurs des nations. Le climat le plus tempéré, doit être le plus favorable à l'industrie sédentaire. S'il est trop chaud, il s'oppose à l'établissement des manufactures qui demandent le concours de plusieurs hommes réunis au même ouvrage ; il exclut tous les arts qui veulent des fourneaux ou beaucoup de lumiere. S'il est trop froid, il ne peut admettre les arts qui cherchent le grand air. Trop loin ou trop près de l'Equateur, l'homme est inhabile à différens travaux qui semblent propres à une température douce. Pierre-le-grand alla vainement chercher dans les états les mieux policés de l'Europe, tous les arts qui pouvoient humaniser sa nation : depuis cinquante ans, aucun de ces germes de vie n'a pu prendre racine au milieu des glaces de la Russie. Tous les artistes y sont étrangers, & meurent bientôt avec leur talent & leur travail, s'ils veulent y séjourner. En vain les Protestans que Louis XIV persécuta dans sa vieillesse, comme si cet âge étoit celui des proscriptions, apporterent les arts & les métiers chez tous les peuples qui les accueilloient ; ils ne purent y faire les mêmes ouvrages qu'en France. L'art dépérit ou déclina dans leurs mains également actives & laborieuses ; parce qu'il n'étoit pas échauffé ou éclairé des mêmes rayons du soleil.

A la faveur du climat pour l'encouragement des manufactures, doit se réunir l'avantage de la situation politique d'un état. S'il est d'une étendue qui ne lui laisse rien à craindre ou à desirer pour sa stabilité : s'il est voisin de la mer, pour l'abord des matieres & l'issue des ouvrages, entre des puissances à mines de fer pour exercer son industrie, & des états à mines d'or pour la payer ; s'il a des nations à droite & à gauche, des ports & des chemins ouverts de toutes parts : cet état aura tous les dehors qui peuvent exciter un peuple à ouvrir des manufactures.

Mais un avantage plus essentiel encore, c'est la fertilité du sol. Si la culture demande trop de bras, elle ne pourra fournir des ouvriers, ou les campagnes se trouveront dépeuplées par les atteliers : & dès-lors la cherté des denrées diminuera le nombre des métiers, en haussant le prix des ouvrages.

Au défaut de la fécondité des terres, les manufactures veulent au moins la frugalité des hommes. Une nation qui consommeroit beaucoup de subsistances, absorberoit tout le gain de son industrie. Quand le luxe monte plus vite & plus haut que le travail, il dépérit dans sa source, il flétrit & dessèche le tronc qui lui donne la séve. Quand l'ouvrier veut se nourrir & se vêtir comme le fabriquant qui l'emploie, la fabrique est bientôt ruinée. La frugalité que les républicains observent par vertu, les manufacturiers doivent la garder par avarice. C'est pour cela peut-être que les arts, même de luxe, conviennent mieux aux républiques qu'aux monarchies : car la pauvreté du peuple dans un état monarchique, n'est pas toujours un vif aiguillon d'industrie. Le travail de la faim est toujours borné comme elle ; mais le travail de l'ambition croît avec ce vice même.

Le caractère national influe beaucoup sur le progrès des arts de luxe & d'ornement. Un certain peuple est propre à l'invention, par la légéreté même qui le porte à la nouveauté. Ce même peuple est propre aux arts par sa vanité, qui le porte à la parure. Une autre nation moins vive, a moins de goût pour les choses frivoles,

& n'aime pas à changer de mode. Plus mélancolique, elle a plus de pente aux débauches de la table, à l'ivrognerie qui la délivre de ses ennemis. L'une de ces nations doit mieux réussir que sa rivale dans les arts de décoration: elle doit primer sur elle chez tous les autres peuples qui recherchent les mêmes arts.

Après la nature, c'est le gouvernement qui fait prospérer les fabriques. Si l'industrie favorise la liberté nationale, à son tour la liberté doit favoriser l'industrie. Les priviléges exclusifs sont les ennemis des arts & du commerce, que la concurrence seule peut encourager. C'est encore une espece de monopole que le droit d'apprentissage & le prix des maîtrises. Cette sorte de privilége qui favorise les corps de métiers, c'est-à-dire, de petites communautés aux dépens de la grande, est nuisible à l'état. En ôtant aux gens du peuple la liberté de choisir la profession qui leur convient, on remplit toutes les professions de mauvais ouvriers. Celles qui demandent le plus de talent, sont exercées par les mains qui ont le plus d'argent; les plus viles & les moins cheres, tombent souvent à des gens nés pour exceller dans un art distingué. Les uns & les autres, dans un métier dont ils n'ont pas le goût, négligent l'ouvrage & perdent l'art : les premiers, parce qu'ils sont au-deſſous : les ſeconds, parce qu'ils ſe ſentent au-deſſus. Mais l'exemption des maîtriſes produit la concurrence des ouvriers, & dès-lors l'abondance & la perfection des ouvrages.

On peut mettre en queſtion, s'il eſt utile de raſſembler les manufactures dans les grandes villes, ou de les diſperſer dans les campagnes? Le fait a décidé la queſtion. Les arts de premiere néceſſité ſont reſtés où ils ſont nés, dans les lieux qui leur ont fourni de la matiere. Les forges ſont près des mines, & les toiles près des chanvres. Mais les arts compliqués d'induſtrie & de luxe, ne ſauroient habiter les campagnes. Diſperſez dans un vaſte territoire tous les arts qui concourent à la fabrication de l'horlogerie, & vous perdez Genève avec tous les métiers qui la font vivre. La perfection des étoffes veut qu'elles ſe fabriquent dans une ville, où l'on peut réunir à la fois les bonnes teintures avec les beaux deſſins; l'art de filer les laines & les ſoies, à l'art de tirer l'or & l'argent. S'il faut dix-huit mains pour former une épingle, par combien d'arts & de métiers a dû paſſer un habit galoné, une veſte brodée ? Comment trouver au fonds d'une province intérieure & centrale, l'attirail immenſe des arts qui ſervent à l'ameublement d'un palais, aux fêtes d'une cour ? Reléguez donc, ou retenez dans les campagnes les arts innocens & simples qui vivent isolés; fabriquez dans les provinces les draps communs qui habillent le peuple. Établissez entre la capitale & les autres villes une dépendance réciproque de besoins ou de commodités; des matieres & des ouvrages. Mais encore n'établissez rien, n'ordonnez rien ; laissez agir les hommes qui travaillent. Liberté de commerce, liberté d'industrie : vous aurez des manufactures ; vous aurez une grande population.

XLII. Population.
Le monde a-t-il été plus peuplé dans un tems que dans un autre ? C'est ce qu'on ne peut savoir par l'histoire ; parce que la moitié du globe habité n'a point eu d'historiens, & que la moitié de l'histoire est pleine de mensonges. Qui jamais a fait ou pû faire le dénombrement des habitans de la terre ? Elle étoit, dit-on, plus féconde dans sa jeunesse. Mais où est ce siécle d'or ? Est-ce quand un sable aride sort du lit des mers, & vient s'épurer aux rayons du soleil ? est-ce alors que le limon produit les végétaux, & l'animal & l'homme ? Mais toute la terre doit avoir été successivement couverte par l'Océan. Elle a donc toujours eu, comme l'individu de toutes les especes, une enfance foible & stérile, avant de parvenir à l'âge de sa fécondité. Tous les pays

ont été long-tems morts sous les eaux, incultes sous les sables & les marécages, déserts sous les ronces & les forêts, jusqu'à ce que le germe de l'espece humaine ayant par hasard été jetté dans ces frondieres & ces solitudes sauvages, ait défriché, changé, peuplé la terre. Mais toutes les causes de la population étant subordonnées aux loix physiques qui gouvernent le monde, aux influences du sol & de l'atmosphère qui sont sujettes à mille fléaux ; elle a du varier avec les périodes de la nature, contraires ou favorables à la multiplication des hommes. Cependant, comme le sort de chaque espece semble avoir été résigné, pour ainsi dire, à ses facultés ; c'est dans l'histoire du développement de l'industrie humaine, qu'il faut chercher en général l'histoire des populations de la terre. D'après cette base de calcul, on doit au moins douter que le monde fût autrefois plus habité, plus peuplé qu'aujourd'hui.

Laissons l'Asie sous le voile de cette antiquité, qui nous la montre de tous tems couverte de nations innombrables, & d'essaims si prodigieux, que, malgré la fertilité d'un sol qui n'a besoin que d'un regard du soleil pour engendrer toutes sortes de fruits, les hommes ne faisoient qu'y paroître, & les générations s'y succédoient par torrens, englouties par la famine, par la peste, ou par la guerre. Arrêtons-nous à l'Europe, qui semble avoir pris la place de l'Asie, en donnant à l'art tout le pouvoir de la nature.

Pour décider si notre continent étoit anciennement plus habité que de nos jours, il suffit d'examiner s'il étoit plus cultivé. Reste-t-il parmi nous quelque trace de plantations abandonnées ? Quelle côte abordable, quelle terre accessible n'a pas aujourd'hui ses habitans ? Si l'on découvre quelques ruines d'anciennes villes, c'est sous les fondemens de villes aussi grandes. Mais quand même l'Italie & l'Espagne auroient beaucoup déchu de leur antique population ; combien tous les autres états de l'Europe n'ont-ils pas augmenté le nombre de leurs habitans ? Cette multitude de peuples, que César comptoit dans la Gaule, qu'étoit-ce autre chose que des especes de nations sauvages, plus redoutables par leurs noms que par leur nombre ? Tous ces Bretons, qui furent subjugués dans leur isle par deux légions Romaines, étoient-ils beaucoup plus nombreux que les Corses actuels ? A la vérité, la Germanie devoit être, ce semble, extrêmement peuplée, puisqu'elle fournit seule, dans l'espace de trois ou quatre siécles, la plus belle moitié de l'Europe. Mais observez que ce fut la population d'un terrein décuple, qui s'empara d'un pays rempli, de nos jours, par trois ou quatre nations ; que ce ne fut point par le nombre de ses vainqueurs, mais par la défection de ses sujets, que l'empire Romain fut détruit & subjugué. Dans cette étonnante révolution, croyez que les nations conquérantes ne firent jamais la vingtiéme partie des nations conquises ; parce que les unes attaquoient avec la moitié de leur population, & les autres ne se défendoient qu'avec le centiéme de leurs habitans. Mais un peuple qui combat tout entier pour lui-même, est plus fort que dix armées de princes ou de rois.

Au reste, ces guerres longues & cruelles, qui remplissent l'histoire ancienne, détruisent l'excessive population qu'elles semblent annoncer. Si, d'un côté, les Romains travailloient à réparer, au-dedans, les vuides que la victoire faisoit dans leurs armées, cet esprit de conquête, dont ils étoient dévorés, consumoit au moins les autres nations. A peine les avoient-ils soumises, qu'ils les incorporoient dans leurs armées, & les minoient doublement par les recrues & les tributs. On sait avec quelle rage les peuples anciens faisoient la guerre ; que souvent, dans un siége, une ville se jettoit dans les flammes, hommes, femmes, enfans, plutôt que de tomber au pouvoir du vainqueur ; que, dans les assauts, tous les habitans étoient passés au fil de l'épée ; que, dans les combats, on aimoit mieux périr les armes à la main, que d'être conduit en triomphe dans un esclavage éternel. Ces usages barbares de la guerre, ne s'opposoient-ils pas à la population ? Si l'esclavage des vaincus conservoit des victimes, comme on ne peut en disconvenir, il étoit, d'un autre côté, peu favorable à la multiplication des hommes, en établissant, dans un état, cette extrême inégalité des conditions entre des êtres égaux par la nature. Si la division des sociétés, en petites peuplades ou républiques, étoit propre à multiplier les familles par la division des terres; elle brouilloit aussi plus souvent les nations entr'elles : & comme ces petits états se touchoient, pour ainsi-dire, par une infinité de points, il falloit, pour les défendre, que tous les habitans prissent les armes. Les grands corps résistent au mouvement par leur masse ; les petits sont dans un choc perpétuel qui les brise.

Si la guerre détruisoit les populations anciennes, la paix ne les rétablissoit pas toujours. Autrefois, tout étoit sous le despotisme ou l'aristocratie ; & ces deux sortes de gouvernemens ne multiplient pas l'espece humaine. Les villes

villes libres de la Grèce avoient des loix si compliquées, qu'il en résultoit une dissension continuelle entre les citoyens. La populace même, qui n'avoit point droit de suffrage, ne laissoit pas de faire la loi dans les assemblées publiques, où l'homme de génie, avec la parole, pouvoit remuer tant de bras. Et puis, dans ces états, la population tendoit à se concentrer dans la ville, avec l'ambition, le pouvoir, les richesses, tous les fruits & les ressorts de la liberté. Ce n'est pas que les campagnes ne dûssent être bien cultivées & bien peuplées, sous un gouvernement démocratique : mais il y avoit peu de démocraties ; & comme elles étoient toutes ambitieuses, sans autre moyen de s'aggrandir que la guerre; si l'on en excepte Athènes, qui ne parvint encore au commerce que par les armes, la terre ne pouvoit long-tems fleurir & produire des hommes. Enfin, la Grèce & l'Italie furent, au moins, les seuls pays de l'Europe mieux peuplés qu'aujourd'hui.

Après la Grèce, qui repoussa, contint & subjugua l'Asie ; après Carthage, qui parut un moment sur les bords de l'Afrique, & retomba dans le néant ; après Rome, qui soumit & détruisit tous les peuples connus : où vit-on une population comparable à celle qu'un voyageur trouve aujourd'hui sur toutes les côtes de la mer, le long des grands fleuves, & sur la route des capitales ? Que de vastes forêts changées en guérets ? Que de moissons flottantes à la place des joncs qui couvroient des marais ? Que de peuples policés, qui vivent de poissons séchés & de viandes boucanées ?

On trouve dans la police, la morale & la politique modernes, des causes de propagation qui n'étoient pas chez les anciens : mais on y voit aussi des obstacles qui peuvent empêcher ou diminuer, parmi nous, cette sorte de progrès, qui, dans notre espece, doit être le comble de sa perfectibilité. Car jamais les hommes ne seront plus nombreux, s'ils ne sont plus heureux.

La population dépend beaucoup de la distribution des biens fonds. Les familles se multiplient comme les possessions ; & quand elles sont trop vastes, leur étendue démesurée arrête toujours la population. Un grand propriétaire, ne travaillant que pour lui seul, consacre une moitié de ses terres à ses revenus, & l'autre à ses plaisirs. Tout ce qu'il donne à la chasse, est doublement perdu pour la culture ; parce qu'il nourrit des bêtes dans le terrein des hommes, au lieu de nourrir des hommes dans le terrein des bêtes. Il faut des bois dans un pays, pour la charpente & le chauffage : mais faut-il tant d'allées dans un parc; & des parterres, des potagers si grands pour un château ? Ici, le luxe, qui, dans son étalage, alimente les arts, favorise-t-il autant la population des hommes, qu'il pourroit la seconder par un meilleur emploi des terres ? Trop de grandes terres, & trop peu de petites; premier obstacle à la population.

Second obstacle, les domaines inaliénables du clergé. Lorsque tant de propriétés seront éternelles dans la même main, comment fleurira la population, qui ne peut naître que de l'amélioration des terres par la multiplication des propriétés ? Quel intérêt a le bénéficier de faire valoir un fonds qu'il ne doit transmettre à personne; de semer ou de planter pour une postérité qui ne sera pas la sienne ? Loin de retrancher sur ses revenus pour augmenter sa terre, ne risquera-t-il pas de détériorer son bénéfice, pour augmenter des rentes qui ne sont pour lui que viageres.

Les substitutions des biens nobles, ne sont pas moins nuisibles à la propagation de l'espece. Elles diminuent à la fois, & la noblesse & les autres conditions. De même que la primogéniture, chez les nobles, sacrifie plusieurs cadets à l'aîné d'une maison, les substitutions immolent plusieurs familles à une seule. Presque toutes les terres substituées tombent en friche, par la négligence d'un propriétaire, qui ne s'attache point à des biens dont il ne peut disposer, qu'on ne lui a cedés qu'à regret, & qu'on a donnés d'avance à ses successeurs, qui ne doivent pas être ses héritiers, puisqu'il ne les a pas nommés. Le droit de primogéniture & de substitution, est donc une loi qu'on diroit faite à dessein de diminuer la population de l'état.

Des deux premiers obstacles qu'un vice de législation apporte à la multiplication des hommes, en naît un troisiéme, qui est la pauvreté du peuple. Par-tout où les paysans n'ont point de propriété fonciere, leur vie est misérable & leur sort précaire. Mal assurés d'une subsistance qui dépend de leur santé, comptant peu sur des forces qu'ils sont obligés de vendre, maudissant le jour qui les a vu naître; ils craignent d'enfanter des malheureux. En vain croit-on qu'il naît beaucoup d'enfans à la campagne; quand il en meurt chaque année autant & plus qu'on n'en voit naître. Les travaux des peres & le lait des meres, sont perdus pour eux & pour leurs enfans. Ils ne parviendront pas à la fleur de leur âge, à la maturité, qui récompenfe, par des fruits, toutes les peines de la culture. Avec un peu de terre, la mere pourroit nourrir fon enfant & cultiver fon champ ; tandis que le pere augmenteroit au-dehors, du prix de fon travail, l'aifance de fa famille. Sans propriété, ces trois êtres languiffent du peu que gagne un feul, ou l'enfant périt des travaux de fa mere.

Que de maux naiffent d'une légiflation vicieufe ou défectueufe ! Les vices & les fléaux ont une filiation immenfe ; ils fe reproduifent pour tout dévorer, & croiffent les uns des autres jufqu'au néant. L'indigence des campagnes produit la multiplication des troupes ; fardeau ruineux par fa nature, deftructeur des hommes durant la guerre, & des terres durant la paix. Oui, les foldats ruinent les champs qu'ils ne cultivent pas ; parce que chacun d'eux prive l'état d'un laboureur, & le furcharge d'un confommateur oifif ou ftérile. Il n'eft le défenfeur de la patrie, en tems de paix, que par un fyftême funefte, qui, fous prétexte de défenfe, rend tous les peuples aggreffeurs. Si tous les états vouloient, & ils le pourroient, laiffer à la culture les bras qu'ils lui dérobent par la milice ; la population, en peu de tems, augmenteroit confidérablement.

dans toute l'Europe, de laboureurs & d'artisans. Toutes les forces de l'industrie humaine s'employeroient à seconder les bienfaits de la nature, à vaincre ses difficultés : tout concourroit à la création, & non à la destruction.

Les déserts de la Russie seroient défrichés, & les champs de la Pologne ne seroient point ravagés. La vaste domination des Turcs seroit cultivée, & la bénédiction de leur prophete se répandroit sur une immense population. L'Egypte, la Syrie & la Palestine, redeviendroient ce qu'elles furent du tems des Phéniciens, des rois pasteurs, des juifs heureux & pacifiques sous des juges. Les montagnes arides de la Sierra-Morena, seroient fécondées, les landes de l'Aquitaine se purgeroient d'insectes & se couvriroient d'hommes.

Mais le bien général est un doux rêve des ames débonnaires. O tendre pasteur de Cambrai ! ô bon abbé de Saint-Pierre ! Vos ouvrages sont faits pour peupler les déserts, non pas de solitaires qui fuient les malheurs & les vices du monde ; mais de familles heureuses, qui chanteroient la magnificence de Dieu sur la terre, comme les astres l'annoncent dans le firmament. C'est dans vos écrits vraiment inspirés, puisque l'humanité est un présent du ciel, que se trouve la vie & l'humanité. Soyez aimés des rois, ils le seront des peuples.

Un des moyens de favoriser la population, faut-il le dire, c'est de supprimer le célibat du clergé séculier & régulier. L'institution monastique tient à deux époques remarquables dans l'histoire du monde. Environ l'an sept cents de Rome, une nouvelle religion naquit en Orient avec le Messie, & l'empire Romain déclina promptement avec le paganisme. Deux ou trois cents ans après la mort du Messie, l'Egypte & la Palestine se remplirent de moines. Environ l'an sept cents de l'ére chrétienne, une nouvelle religion parut en Orient, avec Mahomet, & le christianisme refoula dans l'Europe, pour s'y concentrer. Trois ou quatre cents ans après, s'éleverent une foule d'ordres religieux. Au tems de la naissance du Christ, les livres de David & ceux de la Sybille, annoncerent la chute du monde, un déluge, ou plutôt un incendie universel, un jugement de tous les hommes ; & tous les peuples, foulés par la domination des Romains, souhaiterent & crurent la dissolution de toutes choses. Mille ans après l'ère chrétienne, les livres de David & ceux de la Sybille, annoncerent encore le jugement dernier ; & des pénitens féroces &

barbares, dans la piété comme dans le crime, vendirent leurs biens pour aller vaincre & mourir fur le tombeau de leur rédempteur. Les nations foulées par la tyrannie du gouvernement féodal, defirerent & crurent encore la fin du monde.

Tandis qu'une partie des chrétiens frappés de terreur, alloit périr dans les croifades, une autre partie s'enfeveliffoit dans les cloîtres. Voilà l'origine de la vie monaftique en Europe. L'opinion fit les moines ; l'opinion les détruira. Leurs biens refteront dans la fociété, pour y engendrer des familles. Toutes les heures perdues à des prieres fans ferveur, feront confacrées à leur deftination primitive, qui eft le travail. Le clergé fe fouviendra que dans fes livres facrés, Dieu dit à l'homme innocent: *procréez & multipliez*; que Dieu dit à l'homme pécheur : *laboure & travaille*. Si les fonctions du facerdoce femblent interdire au prêtre les foins d'une famille & d'une terre, les fonctions de la fociété profcrivent encore plus hautement le célibat. Si les moines défricherent autrefois les déferts qu'ils habitoient, ils dépeuplent aujourd'hui les villes où ils fourmillent. Si le clergé a vécu des aumônes du peuple, il réduit à fon tour les peuples à l'aumône. Parmi les claffes oifeufes de la fociété, la plus nuisible est celle qui, par ses principes, doit porter tous les hommes à l'oisiveté; qui consume à l'autel & l'ouvrage des abeilles, & le salaire des ouvriers; qui allume durant le jour, les lumières de la nuit, & fait perdre dans les temples le tems que l'homme doit aux soins de sa maison; qui fait demander au ciel une subsistance que la terre seule donne ou rend au travail.

C'est encore une des causes de la dépopulation de certains états, que cette intolérance, qui persécute & proscrit toute autre religion que celle du prince. C'est un genre d'oppression & de tyrannie particulier à la politique moderne, que celui qui s'exerce sur les pensées & les consciences; que cette piété cruelle qui, pour des formes extérieures de culte, anéantit, en quelque sorte, Dieu même, en détruisant une multitude de ses adorateurs; que cette impiété plus barbare encore, qui, pour des choses aussi indifférentes que doivent paroître des cérémonies de religion, anéantit une chose aussi essentielle que doit l'être la vie des hommes & la population des états. Car on n'augmente point le nombre ni la fidélité des sujets, en exigeant des sermens contraires à la conscience, en contraignant à des parjures secrets, ceux qui s'engagent dans les liens du mariage, ou dans les diverses professions du citoyen. L'unité de religion n'est bonne que lorsqu'elle se trouve naturellement établie par la persuasion. Dès que la conviction cesse, un moyen de rendre aux esprits la tranquillité, c'est de leur laisser la liberté. Lorsqu'elle est égale, pleine & entiere pour tous les citoyens, elle ne peut jamais troubler la paix des familles.

Après le célibat ecclésiastique & le célibat militaire, l'un de profession, l'autre d'usage; il en est un troisiéme de convenance, introduit par le luxe : c'est celui des rentiers viagers. Admirez ici la chaîne des causes. En mêmetems que le commerce favorise la population par l'industrie de mer & de terre, par tous les objets & les travaux de la navigation, par tous les arts de culture & de fabrique ; il diminue cette même population par tous les vices qu'amene le luxe. Quand les richesses ont pris un ascendant général sur les ames, alors les opinions & les mœurs s'alterent par le mélange des conditions. Les arts & les talens agréables, en polissant la société, la corrompent. Les sexes venant à se rapprocher, à se séduire mutuellement ; le plus foible entraîne le plus fort dans ses goûts frivoles de parure & d'amusement. La femme devient enfant, & l'homme devient femme. On ne parle, on ne s'occupe que de jouir. Les exercices mâles & robustes, qui disciplinoient la jeunesse & la préparoient aux professions graves & périlleuses, font place à l'amour des spectacles, où l'on prend toutes les passions qui peuvent efféminer un peuple, quand on n'y voit pas un certain esprit de patriotisme. L'oisiveté gagne dans les conditions aisées ; le travail diminue dans les classes occupées. L'accroissement des arts multiplie les modes ; les modes augmentent les dépenses ; le luxe devient un besoin ; le superflu prend la place du nécessaire ; on s'habille mieux, on vit moins bien ; l'habit se fait aux dépens du corps. L'homme du peuple connoît la débauche avant l'amour, & se mariant plus tard, a moins d'enfans, ou des enfans plus foibles : le bourgeois cherche une fortune avant une femme, & perd, d'avance, l'une & l'autre dans le libertinage. Les gens riches, mariés ou non, vont sans cesse corrompant les femmes de tout état, ou débauchant les filles pauvres. La difficulté de soutenir les dépenses du mariage, & la facilité d'en trouver les plaisirs, sans en avoir les peines, multiplient les célibataires dans toutes les classes. L'homme qui renonce à être père de famille, consomme son patrimoine ; & d'accord avec l'état, qui lui en double la rente par des emprunts ruineux, il fond plusieurs générations dans une seule ; il éteint sa postérité, celle des femmes dont il est payé, & celle des filles qu'il paye. Tous les genres de prostitution s'attirent à la fois. On trahit son honneur & son devoir dans toutes les conditions. La déroute des femmes ne fait que précéder celle des hommes.

Une nation galante ou plutôt libertine, ne tarde pas à être défaite au-dehors, & subjuguée au-dedans. Plus de noblesse, plus de corps qui défende ses droits, ni ceux du peuple ; parce que tout se divise & qu'on ne songe qu'à soi. Nul homme ne veut périr seul. L'amour des richesses étant l'unique appât, l'homme honnête craint de perdre sa fortune, & l'homme sans honneur veut faire la sienne. L'un se retire, l'autre se vend, & l'état est perdu. Tels sont les progrès infaillibes du commerce dans une monarchie. On sait, par l'histoire ancienne, quels sont ses effets dans une république. Cependant il faut, aujourd'hui, porter les hommes au commerce ; parce que la situation actuelle de l'Europe, est favorable au commerce, & que le commerce est lui-même favorable à la population.

Mais on demandera si la grande population est utile au bonheur du genre humain ? Queltion oiseuse. Il ne s'agit pas, en effet, de multiplier les hommes pour les rendre heureux ; mais il suffit de les rendre heureux, pour qu'ils se multiplient. Tous les moyens qui concourent à la prospérité d'un état, aboutissent d'eux-mêmes à la propagation de ses citoyens. Un législateur qui ne voudroit peupler que pour avoir des soldats, avoir des sujets que pour soumettre ses voisins, seroit un monstre ennemi de la nature humaine ; puisqu'il ne crééroit que pour détruire. Mais celui qui, comme Solon, feroit éclorre une république, dont les essaims iroient peupler les côtes désertes de la mer ; celui qui, comme Penn, ordonneroit la cultivation de sa colonie & lui défendroit la guerre ; celui-là, sans doute, seroit un Dieu sur la terre. Quand même il ne jouiroit pas de l'immortalité de son nom, il vivroit heureux & mourroit content ; sur-tout s'il pouvoit se promettre de laisser des loix assez sages, pour garantir à jamais les peuples de la vexation des impôts.

L'impôt peut être défini, le sacrifice d'une partie de la propriété, pour la conservation de l'autre. Il suit de-là qu'il ne doit y avoir d'impôt ni chez les peuples esclaves, ni chez les peuples Sauvages ; parce que les uns n'ont plus

XLIII.
Impôts

de propriété, & que les autres n'en ont pas encore.

Mais, lorsqu'une nation jouit d'une propriété qui mérite d'être gardée ; que sa fortune est assez fixe, assez considérable pour exiger des dépenses de gouvernement ; qu'elle a des possessions, un commerce, des richesses capables de tenter la cupidité de ses voisins, pauvres ou ambitieux : alors, pour garantir ses frontieres ou ses provinces, pour protéger sa navigation & maintenir sa police, il lui faut des forces & un revenu. Il est juste & indispensable que les citoyens occupés de quelque maniere que ce soit au bien public, soient entretenus par tous les autres ordres de la confédération.

Il y a eu des pays & des tems où l'on assignoit une portion du territoire pour les dépenses communes du corps politique. Le gouvernement ne pouvant faire valoir, lui-même, des possessions si étendues, étoit obligé de confier ce soin à des administrateurs qui les négligeoient ou qui s'en approprioient le revenu. Cet usage entraînoit de plus grands inconvéniens encore. Ou le domaine du roi étoit trop considérable pendant la paix, ou il étoit insuffisant pour les tems de guerre. Dans le premier cas, la liberté de la république étoit opprimée par le chef de l'état, & dans le second par les étrangers. Il a donc fallu recourir aux contributions des citoyens.

Ces fonds furent peu considérables dans les premiers tems. La solde n'étoit alors qu'un simple dédommagement donné par l'état à ceux que son service détournoit des travaux & des soins nécessaires à leur subsistance. La récompense consistoit dans cette jouissance délicieuse que nous éprouvons par le sentiment intime de notre vertu, & à la vue des hommages qui lui sont rendus par les autres hommes. Ces richesses morales étoient les plus grands trésors des sociétés naissantes ; c'étoit une sorte de monnoie qu'il importoit dans l'ordre politique, autant que dans l'ordre moral, de ne pas altérer.

L'honneur ne tint guère moins lieu d'impôts dans les beaux jours des Grecs, que dans les sociétés naissantes. Ceux qui servoient la patrie, ne se croyoient pas en droit de la dévorer. L'imposition mise par Aristide sur toute la Grèce, pour soutenir la guerre contre la Perse, fut si modérée, que les contribuables la nommerent eux-mêmes, *l'heureux sort de la Grèce*. Quel tems & quel pays, où les taxes faisoient le bonheur des peuples !

Les Romains marcherent à la domination, sans presqu'aucun secours de la part du fisc. L'amour des richesses les eût détournés de la conquête du monde. Le service public fut fait avec désintéressement, après même que les mœurs se furent corrompues.

Sous le gouvernement féodal, il n'y eut point d'impôts. Où les auroit-on pris ? L'homme & la terre étoient la propriété du maître. C'étoit une servitude réelle & une servitude personnelle.

Lorsque le jour commença à luire sur l'Europe, les nations s'occuperent de leur sûreté. Elles fournirent volontairement des contributions, pour réprimer les ennemis domestiques & étrangers : mais ces tributs furent modérés, parce que les princes n'étoient pas encore assez absolus pour les détourner au gré de leurs caprices, ou au profit de leur ambition.

Le nouveau-monde fut découvert, & la passion des conquêtes s'empara de tous les peuples. Cet esprit d'aggrandissement ne pouvoit se concilier avec la lenteur des assemblées populaires ; & les souverains réussirent, sans beaucoup d'efforts, à s'approprier plus de droits qu'ils n'en avoient eus. L'imposition des taxes fut la plus importante de leurs usurpations.

C'est

C'est celle dont les suites ont été le plus funestes.

On n'a pas craint d'imprimer le sceau de la servitude sur le front des hommes, en taxant leur tête. Indépendamment de l'humiliation, est-il rien de plus arbitraire qu'un pareil impôt ?

L'asseoira-t-on sur des déclarations ? Mais il faudroit, entre le monarque & les sujets, une conscience morale qui les liât l'un à l'autre par un mutuel amour du bien général ; ou du moins, une conscience publique qui les rassurât l'un envers l'autre par une communication sincere & réciproque de leurs lumiéres & de leurs sentimens. Or, comment établir cette conscience publique, qui serviroit de flambeau, de guide & de frein dans la marche des gouvernemens ?

Percera-t-on dans le sanctuaire des familles, dans le cabinet du citoyen, pour surprendre & mettre au jour, ce qu'il ne veut pas révéler ; ce qu'il lui importe même souvent de ne pas révéler ? Quelle inquisition ! quelle violence révoltante ! Quand même on parviendroit à connoître les ressources de chaque particulier, ne varient-elles pas d'une année à l'autre, avec les produits incertains & précaires de l'industrie ? Ne diminuent-elles pas avec la multiplication des enfans, avec le dépériffement des forces par les maladies, par l'âge & par le travail ? Les facultés de l'humanité, utiles & laborieufes, ne changent-elles pas avec les viciffitudes, que le tems apporte dans tout ce qui dépend de la nature & de la fortune ? La taxe perfonnelle eft donc une vexation individuelle, fans utilité commune. La capitation eft un efclavage affligeant pour l'homme, fans profit pour l'état.

Après s'être permis l'impôt, qui eft la preuve du defpotifme, ou qui y conduit un peu plutôt, un peu plus tard, on s'eft jetté fur les confommations. Les fouverains ont affecté de regarder ce nouveau tribut comme volontaire, en quelque forte, puifque fa quantité dépend des dépenfes que tout citoyen eft libre d'augmenter ou de diminuer, au gré de fes facultés & de fes goûts, la plupart factices.

Mais fi la taxe porte fur les denrées de premier befoin, c'eft le comble de la cruauté. Avant toutes les loix fociales, l'homme avoit le droit de fubfifter. L'a-t-il perdu par l'établiffement des loix ? Survendre au peuple les fruits de la terre, c'eft les lui ravir ; c'eft attaquer le principe de fon exiftence, que de lui ravir, par un impôt, les moyens naturels de la conserver. En pressurant la subsistance de l'indigent, l'état lui ôte les forces avec les alimens. D'un homme pauvre, il fait un mendiant ; d'un travailleur, un oisif ; d'un malheureux, un scélérat : c'est-à-dire qu'il conduit un famélique à l'échafaud par la misere.

Si la taxe porte sur des denrées moins nécessaires : que de bras, perdus pour l'agriculture & pour les arts, sont employés, non pas à garder les boulevards de l'empire, mais à hérisser un royaume d'une infinité de petites barrieres ; à embarrasser les portes des villes ; à infester les chemins & les passages du commerce ; à fureter dans les caves, dans les greniers, dans les magasins ! Quel état de guerre entre le prince & le peuple ; entre le citoyen & le citoyen ! Que de prisons, de galeres, de gibets, pour une foule de malheureux qui ont été poussés à la fraude, à la contrebande, à la révolte même par l'iniquité des loix fiscales !

L'avidité des souverains s'est étendue des consommations aux marchandises, que les états se vendent les uns aux autres. Despotes insatiables, ne comprendrez-vous jamais que si vous mettez des droits sur ce que vous offrez à l'étranger, il achetera moins cher, il ne donnera que la valeur qui lui sera demandée par les autres nations ? Vos sujets fussent-ils seuls propriétaires de la production assujettie aux taxes, ils ne parviendroient pas encore à faire la loi ; parce qu'alors on en demanderoit en moindre quantité, & que sa surabondance les forceroit à en diminuer le prix, pour en trouver la consommation.

L'impôt sur les marchandises que votre empire reçoit de ses voisins, n'a pas une base plus raisonnable. Leur prix étant réglé par la concurrence des autres peuples, ce seront vos sujets qui payeront seuls les droits. Peut-être ce renchérissement des productions étrangeres en fera-t-il diminuer l'usage ? Mais si l'on vous vend moins, on achetera moins de vous. Le commerce ne donne qu'en proportion de ce qu'il reçoit. Il n'est au fonds qu'un échange de valeur pour valeur. Vous ne pouvez donc vous opposer aux cours de ces échanges, sans faire tomber le prix de vos productions, en retrécissant leur débit.

Soit que vous mettiez des droits sur les marchandises étrangeres ou sur les vôtres, l'industrie de vos sujets en souffrira nécessairement. Il y aura moins de moyens pour la payer, & moins de matieres premieres pour l'occuper. Plus la masse des reproductions annuelles diminuera, & plus la somme des travaux diminuera aussi. Alors, toutes les loix que vous pourrez établir contre la mendicité, feront impuiſſantes; parce qu'il faut bien que l'homme vive de ce qu'on lui donne, quand il ne peut pas vivre de ce qu'il gagne.

Mais quelle eſt donc la forme d'impoſition la plus propre à concilier les intérêts publics avec les droits des citoyens? C'eſt la taxe ſur la terre. Un impôt eſt une dépenſe qui ſe renouvelle tous les ans pour celui qui en eſt chargé. Un impôt ne peut donc être aſſis que ſur un revenu annuel : car il n'y a qu'un revenu annuel qui puiſſe acquitter une dépenſe annuelle. Or, on ne trouvera jamais de revenu annuel que celui des terres. Il n'y a qu'elles qui reſtituent chaque année les avances qui leur ſont faites, & de plus un bénéfice dont il ſoit poſſible de diſpoſer. On commence depuis long-tems à ſoupçonner cette importante vérité. De bons eſprits la porteront un jour à la démonſtration; & le premier gouvernement qui en fera la baſe de ſon adminiſtration, s'élevera néceſſairement à un dégré de proſpérité inconnue à toutes les nations & à tous les ſiécles.

Peut-être n'y a-t-il, en ce moment, aucun peuple de l'Europe, à qui ſa ſituation permette ce grand changement. Par-tout les impositions sont si fortes , les dépenses si multipliées, les besoins si pressans ; par-tout le fisc est si obéré , qu'une révolution subite dans la perception des revenus publics , altéreroit infailliblement la confiance & la félicité des citoyens. Mais une politique éclairée & prévoyante, tendra, à pas lents & mesurés , vers un but si salutaire. Elle écartera avec courage & avec prudence , tous les obstacles que les préjugés , l'ignorance, les intérêts privés pourroient opposer à un système d'administration, dont les avantages nous paroissent au-dessus de tous les calculs.

Pour que rien ne puisse diminuer les avantages de cette heureuse innovation , il faudra que toutes les terres , indistinctement, soient assujetties à l'impôt. Le bien public est un trésor commun , dans lequel chaque citoyen doit déposer ses tributs, ses services & ses talens. Jamais des noms & des titres ne changeront la nature des hommes & des possessions. Ce seroit le comble de la bassesse & de la folie , de faire valoir les distinctions qu'on a reçues de ses peres , pour se soustraire aux charges de la société. Toute prééminence qui ne tourneroit pas au profit général, seroit destructive ; elle ne peut être juste , qu'autant qu'elle est un engagement formel de dévouer plus particuliérement sa fortune & sa vie au service de la patrie.

Si de nos jours, pour la premiere fois, les terres étoient imposées, ne jugeroit-on pas nécessairement que la contribution doit être proportionnée à l'étendue & à la fertilité des possessions ? Quelqu'un oseroit-il alléguer ses places, ses services, ses dignités, pour se soustraire aux tributs qu'exige le service public ? Qu'ont de commun les taxes avec les rangs, les titres & les conditions ? Elles ne touchent qu'aux revenus ; & ces revenus sont à l'état, dès qu'ils sont nécessaires à sa défense.

Cependant il ne suffit pas que l'impôt soit réparti avec justice, il faut encore qu'il soit proportionné aux besoins du gouvernement ; & ces besoins ne sont pas toujours les mêmes. La guerre exigea par-tout, & dans tous les siécles, des dépenses plus considérables que la paix. Les peuples anciens y fournissoient par les économies qu'ils faisoient dans des tems de calme. Depuis que les avantages de la circulation & les principes de l'industrie ont été mieux développés, la méthode d'accumuler ainsi les métaux, a été proscrite. On a préféré, avec raison, la ressource des impositions extraordinaires. Tout état qui se les interdiroit, se verroit contraint, pour retarder sa chûte, de recourir aux voies pratiquées à Constantinople. Le sultan qui peut tout, excepté augmenter ses revenus, est réduit à livrer l'empire aux vexations de ses délégués, pour les dépouiller ensuite eux-mêmes de leurs brigandages.

Pour que les taxes ne soient jamais excessives, il faut qu'elles soient ordonnées, réglées & administrées par les représentans des nations. L'impôt a toujours dépendu de la propriété. N'est pas maître du champ, qui ne l'est pas du fruit. Aussi, chez tous les peuples, les tributs ne furent-ils établis dans leur origine sur les propriétaires, que par eux-mêmes ; soit que les terres fussent réparties entre les conquérans ; soit que le clergé les eût partagées avec la noblesse ; soit qu'elles eussent passé par le commerce & l'industrie entre les mains de la plupart des citoyens. Par-tout, ceux qui les possédoient avoient conservé le droit naturel, inaliénable & sacré, de n'être point taxés sans leur consentement. Otez ce principe, il n'y a plus de monarchie, il n'y a plus de nation ; il ne reste qu'un despote & un troupeau d'esclaves.

Peuples, chez qui les rois ordonnent aujourd'hui tout ce qu'ils veulent, relisez votre histoire. Vous verrez que vos ayeux s'assembloient, qu'ils délibéroient toutes les fois qu'il s'agissoit d'un subside. Si l'usage en est passé, le droit n'en est pas perdu ; il est écrit dans le ciel, qui a donné la terre à tout le genre-humain, pour la posséder ; il est écrit sur ce champ que vous avez pris la peine d'enclorre, pour vous en assurer la jouissance ; il est écrit dans vos cœurs, où la divinité a imprimé l'amour de la liberté. Cette tête élevée vers les cieux, n'est pas faite à l'image du créateur, pour se courber devant un homme. Aucun n'est plus qu'un autre, que par le choix, que de l'aveu de tous. Gens de cour, votre grandeur est dans vos terres, & non aux pieds d'un maître. Soyez moins ambitieux, & vous serez plus riches. Allez rendre la justice à vos vassaux, & vous augmenterez votre fortune, en augmentant la masse du bonheur commun. Que gagnez-vous à élever l'édifice du despotisme sous les ruines de toute espece de liberté, de vertu, de sentiment, de propriété ? Songez qu'il vous écrâsera tous. Autour de ce colosse de terreur, vous n'êtes que des figures de bronze, qui représentent les nations enchaînées aux pieds d'une statue.

Si le prince a seul le droit des tributs, quoiqu'il n'ait pas intérêt à surcharger, à vexer les peuples, ils seront surchargés & vexés. Les fantaisies, les profusions, les entreprises du souverain, ne connoîtront plus de bornes dès qu'elles ne trouveront plus d'obstacles. Bientôt une politique fausse & cruelle, lui persuadera que des sujets riches deviennent toujours insolens; qu'il faut les ruiner pour les asservir, & que la pauvreté est le rempart le plus assuré du trône. Il ira jusqu'à croire que tout est à lui, rien à ses esclaves, & qu'il leur fait grace de tout ce qu'il leur laisse.

Le gouvernement s'emparera de toutes les avenues & les issues de l'industrie, pour la traire à l'entrée & à la sortie, pour l'épuiser dans sa route. Le commerce n'obtiendra de circulation que par l'entremise & au profit de l'administration fiscale. La culture sera négligée par des mercenaires, qui ne peuvent jamais espérer de propriété. La noblesse ne servira & ne combattra que pour une solde. Le magistrat ne jugera que pour des épices & pour des gages. Les négocians mettront leur fortune à couvert, pour la transporter hors d'un pays où il n'y a plus de patrie ni de sûreté. La nation n'étant plus rien, prendra de l'indifférence pour ses rois; ne verra ses ennemis que dans ſes maîtres ; eſpérera quelquefois un adouciſſement de ſervitude dans un changement de joug ; attendra ſa délivrance d'une révolution, & ſa tranquillité d'un bouleverſement. Après ces mots, il faut ſe taire : mais parlons d'une reſſource dont les ſouverains font une ruine ; c'eſt le crédit public.

En général ce qu'on nomme crédit, n'eſt qu'un délai donné pour payer. Le crédit ſuppoſe donc une double confiance ; confiance dans la perſonne qui en a beſoin, & confiance dans ſes facultés. La premiere eſt la plus néceſſaire. Il eſt trop ordinaire qu'un débiteur de mauvaiſe foi trahiſſe ſes engagemens, quoiqu'il ait aſſez de fortune pour les remplir, ou qu'il diſſipe cette fortune par une conduite peu exacte & peu modérée. Mais l'homme intelligent & juſte peut, par des opérations bien combinées, acquérir ou remplacer les moyens qui lui auroient manqué.

XLIV.
Crédit public.

Le but du commerce eſt la conſommation ; mais avant que les marchandiſes ſoient arrivées aux lieux où elles doivent être conſommées, il ſe paſſe ſouvent un tems conſidérable ; il y a de grandes dépenſes à faire. Réduiſez encore le négociant à former ſes achats avec de l'argent comptant, & le commerce languira néceſſairement. Ceux qui ont à vendre, ceux qui doivent acheter, en souffriront également. De ces convenances est né le crédit entre les membres d'une société, ou même de plusieurs sociétés. Il differe du crédit public, en ce que ce dernier est le crédit d'une nation considérée comme ne formant qu'un seul corps.

Entre le crédit particulier & le crédit public, il y a cette différence, que l'un a le gain pour but, & l'autre la dépense. Il suit de-là, que le crédit est richesse pour les négocians, puisqu'il devient pour eux un moyen de s'enrichir, & qu'il est pour les gouvernemens une cause d'appauvrissement, puisqu'il ne leur procure que la faculté de se ruiner. Un état qui emprunte, aliéne une portion de son revenu pour un capital qu'il dépense. Il est donc plus pauvre après ces emprunts, qu'il ne l'étoit avant cette opération funeste.

Malgré la rareté de l'or & de l'argent, les gouvernemens anciens ne connurent pas l'usage du crédit public, même à l'époque des plus funestes crises. On formoit durant la paix un trésor, qui s'ouvroit dans des tems de trouble. Alors, les métaux rentrés dans la circulation, excitoient l'industrie, & rendoient, en quelque maniere, légeres les calamités inévitables de la guerre. Depuis que la découverte du nouveau-monde a rendu les métaux plus communs, les administrateurs des empires se sont généralement livrés à des entreprises supérieures aux facultés des nations qu'ils gouvernoient ; & ils n'ont pas craint de charger les générations futures des dettes qu'ils s'étoient permis de contracter. Cette chaîne d'oppression s'est prolongée ; elle doit lier nos derniers neveux, & s'appesantir sur tous les peuples & sur tous les siécles.

L'usage du crédit public, quoique ruineux pour tous les états, ne l'est pas pour tous au même point. Une nation qui a beaucoup de riches productions ; dont le revenu entier est libre ; qui a toujours respecté ses engagemens ; qui n'a pas l'ambition des conquêtes ; qui se gouverne elle-même : une telle nation trouvera de l'argent à meilleur marché, qu'un empire dont le sol n'est pas abondant ; qui est surchargé de dettes ; qui entreprend au-delà de ses forces ; qui a trompé ses créanciers ; qui gémit sous un gouvernement arbitraire. Le prêteur, qui dictera nécessairement la loi, en proportionnera toujours la rigueur aux risques qu'il lui faudra courir. Ainsi, un peuple dont les finances sont en désordre, tombera rapidement dans les derniers malheurs, par le crédit public : mais le gouvernement le mieux ordonné, y trouvera aussi le terme de sa prospérité.

Mais, disent quelques arithméticiens politiques, n'est-il pas utile aux états d'appeller dans leur sein l'argent des autres nations ? Et les emprunts publics ne produisent-ils pas cet effet important ? Oui, sans doute, on attire les métaux des étrangers par cette voie, comme on l'attireroit en leur vendant une ou plusieurs provinces de l'empire. Peut-être même seroit-il moins déraisonnable de leur livrer le sol, que de le cultiver uniquement pour eux.

Mais si l'état n'empruntoit que de ses sujets, on ne livreroit pas le revenu national à des étrangers ? Non ; mais la république énerveroit plusieurs de ses membres pour en engraisser un seul. Ne faut-il pas augmenter les impositions, en raison des intérêts qu'il faut payer, des capitaux qu'il faut rembourser ? Les propriétaires des terres, les cultivateurs, tous les citoyens, ne se trouveront-ils pas plus chargés, que si on leur eût demandé directement, & tout d'un coup, les sommes empruntées par le gouvernement ? Leur position est la même que s'ils eussent emprunté eux-mêmes, au lieu de faire des économies sur leurs dépenses ordinaires, pour subvenir à une dépense accidentelle.

Mais les papiers publics qui résultent des emprunts faits par le gouvernement, augmentent la masse des richesses circulantes, donnent une grande extension aux affaires, facilitent toutes les opérations. Hommes aveugles ! voulez-vous voir tout le vice de votre politique ? Poussez-la aussi loin qu'elle peut aller ; faites emprunter par l'état tout ce qu'il peut emprunter ; accablez-le d'intérêts à payer ; mettez-le ainsi dans la nécessité de forcer tous les impôts : vous verrez qu'avec vos richesses circulantes, bientôt vous n'aurez plus de richesses renaissantes pour vos consommations & pour le commerce. L'argent & les papiers qui le représentent, ne circulent pas d'eux-mêmes, & sans les mobiles qui les mettent en mouvement. Tous ces différens signes ne figurent qu'à raison des ventes & des achats qui se font. Couvrez d'or, si vous voulez, l'Europe entiere ; si elle n'a point de marchandises dans le commerce, cet or sera sans activité. Multipliez seulement les effets commerçables, & ne vous embarrassez pas des signes ; la confiance & la nécessité les sauront bien établir sans vous. Gardez-vous, sur-tout, de vouloir les multiplier par des moyens qui diminueroient nécessairement la masse de vos productions renaissantes.

Mais l'ufage du crédit public met une puiffance en état de faire la loi aux autres puiffances. Ne verra-t-on jamais que cette reffource eft commune à toutes les nations ? Si c'eft une efpece de grand chemin dont vous puiffiez vous fervir pour aller à votre ennemi, ne pourra-t-il pas s'en fervir pour venir à vous? Le crédit des deux peuples ne fera-t-il pas proportionné à leurs richeffes refpectives ; & ne fe trouveront-ils pas ruinés, fans avoir eu l'un fur l'autre d'autres avantages que ceux dont ils jouiffoient indépendamment de tout emprunt ? Quand je vois des monarques & des empires fe battre & s'acharner les uns fur les autres, au milieu de leurs dettes, de leurs fonds publics, & de leurs revenus engagés ; il me femble voir, dit un écrivain philofophe, des gens qui s'efcriment avec des bâtons dans la boutique d'un fayancier au milieu des porcelaines.

Il y auroit peut-être de la témérité à affurer que, dans aucune circonftance, le fervice public ne pourra exiger l'aliénation d'une portion des revenus publics. Les fcènes qui agitent la terre font fi variées ; les empires font expofés à de fi étranges révolutions ; le champ des événemens eft fi étendu ; la politique frappe des coups fi furprenans, qu'il n'eft pas donné à la fageffe humaine de tout prévoir, de tout calculer.

Mais

Mais ici, c'eſt la conduite pratique des gouvernemens qui nous occupe, & non une ſituation biſarre, qui vraiſemblablement ne ſe préſentera jamais.

Tout état qui ne ſera pas détourné de la voie ruineuſe des emprunts par les conſidérations que nous venons de peſer, creuſera lui-même ſa tombe. La facilité d'avoir beaucoup d'argent à la fois, jettera un gouvernement dans toutes ſortes d'entrepriſes injuſtes, téméraires, diſpendieuſes; lui fera hypothéquer l'avenir pour le préſent, & jouer le préſent pour l'avenir. Un emprunt en attirera un autre; & pour accélérer le dernier, on groſſira de plus en plus l'intérêt.

Ce déſordre fera paſſer le fruit du travail dans quelques mains oiſives. La facilité de jouir ſans rien faire, attirera tous les gens riches, tous les hommes vicieux, tous les intrigans dans une capitale, avec un cortège de valets dérobés à la charrue; des filles ravies à l'innocence & au mariage; des ſujets de tout ſexe voués au luxe; inſtrumens, victimes, objets ou jouets de la molleſſe & des voluptés.

La ſéduction des dettes publiques ſe communiquera de plus en plus. Dès qu'on peut moiſſonner ſans labourer, tout le monde ſe jette dans cette eſpece de négoce, qui eſt, tout à la fois, lucratif & facile. Les propriétaires & les négocians veulent devenir rentiers. On change son argent en papier d'état, parce que c'est le signe le plus portatif, le moins sujet à l'altération du tems, à l'injure des saisons, à l'avidité des traitans. L'agriculture, le commerce & l'industrie, souffrent de la préférence qu'on donne aux signes sur les choses. Comme l'état dépense toujours mal ce qu'il a mal acquis, à mesure que ses dettes s'accumulent, il augmente les impôts pour payer les intérêts. Ainsi toutes les classes actives & fécondes de la société sont dépouillées, épuisées par la classe paresseuse & stérile des rentiers. L'augmentation des impôts fait hausser le prix des denrées, & par-là celui de l'industrie. Dès-lors la consommation diminue, parce que l'exportation cesse aussi-tôt que la marchandise est trop chere pour soutenir la concurrence. Les terres & les manufactures languissent également.

L'impuissance où se trouve alors l'état de faire face à ses engagemens, le réduit à s'en libérer par la voie la plus destructive de la liberté des citoyens & de la puissance du souverain, par la banqueroute. Elle devient enfin nécessaire, cette crise fatale aux empires, qui bouleverse les fortunes; qui dépouille violemment les créanciers, après avoir attiré tous les fonds par des intérêts usuraires, des édits d'emprunt; qui déshonore le monarque par des faillites cruelles, après des engagemens solemnels; qui trahit les sermens du prince & les droits des sujets; qui perd, sans retour, la plus sûre base de tout gouvernement, la confiance publique. Telle est la fin des emprunts; jugez par-là de leur principe.

Après avoir examiné les pivots & les colonnes de toute société policée, jettons un coup d'œil sur les ornemens & sur la décoration de l'édifice. Ce sont les beaux-arts & les belles-lettres.

XLV.
Beaux Arts & Belles-Lettres.

Deux peuples célebres s'étoient élevés par des monumens de génie, à une gloire qui ne finira jamais, & qui honorera toujours l'espece humaine.

Le christianisme, après avoir détruit en Europe toutes les idoles de l'antiquité payenne, conserva quelques arts pour servir de soutien à l'empire de la persuasion, & seconder la prédication de l'évangile. Mais à la place d'une religion embellie, égayée par les divinités riantes de la Grèce & de Rome, il érigea des monumens de terreur & de tristesse, conformes aux tragiques événemens qui signalerent sa naissance & ses progrès. Les siécles gothiques nous ont laissé des monumens, où la hardiesse & la majesté respirent à travers les ruines du goût & de l'élégance. Tous ces temples furent bâtis en croix, couverts de croix, remplis de croix, décorés d'images horribles & funebres, d'échafauds, de supplices, de martyrs, de bourreaux.

Que devinrent les arts, condamnés à effaroucher continuellement l'imagination par des spectacles de sang, de mort & d'enfer ? Hideux comme leurs modeles ; féroces comme les princes & les pontifes qui les employoient; bas & rampans comme les adorateurs de leurs ouvrages, ils épouvanterent les enfans dès le berceau ; ils aggraverent les horreurs du tombeau par une perspective éternelle d'ombres effrayantes; ils attristerent la face de la terre.

Enfin le tems vint de diminuer ces échafaudages de la religion & de la police sociale. Les beaux-arts retournerent avec les lettres de la Grèce en Italie, par la Méditerranée, qui faisoit commercer l'Asie avec l'Europe. Les Huns, sous le nom de Goths, les avoient chassés de Rome à Constantinople ; ces mêmes Huns, sous le nom de Turcs, les repousserent de Constantinople à Rome. Cette ville, dont le destin étoit de dominer par la force ou par la ruse, accueillit & ressuscita les arts ensevelis sous des tombeaux antiques.

Des murailles, des colonnes, des statues,

des vases, sortirent de la poussiere des siécles & des ruines de l'Italie, pour servir de modele à la régénération des beaux-arts. Le génie, qui préside au dessin, éleva trois arts à la fois ; je veux dire l'architecture, où la commodité même ordonna les proportions de la symmétrie, qui contribue au plaisir des yeux ; la sculpture, qui flatte les rois & récompense les grands hommes ; la peinture, qui perpétue le souvenir des belles actions & les soupirs des ames tendres. L'Italie seule eut plus de villes superbes, plus de magnifiques édifices, que tout le reste de l'Europe ensemble. Rome, Florence & Venise enfanterent trois écoles de peintres originaux : tant le génie appartient à l'imagination, & l'imagination au climat. Si l'Italie eût possédé les trésors du Mexique & les productions de l'Asie, combien les arts se feroient encore plus enrichis de la découverte des deux Indes !

Cette région, autrefois féconde en héros, & depuis en artistes, vit refleurir les lettres, compagnes inséparables des arts. Elles étoient étouffées par le barbarisme continuel d'une latinité corrompue & défigurée par la religion. Un mélange de théologie Égyptienne, de philosophie Grecque, de poésie Hébraïque : telle étoit la langue latine dans la bouche des moines qui chantoient la nuit, enseignoient le jour des choses & des paroles qu'ils n'entendoient pas.

La mythologie des Romains fit renaître dans la littérature les graces de l'antiquité. L'esprit d'imitation les emprunta d'abord sans choix. L'usage amena le goût, dans l'emploi de ces richesses. Le génie Italien, trop fécond pour ne pas créer, mêla ses hardiesses, ses caprices même aux régles & aux exemples de ses anciens maîtres ; les fictions de la féerie à celles de la fable. Les mœurs du siécle & le caractère national imprimerent leur teinte aux ouvrages de l'imagination. Pétrarque avoit peint cette beauté virginale & céleste qui servoit de modele aux héroïnes de la chevalerie. Armide fut l'emblème de la coquetterie qui régnoit de son tems en Italie. L'Arioste confondit tous les genres dans un ouvrage qu'on peut appeller un labyrinthe de poésie, plutôt qu'un poëme. Cet auteur sera dans l'histoire de la littérature, isolé, comme les palais enchantés qu'il a bâtis dans les déserts.

Les lettres & les arts, après avoir traversé les mers, franchirent les Alpes. De même que les croisades avoient apporté les romans Orientaux en Italie, les guerres de Charles VIII & de Louis XII transporterent en France quelques germes de bonne littérature. François I, s'il ne fut pas allé difputer le Milanez à Charles-Quint, n'auroit peut-être jamais recherché le nom de *pere des lettres*; mais ces germes de culture & de lumiere, furent noyés dans des guerres de religion. On les recueillit, pour ainfi dire, dans le fang & le carnage; & le tems vint où ils devoient éclorre & fructifier. Le feiziéme fiécle avoit été celui de l'Italie ; le fuivant fut celui de la France, qui, par les victoires de Louis XIV, ou plutôt par le génie des grands hommes qui fe rencontrerent en foule fous fon régne, mérita de faire une époque dans l'hiftoire des beaux arts.

Ainfi qu'en Italie, on vit en France le génie s'emparer à la fois de toutes les facultés de l'homme. Il refpira dans le marbre & fur la toile; dans les édifices & les jardins publics, comme dans l'éloquence & la poéfie. Tout lui fut foumis, & les arts ingénieux qui dépendent de la main, & ceux qui font uniquement du domaine de la penfée. Tout fentit fon empreinte. Les couleurs vifibles de la nature, vinrent animer les ouvrages de l'imagination; & les paffions humaines vivifierent les deffins du crayon. L'homme donna de l'efprit à la matiere, & du corps à l'efprit. Mais, qu'on l'obferve bien, ce fut dans un moment où l'amour de la gloire échauffoit une nation grande & puiffante par la fituation & l'étendue de fon empire. L'honneur qui l'élevoit à fes propres yeux, qui la caractérifoit alors aux yeux de toute l'Europe, l'honneur étoit fon ame, fon inftinct, & lui tenoit lieu de cette liberté qui avoit créé tous les arts du génie dans les républiques d'Athènes & de Rome ; qui les avoit fait revivre dans celle de Florence ; qui les forçoit de germer fur les bords nébuleux & froids de la Tamife.

Que n'eût pas fait le génie en France fous la feule influence des loix, s'il ofa de fi grandes chofes fous l'empire du plus abfolu des rois ? En voyant ce que le patriotifme a donné d'énergie aux Anglois, malgré l'inactivité du climat ; jugez de ce qu'il auroit produit chez les François, où le ciel le plus doux invite un peuple vif & fenfible, à créer, à jouir ! Un pays où l'on trouve, comme autrefois en Grèce, des efprits ardens & propres à l'invention, fous un ciel qui les échauffe de fes plus beaux rayons : des bras nerveux, fous un climat où le froid même excite au travail : des provinces tempérées, entre le Nord & le Midi : des ports de mer fecondés par des fleuves navigables : de vaftes plaines abondantes en grains : des côteaux chargés de pampres & de fruits de toutes les especes : des salines qu'on peut multiplier à son gré : des prairies couvertes de chevaux : des montagnes où croissent les plus beaux bois : par-tout une terre peuplée d'hommes laborieux, les premieres ressources pour la subsistance, les matieres communes des arts, & les superfluités du luxe. En un mot, le commerce d'Athènes, l'industrie de Corinthe, les soldats de Sparte, & les troupeaux d'Arcadie. Avec tous ces avantages de la Grèce, la France auroit porté les beaux arts aussi loin que cette mere du génie, si elle avoit eu les mêmes loix, le même exercice de la raison & de la liberté, créatrices des grands hommes, souveraines des grands peuples.

Après la supériorité de la législation, il n'a manqué peut-être aux nations modernes, pour égaler les anciennes dans les travaux de l'esprit humain, que des langues plus heureuses. L'Italienne, avec du son, de l'accent & du nombre, a pris tous les caractères de la poésie & tous les charmes de la musique. Ces deux arts l'ont consacrée aux délices de l'harmonie comme son plus doux organe.

La langue Françoise régne dans la prose. Si ce n'est pas le langage des Dieux, c'est celui de la raison & de la vérité. La prose parle surtout à l'esprit dans la philosophie. Elle éclaire ces ames privilégiées de la nature, qui semblent placées entre les rois & les peuples, pour instruire & diriger les hommes. Dans un tems où la liberté n'a plus de tribunes ni d'amphithéâtres, pour agiter de vastes assemblées, une langue qui se multiplie dans les livres, qui se fait lire chez toutes les nations, qui sert d'interprète commun à toutes les autres langues, & d'instrumens à toutes sortes d'idées : une langue annoblie, épurée, adoucie, & surtout fixée par le génie des écrivains & la politesse des courtisans, devient enfin universelle & dominante.

La langue Angloise a produit aussi ses poetes & ses prosateurs qui lui ont donné un caractère d'énergie & d'audace, propre à l'immortaliser. Qu'on l'apprenne chez tous les peuples qui aspirent à n'être pas esclaves. Ils oseront penser, agir, & se gouverner eux-mêmes. Elle n'est pas la langue des mots, mais celle des idées ; & les Anglois n'en ont eu que de fortes. Ce sont eux qui ont dit les premiers, *la majesté du peuple* ; & ce seul mot consacre une langue.

L'Espagnol n'a proprement eu jusqu'à présent, ni poésie ni prose, avec une langue organisée pour exceller dans l'une & dans l'autre. Éclatante & sonore comme l'or pur, sa marche est grave & mesurée, comme la danse de sa nation ; elle est noble & décente comme les mœurs de l'antique chevalerie. Cette langue pourra soutenir un rang, acquérir même de la supériorité, lorsqu'elle aura beaucoup d'écrivains, tels que Cervantez & Mariana. Quand son académie aura fait taire l'inquisition avec ses universités, cette langue s'élevera d'elle-même aux grandes idées, aux sublimes vérités où l'appelle la fierté naturelle du peuple qui la parle.

Avant toutes les autres langues vivantes, est l'Allemand, cette langue mere, originelle & indigene de l'Europe. C'est elle qui a formé l'Anglois & même le François par son mélange avec la langue latine. Mais peu faite, ce semble, pour les yeux & pour des organes polis, elle est restée dans la bouche du peuple, sans oser entrer que bien tard dans les livres. Sa disette d'écrivains annonçoit un pays où les beaux arts, la poésie & l'éloquence ne devoient pas fleurir. Mais tout à coup, le génie y a pris son essor; & des poétes originaux en plus d'un genre y sont éclos en assez grand nombre, pour entrer en rivalité avec les autres nations.

Les langues ne pouvoient se cultiver & se polir jusqu'à un certain degré, sans que les arts de toute espece ne suivissent ce degré de perfection. Aussi, leurs monumens font-ils tellement multipliés en Europe, que la barbarie des siécles & des peuples à venir, aura de la peine à les détruire entierement.

Cependant comme l'espece humaine n'est qu'une matiere de fermentations & de révolutions, il ne faut qu'un génie ardent, un enthousiaste, pour mettre de nouveau la terre en combustion. Les peuples de l'Orient ou du Nord soumis au despotisme, sont encore tout prêts à répandre leurs ténébres & leurs chaînes dans toute l'Europe. Ne suffiroit-il pas d'une irruption des Turcs ou des Africains en Italie, pour y renverser les temples & les palais, pour y confondre dans une ruine générale les idoles de la religion avec les chefs-d'œuvre des arts ? Et nous aurions d'autant moins de courage pour défendre ces ouvrages de notre luxe, que nous y sommes plus attachés. Une ville qui a coûté deux siécles à décorer, est brûlée & saccagée en un jour. Un Tartare brisera peut-être d'un seul coup de hache, cette statue de Voltaire que Pigalle n'aura pas achevée en dix ans : & nous travaillons encore pour l'immortalité, vains atômes poussés les uns par les autres dans la nuit d'où nous venons ! Peuples, artistes ou soldats, qu'êtes-vous entre les mains de la nature, que le jouet de ses loix, destinés tour à tour à mettre de la poussiere en œuvre, & cette œuvre en poussiere ?

Mais, c'est par les arts que l'homme jouit de son existence, & qu'il se survit à lui-même. Les siécles d'ignorance ne sortent jamais du néant. Il n'en reste pas plus de trace, après qu'avant leur époque. On ne peut dire le lieu & le tems où ils s'écoulerent, ni graver sur la terre d'un peuple barbare : c'est ici qu'il fut; puisqu'il ne laisse pas même des ruines pour annales. L'invention seule donne à l'homme de la puissance sur la matiere & sur le tems. Le génie d'Homere a rendu les caractères de la langue Grecque ineffaçables. L'harmonie & la raison ont mis l'éloquence de Ciceron au-dessus de tous les orateurs sacrés. Les pontifes eux-mêmes, amollis, éclairés par la lumiere & le charme des arts, en les admirant & les protégeant, ont aidé l'esprit humain à briser les chaînes de la superstition. Le commerce a hâté les progrès de l'art, par le luxe des richesses. Tous les efforts de l'esprit & de la main se sont réunis, pour embellir & perfectionner la condition de l'espece humaine. L'industrie & l'invention, avec les jouissances du nouveau-monde, ont pénétré jusqu'au cercle polaire, & les beaux arts tâchent de forcer la nature à Pétersbourg.

XLVI.
Philosophie.

Au char des lettres & des arts, est attachée la philosophie qui devroit, ce semble, en tenir le timon ; mais qui n'arrivant qu'après eux, ne doit marcher qu'à leur suite. Les arts naissent des besoins même de la société, dans l'enfance de l'esprit humain. Les lettres sont les fleurs de sa jeunesse : filles de l'imagination qui aime la parure, elles ornent tout ce qu'elles touchent ; & ce goût d'embellissement crée ce qu'on appelle proprement les beaux arts ou les arts de luxe & de décoration qui polissent les premiers arts, enfans du besoin. C'est alors qu'on voit les génies aîlés de la sculpture voler sur les portiques de l'architecture ; les génies de la peinture entrer dans les palais, y dessiner l'Olympe sur un plafond, y retracer sur la laine & sur la soie toutes les scènes animées de la campagne, y reproduire sur la toile les utiles vérités de l'histoire, & les agréables chimères de la fable.

Quand l'esprit s'est exercé sur les plaisirs de l'imagination & des sens, la raison vient avec la maturité des empires, donner aux nations une certaine gravité : c'est l'âge de la philosophie. Elle marche à pas lents & sans bruit, annonçant la vieillesse des empires, qu'elle s'efforce en vain de soutenir. C'est elle qui ferma le dernier siécle des belles républiques de la

Grèce & de Rome. Athènes n'eut des philosophes qu'à la veille de sa ruine qu'ils semblerent prédire. Ciceron & Lucrèce n'écrivirent sur la nature des dieux & du monde, qu'au bruit des guerres civiles qui creuserent le tombeau de la liberté.

Cependant Thalès, Anaximandre, Anaximene, Anaxagore avoient jetté les germes de la physique dans leur théorie sur les élémens de la matiere; mais la manie des systêmes les détruisit les uns par les autres. Socrate vint, qui ramena la philosophie à la vraie sagesse, à la vertu : il n'aima, ne pratiqua, n'enseigna qu'elle ; persuadé que l'homme n'a pas besoin de la science, mais des mœurs pour être heureux. Platon, son disciple, quoique physicien, quoique instruit des mystères de la nature par ses voyages en Egypte, donna tout à l'ame & presque rien à la nature, noya la philosophie dans la théologie, & la connoissance de l'univers dans les idées de la divinité. Aristote, disciple de Platon, parla moins de Dieu que de l'homme & des animaux. Son histoire naturelle est venue à la postérité, mais elle fut médiocrement suivie de ses contemporains. Epicure, qui vivoit à-peu-près dans le même tems ressuscita les atômes de Démocrite, qui, sans doute, balancerent les quatre élémens d'Aristote ; & dans cet équilibre de systêmes, la physique ne put avancer d'un pas. Les moralistes entraînerent le peuple qui les entend mieux qu'il ne comprend les physiciens. Ils formerent des écoles : car aussi-tôt que des opinions font du bruit, elles font des partis.

Dans ces circonstances, la Grèce agitée au-dedans d'elle-même, après s'être déchirée par une guerre intestine, fut subjuguée par la Macédoine, & dissoute par les Romains. Alors, les calamités publiques tournerent les esprits & les cœurs vers la morale. Zenon & Démocrite qui n'avoient été que des philosophes naturalistes, devinrent long-tems après leur mort, les chefs de deux sectes de moralistes, plus théologiens que physiciens, plus casuistes que philosophes ; ou plutôt la philosophie fut livrée & restreinte aux sophistes. Les Romains qui avoient tout pris aux Grecs, ne découvrirent rien dans le véritable champ de la philosophie. Chez les anciens, elle fit peu de progrès ; parce qu'elle fut presqu'entierement bornée à la morale. Chez les modernes, ses premiers pas ont été plus heureux, parce qu'ils ont été guidés par le flambeau de la physique.

Il ne faut pas compter un intervalle de près de mille ans, où la philosophie, les sciences, les lettres & les arts ont dormi dans le tombeau

beau de l'empire Romain, parmi les cendres de l'antique Italie & la poussiere des cloîtres. L'Asie en conservoit les monumens, sans en jouir ; & l'Europe, quelques débris sans les connoître. Le monde étoit Chrétien ou Mahométan, enseveli par-tout dans le sang des nations. L'ignorance seule triomphoit sous l'étendard de la croix ou du croissant. Devant ces signes redoutés, tout genou fléchissoit, & tout esprit trembloit. La philosophie balbutioit dans une enfance continuelle les noms de Dieu & de l'ame. Elle s'occupoit des seules choses qu'elle devoit toujours ignorer. Elle perdoit le tems, la raison & tous ses travaux dans des questions du moins oiseuses, la plupart vuides de sens, indéfinissables, interminables par la nature de leur objet, source éternelle de disputes, de scissions, de sectes, de haînes, de persécutions, de guerres nationales ou religieuses.

Cependant, les Arabes conquérans menoient, comme en triomphe, les dépouilles du génie & de la philosophie. Aristote étoit entre leurs mains, sauvé des ruines de l'ancienne Grèce. Ces destructeurs des empires avoient quelques sciences, dont ils étoient les créateurs. Le calcul étoit de leur invention. L'astronomie & la géométrie alloient avec eux sur les côtes de L'Afrique, qu'ils dévastoient & repeuploient. La médecine les suivit par-tout. Cette science, qui n'a rien de meilleur peut-être que son affinité avec la chymie & la physique, les rendit aussi fameux que l'astrologie, autre appui de la charlatanerie. Avicenne & Averroès, médecins, mathématiciens & philosophes, conserverent la tradition des véritables sciences, par des traductions & des commentaires. Mais imaginez ce qu'Aristote, traduit du Grec en Arabe, & depuis eux, d'Arabe en Latin, dut devenir entre les mains des moines qui voulurent adapter la philosophie du paganisme avec les codes Hébraïques de Moïse & de Jesus? Cette confusion des systêmes, des idées & des langues, arrêta long-tems l'édifice des sciences. Le théologien renversoit les matériaux qu'apportoit le philosophe. Celui-ci sappoit par les fondemens l'édifice de son rival. Cependant, avec quelques pierres de l'un, beaucoup de sable de l'autre, de méchans architectes bâtirent un monument gothique & bisarre; c'est la philosophie de l'école. Toujours refaite, étayée & recrépite de siécle en siécle, par des métaphysiciens Irlandois ou Espagnols; elle se soutint à-peu-près jusqu'à la découverte du nouveau-monde, qui devoit changer la face de l'ancien.

La lumiére naquit au fein des ténèbres. Un moine Anglois cultiva la chymie; & préparant l'invention de la poudre, qui devoit foumettre l'Amérique à l'Europe, il ouvrit la porte aux vraies fciences par la phyfique expérimentale. Ainfi la philofophie fortit du cloître, & l'ignorance y refta. Quand Bocace eut mis au jour les débauches du clergé féculier & régulier, Galilée ofa deviner la figure de la terre. La fuperftition en fut effrayée : elle jetta fes cris ; elle lança fes foudres : mais la philofophie arracha le mafque du monftre, & le voile dont étoit couverte la vérité. On fentoit bien la foibleffe & le menfonge des opinions populaires, fur quoi portoit la bafe de l'édifice focial : mais pour détrôner l'erreur, il falloit connoître les loix de la nature, & la caufe de fes phénomènes. C'eft ce que chercha la philofophie.

Dès que Copernic fut mort, après avoir conjecturé, par la raifon, que le foleil étoit au centre du monde, Galilée naquit & confirma, par l'invention du téléfcope, le vrai fyftème d'aftronomie, ignoré ou mis en oubli, depuis Pythagore qui l'avoit imaginé. Tandis que Gaffendi remuoit les élémens de la philofophie ancienne ou les atomes d'Epicure, Descartes agitoit & combinoit les élémens d'une nouvelle philosophie, ou ses tourbillons ingénieux & subtils. Presqu'en même-tems, Toricelli inventoit, à Florence, le thermomettre pour peser l'air ; Pascal mesuroit la hauteur de l'atmosphère sur les montagnes d'Auvergne ; & Boyle, en Angleterre, vérifioit & constatoit les expériences de l'un & de l'autre.

Descartes avoit appris à douter, pour détromper avant d'instruire. Son doute méthodique fut le plus grand instrument de la science, & le service le plus signalé qu'on pût rendre à l'esprit humain, dans les ténebres & les chaînes dont il étoit enveloppé. Bayle, en appliquant cette méthode aux opinions les plus consacrées par l'autorité de la force & du tems, a fait sentir depuis l'importance du doute.

Le chancelier Bacon, philosophe & malheureux à la cour, comme le moine Bacon l'avoit été dans le cloître ; comme lui précurseur plutôt que législateur de la nouvelle philosophie, avoit protesté contre les préjugés des sens, des écoles ; contre ces phantômes qu'il appelloit les idoles de l'entendement. Il avoit prédit les vérités qu'il ne pouvoit révéler. D'après ses oracles, tandis que la philosophie expérimentale découvroit des faits, la philosophie rationelle cherchoit les causes.

L'une & l'autre concouroient à l'étude des mathématiques, qui devoient diriger les efforts de l'esprit, & assurer ses succès. Ce fut, en effet, la science de l'algebre appliquée à la géométrie, & l'application de la géométrie à la physique, qui fit soupçonner à Newton le vrai système du monde. En levant les yeux au ciel, il vit dans la chute des corps sur la terre, il vit entre les mouvemens des astres, des rapports, qui supposoient un principe universel différent de l'impulsion, seule cause visible de tous les mouvemens. En étudiant l'optique après l'astronomie, il conjectura l'origine de la lumiere; & les expériences où l'entraîna cette conjecture, la changerent en système.

Quand Descartes mourut, Newton & Leibnitz étoient à peine nés, pour achever, corriger & perfectionner son ouvrage, c'est-à-dire, l'établissement de la bonne philosophie. Ces deux hommes seuls en hâterent prodigieusement les progrès. L'un poussa la science de Dieu & de l'ame aussi loin que la raison peut la conduire; & l'inutilité de ses efforts désabusa pour jamais l'esprit humain de cette fausse métaphysique. L'autre étendit les principes de la physique & des mathématiques beaucoup plus avant que le génie de plusieurs siécles n'avoit pu les amener, & montra le chemin de la vérité. En même-tems, Locke poursuivoit les préjugés scientifiques dans tous les retranchemens de l'école ; il faisoit évanouir tous les spectres de l'imagination, que Mallebranche laissoit renaître en les abaissant, parce qu'il n'alloit pas à la racine des têtes de l'hydre.

Ne croyez pas que les philosophes seuls aient tout découvert & tout imaginé. C'est le cours des événemens qui a donné une certaine pente aux actions & aux pensées de l'homme. Une complication de causes physiques ou morales, un enchaînement des progrès de la politique avec les progrès des études & des sciences, un mélange de circonstances impossibles à hâter comme à prévoir, a du concourir à la révolution qui s'est faite dans les esprits. Chez les nations comme dans l'individu, le corps & l'ame agissent & réagissent tour-à-tour l'un sur l'autre. Le peuple entraîne les philosophes, & les philosophes menent le peuple. Galilée avoit dit que la terre tournant autour du soleil, il devoit y avoir des antipodes ; & Drake l'avoit prouvé par un voyage autour du monde. L'église se disoit universelle, le pape se disoit le maître de la terre ; & plus des deux tiers de ses habitans ignoroient qu'il y eût une religion catholique, & sur-tout qu'il y eût un pape. Des Européens qui voyageoient & commerçoient par-tout, apprirent à l'Europe qu'une partie de la terre vivoit dans les visions de Mahomet, & une plus grande partie encore dans les ténèbres de l'idolatrie, ou dans *l'inscience & l'incuriosité* de l'athéisme. Ainsi la philosophie étendoit l'empire des connoissances humaines, par la découverte des erreurs de la superstition & des vérités de la nature.

L'Italie, dont le génie impatient s'élançoit à travers les obstacles qui l'environnoient, fonda la premiere une académie de physique. La France & l'Angleterre, qui devoient s'aggrandir par leur rivalité même, éleverent à la fois deux monumens éternels à l'accroissement de la philosophie ; deux académies où tous les savans de l'Europe vont puiser & verser leurs lumieres. C'est de-là que sont émanés dans le monde une foule de mystères de la nature, d'expériences & de phénomenes, de découvertes dans les arts & dans les sciences ; les secrets de l'électricité, les causes de l'aurore boréale. C'est de-là que sont sortis les instrumens & les moyens pour purifier l'air dans les vaisseaux ; pour rendre potable l'eau de la mer ; pour déterminer la figure de la terre & fixer les longitudes ; pour perfectionner l'agriculture, & donner plus de grain avec moins de semence & de peine.

Aristote avoit régné dix siécles dans toutes les écoles de l'Europe; & les chrétiens, après avoir perdu les traces de la raison, n'avoient pû la retrouver que sur ses pas. Long-tems même ils s'étoient égarés à la suite de ce philosophe, parce qu'ils y marchoient à tâtons, dans les ténebres de la théologie. Mais enfin Descartes avoit donné le fil, & Newton des aîles, pour sortir de ce labyrinthe. Le doute avoit dissipé les préjugés, & l'analyse avoit trouvé la vérité. Après les deux Bacons, Galilée & Descartes, Locke & Bayle, Leibnitz & Newton; après les mémoires des académies de Florence & de Léipsick, de Paris & de Londres, il restoit un grand ouvrage à faire, pour la perpétuité des sciences & de la philosophie. Il a paru.

Ce livre, qui contient toutes les erreurs & les vérités qui sont sorties de l'esprit humain depuis la théologie jusqu'à l'insectologie; tous les ouvrages de la main de l'homme, depuis le vaisseau jusqu'à l'épingle : ce dépôt des lumieres de toutes les nations caractérisera, dans les siécles à venir, le siécle de la philosophie.

Après tant de bienfaits, elle devroit tenir

lieu de la divinité fur la terre. C'eſt elle qui lie, éclaire, aide & foulage les humains. Elle leur donne tout, fans en exiger aucun culte. Elle leur demande, non pas le facrifice de leurs paſſions, mais un emploi juſte, utile & modéré de toutes leurs facultés. Fille de la nature, difpenfatrice de fes dons, interprête de fes droits, elle confacre fes lumieres & fes travaux à l'uſage de l'homme. Elle le rend meilleur, pour qu'il foit plus heureux. Elle ne hait que la tyrannie & l'impofture, parce qu'elles foulent le monde. Elle ne veut point régner, mais elle exige que ceux qui régnent n'aiment à jouir que de la félicité publique. Elle fuit le bruit & le nom des fectes, mais elle les tolere toutes. Les aveugles & les méchans la calomnient ; les uns ont peur de voir, les autres d'être vus : ingrats, qui fe foulevent contre une mere tendre, quand elle veut les guérir des erreurs & des vices qui font les calamités du genre-humain.

Cependant, la lumiere gagne infenfiblement un plus vafte horifon. Une efpece d'empire s'eſt formé, celui de la littérature, qui commence & prépare la république Européenne. Si jamais, en effet, la philofophie peut s'infinuer dans l'ame des fouverains ou de leurs miniſtres, les fyſtêmes de politique s'aggrandiront, & feront fimplifiés. On aura plus d'égard à l'humanité dans tous les projets ; le bien public entrera dans les négociations, non comme un mot, mais comme une chofe utile, même aux rois.

Déjà l'imprimerie a fait des progrès qu'on ne fauroit arrêter dans un état, fans reculer la nation, pour vouloir avancer l'autorité du gouvernement. Les livres éclairent la multitude, humanifent les hommes puiffans, charment le loifir des riches, inftruifent toutes les claffes de la fociété. Les fciences perfectionnent les différentes branches de l'économie politique. Les erreurs même des efprits fyftématiques fe diffipent au grand jour de l'impreffion, parce que le raifonnement & la difcuffion les mettent au creufet de la vérité.

Le commerce des lumieres eft devenu néceffaire à l'induftrie, & la littérature feule entretient cette communication. La lecture d'un voyage autour du monde, a occafionné, peut-être, les autres tentatives de ce genre ; car l'intérêt feul ne fait pas trouver les moyens d'entreprendre. Aujourd'hui, rien ne fe peut cultiver fans quelqu'étude, ou fans des connoiffances tranfmifes & répandues par la lecture. Les princes eux-mêmes n'ont recouvré leurs droits fur les ufurpations du clergé, qu'à la faveur des lumieres qui ont détrompé le peuple des abus de toute puiſſance ſpirituelle.

Mais la plus grande folie de l'eſprit humain, ſeroit d'avoir employé toutes ſes forces à augmenter le pouvoir des monarques & à rompre pluſieurs chaînes, pour forger de leurs débris celle du deſpotiſme. Le même courage que la religion inſpire pour ſouſtraire la conſcience à la tyrannie exercée ſur les opinions; l'homme de bien, le citoyen, l'ami du peuple, doit l'avoir, pour garantir les nations de la tyrannie des puiſſances conjurées contre la liberté du genre-humain. Malheur à l'état où il ne ſe trouveroit pas un ſeul défenſeur du droit public! Bientôt ce royaume ſe précipiteroit, avec ſa fortune, ſon commerce, ſes princes & ſes citoyens, dans une anarchie inévitable. Les loix, les loix pour ſauver une nation de ſa perte, & la liberté des écrits pour ſauver les loix ! Mais quel eſt le fondement & le rempart des loix? Les mœurs.

Il y a des bibliothéques entieres de morale. Que de livres inutiles ! Que de livres même pernicieux ! Ils ſont la plupart l'ouvrage des prêtres & de leurs diſciples, qui, ne voulant pas voir que la religion ne devoit conſidérer les hommes que dans leurs rapports avec la divinité, il falloit chercher une autre baſe aux

XLVII. Morale.

rapports que les hommes avoient entr'eux. S'il y a une morale univerfelle, elle ne peut être l'effet d'une caufe particuliere. Elle a été la même dans les tems paſſés, elle fera la même dans les fiécles avenir; elle ne peut donc avoir pour bafe les opinions religieuſes, qui, depuis l'origine du monde & d'un pole à l'autre, ont toujours varié. Les Grecs ont eu des dieux méchans; les Romains ont eu des dieux méchans; l'adorateur ſtupide du fétiche adore plutôt un diable qu'un dieu. Chaque peuple ſe fit des dieux, & les fit comme il lui plut; les uns bons, & les autres cruels; les uns débauchés, & les autres de mœurs aufteres. On diroit que chaque peuple a voulu déifier fes paſſions & fes opinions. Malgré cette diverſité de fyſtêmes religieux & de cultes, toutes les nations ont ſenti qu'il falloit être juſte. Toutes les nations ont honoré comme des vertus, la bonté, la commiſération, l'amitié, la fidélité, la fincérité, la reconnoiſſance, l'amour de la patrie, la tendreſſe paternelle, le refpect filial, tous les fentimens, enfin, qu'on peut regarder comme autant de liens propres à unir plus étroitement les hommes. L'origine de cette unanimité de jugement fi conſtante & fi générale, ne devoit donc pas être cherchée au milieu d'opinions contradictoires & paſſageres. Si les miniſtres de la religion ont paru penser autrement, c'est que par leur système, ils devenoient les maîtres de régler toutes les actions des hommes; ils disposoient de toutes les fortunes, de toutes les volontés; ils s'assuroient au nom du ciel, le gouvernement arbitraire de la terre. Le masque est tombé.

Au tribunal de la philosophie & de la raison, la morale est une science, dont l'objet est la conservation & le bonheur commun de l'espece humaine. C'est à ce double but que ses régles doivent se rapporter. Leur principe physique, constant, éternel, est dans l'homme même, dans la similitude d'organisation d'un homme à un autre; similitude d'organisation qui entraîne celle des mêmes besoins, des mêmes plaisirs, des mêmes peines, de la même force, de la même foiblesse; source de la nécessité de la société, ou d'une lutte commune contre les dangers communs & naissans du sein de la nature même, qui menace l'homme de cent côtés différens. Voilà l'origine des liens particuliers & des vertus domestiques; voilà l'origine des liens généraux & des vertus publiques; voilà la source de la notion d'une utilité personnelle & publique; voilà la source de tous les pactes individuels & de toutes les loix.

Beaucoup d'écrivains ont cherché les premiers principes de la morale dans les sentimens d'amitié, de tendresse, de compassion, d'honneur, de bienfaisance, parce qu'ils les trouvoient gravés dans le cœur humain. Mais n'y trouvoient-ils pas aussi la haîne, la jalousie, la vengeance, l'orgueil, l'amour de la domination ? Pourquoi donc ont-ils plutôt fondé la morale sur les premiers sentimens que sur les derniers ? C'est qu'ils ont compris que les uns tournoient au profit commun de la société, & que les autres lui seroient funestes. Ces philosophes ont senti la nécessité de la morale, ils ont entrevu ce qu'elle devoit être ; mais ils n'en ont pas saisi le premier principe, le principe fondamental. En effet, les mêmes sentimens qu'ils adoptent pour fondement de la morale, parce qu'ils leur paroissent utiles au bien général, abandonnés à eux-mêmes, pourroient être très-nuisibles. Comment se déterminer à punir le coupable, si l'on n'écoutoit que la compassion ? Comment se défendre des partialités, si l'on ne prenoit conseil que de l'amitié ? Comment ne pas favoriser la paresse, si l'on ne consultoit que la bienfaisance ? Toutes ces vertus ont un terme, au-delà duquel elles dégénerent en vices ; & ce terme est marqué par les régles invariables de la justice par essence : ou, ce qui revient au même, par l'intérêt commun des hommes réunis en société, & par l'objet constant de cette réunion.

Ce terme, il est vrai, n'a point encore été connu ; mais comment auroit-il pû l'être, puisque l'intérêt commun ne l'étoit pas lui-même ? Et voilà pourquoi, chez tous les peuples & dans tous les tems, on s'est formé des idées si différentes des vertus & des vices ; pourquoi, jusqu'ici, la morale a paru n'être parmi les hommes qu'une chose de pure convention. Que tant de siécles se soient écoulés dans cette ignorance profonde des premiers principes d'une science si importante à notre félicité ; c'est un fait certain, mais qui doit nous paroître incroyable. On ne conçoit pas comment on n'a pas vu plutôt que la réunion des hommes en société, n'ayant ni ne pouvant avoir d'autre but que le bonheur commun des individus, il n'est ni ne peut être parmi eux d'autre lien social que celui de leur intérêt commun. Que rien ne peut convenir à l'ordre des sociétés, s'il ne convient à l'utilité commune des membres qui les composent. Que c'est-là ce qui détermine nécessairement le vice & la vertu. Qu'ainsi nos actions sont plus ou moins vertueuses, selon qu'elles tournent plus ou moins au profit commun de la société.

Qu'elles sont plus ou moins vicieuses, selon que la société en reçoit un préjudice commun plus ou moins grand.

Est-ce pour lui-même qu'on érige en vertu le courage ? Non : c'est à cause de l'utilité dont il est pour la société. La preuve en est, qu'on le punit comme vice dans l'homme qui s'en sert pour troubler l'ordre public. Pourquoi l'ivrognerie est-elle un vice ? Parce que chaque citoyen est tenu de concourir à l'utilité commune, & qu'il a besoin, pour remplir cette obligation, du libre exercice de ses facultés. Pourquoi certaines actions sont-elles plus blâmables dans un magistrat ou un général, que dans un particulier ? C'est qu'il en résulte de plus grands inconvéniens pour la société.

Puisque la société doit être utile à chacun de ses membres, il est de la justice que chacun de ses membres soit utile à la société. Ainsi, être vertueux, c'est être utile ; être vicieux, c'est être inutile ou nuisible. Voilà la morale.

Oui, la voilà cette morale universelle : cette morale qui, tenant à la nature de l'homme, tient à la nature des sociétés : cette morale qui ne peut ainsi varier que dans ses applications, mais jamais dans son essence, dans son principe : cette morale, enfin, à laquelle toutes les loix doivent se rapporter, se subordonner. D'après cette régle commune de toutes nos actions publiques & privées, voyons s'il y a jamais eu, s'il peut y avoir de bonnes mœurs en Europe.

Depuis l'invasion des barbares dans cette partie du monde, presque tous les gouvernemens n'ont eu pour base que l'intérêt d'un seul homme ou d'un seul corps, au préjudice de la société générale. Fondés sur la conquête, ouvrage de la force, ils n'ont varié que dans la maniere d'asservir les peuples. D'abord la guerre en fit des victimes, vouées au glaive de leurs ennemis ou de leurs maîtres. Que de siécles s'écoulerent dans le sang & le carnage des nations, c'est-à-dire dans la distribution des empires, avant que les conditions de la paix eussent divinisé cet état de guerre intestine, qu'on appella société ou gouvernement!

Quand le gouvernement féodal eut à jamais exclu ceux qui labouroient la terre du droit de la posséder; quand, par une collusion sacrilége entre l'autel & le trône, on eut associé Dieu à l'épée, que faisoit la morale de l'évangile, qu'enhardir la tyrannie par l'obéissance passive; que cimenter l'esclavage par le mépris des biens & des sciences; qu'ajouter enfin à la crainte des grands, la crainte des démons? Et qu'étoient les mœurs avec de telles loix ? Ce qu'elles font de nos jours en Pologne, où le peuple, fans terres & fans armes, fe laiffe hacher par les Ruffes, enrôler par les Pruffiens; & n'ayant ni vigueur, ni fentiment, croit qu'il fuffit d'être Chrétien, & refte neutre entre fes voifins & fes Palatins.

A un femblable état d'anarchie, où les mœurs ne prirent ni caractère ni ftabilité, fuccéda l'épidémie des guerres faintes où les nations fe pervertirent & fe dégraderent, en fe communiquant la contagion des vices avec celle du fanatifme. On changea de mœurs, pour avoir changé de climat. Toutes les paffions s'allumerent & s'exalterent entre les tombeaux de Jefus & de Mahomet. On rapporta de la Paleftine un germe de luxe & de fafte, un goût ardent pour les épiceries de l'Orient, un efprit romanefque qui poliça la nobleffe, fans rendre le peuple plus heureux, ni dès-lors plus vertueux : car, s'il n'y a point de bonheur fans vertu, jamais auffi la vertu ne fe foutiendra fans un fonds de bonheur.

Environ deux fiécles après la dépopulation de l'Europe en Afie, arriva fa tranfmigration en Amérique. Cette révolution fubftitua le cahos au néant, & mêla parmi nous les vices & les productions de tous les climats. La morale ne se perfectionna pas davantage, parce qu'on égorgea par avarice, au lieu de massacrer par religion. Les nations qui avoient le plus acquis dans le nouveau-monde, semblerent recueillir en même-tems toute la stupidité, la férocité, l'ignorance de l'ancien. Elles devinrent l'égoût des vices & des maladies, pauvres & sales dans l'or, débauchées avec des temples & des prêtres, fainéantes & superstitieuses avec toutes les sources du commerce & les facilités de s'éclairer. Mais aussi l'amour des richesses corrompit toutes les autres nations.

Que ce soient la guerre ou le commerce qui introduisent de grandes richesses dans un état, elles sont bientôt l'objet de l'ambition publique. Ce sont d'abord les hommes les plus puissans qui s'en emparent. Alors, comme les richesses se trouvent dans les mains qui tiennent le timon des affaires, elles se confondent dans l'esprit du peuple avec les honneurs ; & le citoyen vertueux qui n'aspiroit aux emplois que pour l'amour de la gloire, aspire, sans le savoir, à l'honneur pour le lucre. On ne conquiert pas, on n'acquiert pas des terres & des trésors, sans vouloir en jouir ; & l'on ne jouit des richesses que par la volupté ou l'ostentation du luxe. Par ce double usage, elles corrom-

D d 2

pent, & le citoyen qui les possède, & le peuple qu'elles fascinent. Dès qu'on ne travaille que par l'attrait du gain, & non par l'amour du devoir, on préfere les conditions les plus lucratives aux plus honorables. C'est alors qu'on voit l'honneur de profession se détourner, s'obscurcir & se perdre, dans les routes de l'opulence.

A l'avantage de la fausse considération où parviennent les richesses, se joignent les commodités naturelles de l'opulence, nouvelle source de corruption. L'homme en place veut attirer chez lui. Ce n'est pas assez des honneurs qu'il reçoit en public ; il lui faut des admirateurs, ou de son esprit, ou de son luxe, ou de sa table. Si les richesses corrompent en conduisant aux honneurs, combien plus encore en répandant le goût des plaisirs ? La misere vend la chasteté ; la paresse vend la liberté ; le prince vend la magistrature, & les magistrats vendent la justice ; la cour vend les places, & les hommes en place vendent le peuple au prince, qui le revend à ses voisins par des traités de guerre ou de subside, de paix ou d'échange.

Tels sont les trafics sordides qu'introduit l'amour des richesses dans un pays où elles sont tout, & où la vertu n'est rien. Mais il n'est point d'effets sans causes. L'or ne devient point l'idole d'un peuple, & la vertu ne tombe point dans l'avilissement, si la mauvaise constitution du gouvernement ne provoque cette corruption. Malheureusement, il la provoquera toujours, s'il est organisé de maniere que l'intérêt momentané d'un seul ou d'un petit nombre, puisse impunément prévaloir sur l'intérêt commun & invariable de tous ; il la provoquera toujours, si les dépositaires de l'autorité peuvent en faire un usage arbitraire, se placer au-dessus de toutes les régles de la justice, faire servir leur puissance à la spoliation, & la spoliation à prolonger les abus de leur puissance. Les bonnes loix se maintiennent par les bonnes mœurs ; mais les bonnes mœurs s'établissent par les bonnes loix. Les hommes sont ce que le gouvernement les fait. Pour les modifier, il est toujours armé d'une force irrésistible, celle de l'opinion publique ; & le gouvernement deviendra toujours corrupteur, quand, par sa nature, il sera corrompu. Voilà le mot. Les nations de l'Europe auront de bonnes mœurs, lorsqu'elles auront de bons gouvernemens. Finissons.

Peuples, je vous ai entretenus de vos plus

grands intérêts. J'ai mis sous vos yeux les bienfaits de la nature & les fruits de l'industrie. Trop souvent malheureux les uns par les autres, vous avez dû sentir que l'avarice jalouse, & l'ambitieux orgueil repoussent loin de votre commune patrie le bonheur qui se présente à vous entre la paix & le commerce. Je l'ai appellé ce bonheur que l'on éloigne. La voix de mon cœur s'est élevée en faveur de tous les hommes, sans distinction de secte ni de contrée. Ils ont été tous égaux à mes yeux, par le rapport des mêmes besoins & des mêmes misères; comme ils le sont aux yeux de l'Être suprême par le rapport de leur foiblesse à sa puissance.

Je n'ai pas ignoré qu'assujettis à des maîtres, votre sort doit être sur-tout leur ouvrage; & qu'en vous parlant de vos maux, c'étoit leur reprocher leurs erreurs ou leurs crimes. Cette réflexion n'a pas abattu mon courage. Je n'ai pas cru que le saint respect que l'on doit à l'humanité pût jamais ne pas s'accorder avec le respect dû à ses protecteurs naturels. Je me suis transporté en idée dans le conseil des puissances. J'ai parlé sans déguisement & sans crainte, & je n'ai pas à me reprocher d'avoir trahi l'honorable cause que j'osois plaider. J'ai dit aux souverains quels étoient leurs devoirs &

vos droits. Je leur ai retracé les funestes effets du pouvoir inhumain qui opprime, ou du pouvoir indolent & foible qui laisse opprimer. Je les ai environnés des tableaux de vos malheurs, & leur cœur a du tressaillir. Je les ai avertis que s'ils en détournoient les yeux, ces fideles & effrayantes peintures seroient gravées sur le marbre de leur tombe, & accuseroient leur cendre que la postérité fouleroit aux pieds.

Mais le talent n'est pas toujours égal au zèle. Il m'eût fallu sans doute beaucoup plus de cette pénétration qui apperçoit les moyens, & de cette éloquence qui persuade les vérités. Quelquefois, peut-être, mon ame a élevé mon génie. Mais je me suis senti le plus souvent accablé de mon sujet & de ma foiblesse.

Puissent des écrivains plus favorisés de la nature achever par leurs chefs-d'œuvre ce que mes essais ont commencé! Puisse, sous les auspices de la philosophie, s'étendre un jour d'un bout du monde à l'autre cette chaîne d'union & de bienfaisance qui doit rapprocher toutes les nations policées! Puissent-elles ne plus porter aux nations sauvages l'exemple des vices & de l'oppression! Je ne me flatte pas qu'à l'époque de cette heureuse révolution mon nom vive encore. Ce foible ouvrage qui n'aura que le mérite d'en avoir produit de meilleurs, sera sans doute oublié. Mais au moins je pourrai me dire que j'ai contribué autant qu'il a été en moi au bonheur de mes semblables, & préparé peut-être de loin l'amélioration de leur sort. Cette douce pensée me tiendra lieu de gloire. Elle sera le charme de ma vieillesse, & la consolation de mes derniers instans.

Fin du dix-neuviéme & dernier Livre.

TABLE
DES MATIERES

Contenues dans ce septiéme Volume.

A

Abeilles, raisons qui portent à croire que cet insecte a été transporté d'Europe en Amérique, *Page* 110

Académie des Sciences de Paris, ce que les Sciences & les Arts doivent à cette Académie, 407

Agriculture (l'), est la source du commerce, 323, & la véritable richesse des états, 324. L'Angleterre est la premiere nation qui encourage l'agriculture, 325. Elle est imitée par l'Allemagne & par l'Espagne, 327. L'agriculture produit les hommes par les fruits de la terre, & les richesses par les hommes, 328. La propriété & la sûreté font prospérer l'agriculture, 329. Le gouvernement doit protéger les cultivateurs avant toutes les autres classes de citoyens, 330. Honorer les arts de luxe plus que la culture, c'est oublier l'ordre des rapports de la nature, 331. Plus le cultivateur est privé des jouissances que procurent les arts à ceux qui les professent, plus l'état lui doit de dédommagemens & de protection, 332. La liberté indéfinie dans le commerce des denrées, rend un peuple agricole & commerçant, 333. Le système opposé est la source des calamités, 334

Alatamaha, riviere d'Amérique dans la Georgie, 83

Albermarle (le lord), obtient de Charles II la propriété de la Caroline, en société, 66

Allemagne, gouvernement de cet empire, 224. Histoire des changemens arrivés dans sa constitution, 225, & *suiv.* Les grands soumis aux loix par l'empereur Maximilien, 227. L'Europe doit à l'Allemagne ses progrès dans la législation, 228. Pourquoi l'Allemagne ne jouit pas de la force & de la considération qu'elle devroit avoir, 228

Allemands (les), adoptent la maniere de combattre des Suisses, 181. Leur supériorité dans l'art de fondre & de travailler les métaux, 337

Amsterdam, capitale des Provinces-Unies; sa part dans l'administration de la République, 235

Anabaptistes ou *Quakers* (secte des), son origine, ses dogmes, & son système religieux & politique, 2 & 3. Ses progrès, 5

Anaxagore, philosophe Grec, écrit sur la physique, 399

Anaximandre, philosophe Grec, écrit sur la physique, *ibid.*

Anaximène, philosophe Grec, écrit sur la physique, *ibid.*

Angleterre, à quoi ce royaume doit sa constitution, 229. Est la premiere qui abat la puissance ecclésiastique & l'autorité royale, *ibid.* Précautions qu'elle prend contre le pouvoir de ses rois, 230. Son gouvernement devroit servir de modele à la postérité, 231. Combinaison des différens pouvoirs de cet état, 232 & *suiv.* Influence du commerce sur sa prospérité, 269. S'empare de l'empire de la mer, 297. Récompenses accordées en Angleterre, pour l'encouragement de la marine, 300. Moyens employés pour le même objet, 301. L'Angleterre envisage le commerce comme le soutien d'un peuple éclairé, 309

Anglicans, font des efforts inutiles pour faire admettre une puissance ecclésiastique dans les colonies Angloises de l'Amérique Septentrionale, 149

Anglois (les), étendue de leurs possessions en Amérique, 101. S'efforcent de se passer des nations du Nord pour leurs munitions navales, 116. Moyens qu'ils employent & leur réussite, 117. Déchargent de tous droits l'importation des fers de l'Amérique, 121. Avantages que les Anglois retirent de ce reglement, 122. Tentent de cultiver la vigne en Amérique, 124. Tous les essais sont infructueux, 125. Essayent de tirer de la soie de la Caroline, 126.

DES MATIERES.

Reglemens pour cet objet, 127. Profitent, pour peupler leurs colonies, des hommes que l'intolérance chasse des autres pays d'Europe, 129. Raisons qui font croire que les colonies Angloises réussiront plutôt dans les sciences que les autres colonies, 130 & *suiv*. Peuplent leurs colonies d'étrangers qu'ils font enrôler dans les différens pays de l'Europe, 133. Artifices honteux qu'on employe dans ces enrôlemens, 134 & *suiv*. Population des provinces Angloises de l'Amérique Septentrionale, 143. Causes de leur grande population, *ibid*. & *suiv*. Tableau des mœurs qui y regnent, 146 & *suiv*. Bonheur dont les peuples y jouissent, 148. Especes de gouvernemens qui y sont établis, 149. La puissance ecclésiastique y est rejettée, malgré les efforts des Anglicans, *ibid*. Toutes les sectes y ont part à l'administration, les Catholiques seuls en sont exclus, & pourquoi, 150. Causes des différentes administrations reçues dans ces colonies, 155. Se ressentent encore des vices du gouvernement féodal, 160. Especes de monnoies qui y ont cours, 162. Le parlement d'Angleterre accorde aux colonies le droit d'avoir des manufactures, & à quelles conditions, 166 & *suiv*. Conduite tyrannique du parlement d'Angleterre envers les colonies, 168 & *suiv*. Tableau de la situation de l'Angleterre à la paix de 1763, 171. Le parlement demande aux colonies de supporter une partie des dettes de la nation, 173. Justice de cette demande, 174. Mécontentemens à l'occasion de l'acte du timbre, 175. Moyens employés pour faire cesser cet impôt, 176, & leur réussite, 177. Raisons des colonies pour reclamer contre les nouvelles taxes imposées par le parlement, 178 & 179. Les colonies Angloises prétendent, avec justice, régler elles mêmes leurs charges publiques, 181 & *suiv*. Objections qui leur sont faites par l'Angleterre, 182. Discussion des prétentions respectives du parlement d'Angleterre & des colonies de l'Amérique, pour la maniere d'asseoir les impôts dans cette partie du nouveau-monde, 185 & *suiv*. Examen du systême d'indépendance des colonies Angloises envers la métropole, 194 & *suiv*. Dangers qui résulteroient pour les colonies des autres nations de la séparation des colonies Angloises d'avec l'Angleterre, 196

Animaux domestiques, la domesticité des animaux inconnue en Amérique avant l'arrivée des Européens, 111. Ceux qui y ont été transportés ont presque tous dégénéré, 112

Annapolis, Capitale du Maryland, 58

Apalaches (les), montagnes d'Amérique, 83

Arabes (les), l'Europe leur doit la renaissance de la philosophie & des sciences, 401

Arioste (l'), son ouvrage est plutôt un labyrinthe de poésie qu'un poëme, 390

Aristide, célèbre archonte d'Athènes, met un impôt sur toute la Grèce; nom que les Grecs donnerent à cet impôt, 367

Aristote, disciple de Platon, écrit sur l'homme & sur les animaux, 399. Ses écrits conservés chez les Arabes, 401

Armada (l'invincible), nom de la fameuse flotte de Philippe II, roi d'Espagne, 292. Elle est détruite par les Anglois, 293

Arts (les), enfans du génie & de la paix, ont pris naissance en Asie, 335. De-là ils sont transportés en Italie, 336. Etat des arts chez les différentes nations de l'Europe, 337. La liberté est l'élément des arts, 338. Les manufactures contribuent au progrès des arts & des sciences, 339. Après la culture des terres, celle des arts convient le plus à l'homme, 341. Les arts civilisent les nations, 343. Les arts sont soumis à l'influence du climat, & *suiv*. à la situation politique des états, à la fécondité des terres, & au caractère des peuples, 345. Les priviléges exclusifs sont ennemis des arts, 346. Parmi les arts, les uns sont propres à être exercés dans les campagnes, & les autres dans les villes, 347

Ashley (l'), riviere de la Caroline Méridionale, 82

Ashley (le lord), obtient de Charles II la propriété de la Caroline, en société, 66

Asie, la stabilité des empires y fonde les arts, 335

DES MATIERES.

Averroës & *Avicenne*, philosophes Arabes, conservent la tradition des sciences, 402
Augusta, ville de l'Amérique dans la Géorgie, 86

B

Bacon, officier Anglois, chef d'une révolte contre Berkeley, gouverneur de la Virginie, 43
Bacon, moine Anglois, invente la poudre à canon, 403
Bacon (le chancelier), prédit les découvertes faites depuis lui en philosophie & en physique, 404
Baltimore, Anglois persécuté pour cause de religion, cherche un asyle en Virginie, 52. Fonde la colonie du Maryland, 53. il est successivement destitué par Cromwel, rétabli par Charles II, menacé par Jacques II, & enfin privé de son gouvernement par Jacques II, 54. Cette famille a conservé le droit de nommer au gouvernement du Maryland, 153
Bataille (la), ancien nom de la cavalerie dans les armées, 276
Bayle, applique la méthode du doute Cartésien aux opinions les plus consacrées, 404
Bedfort (le duc de), médaille frappée en Angleterre en son honneur, & à quelle occasion, 325
Belles-Lettres & *Beaux-Arts* (les), font la décoration de l'édifice de la société, 387. La religion Chrétienne est moins favorable aux Beaux-Arts que le Paganisme, *ibid.* Les Beaux-Arts à leur renaissance sont accueillis à Rome, 388; & dans le reste de l'Italie, 389. Les guerres de Charles VIII & de Louis XII en Italie, transportent en France quelques germes de littérature, 390. Le dix-septieme siecle est le siecle de gloire pour la France, sous Louis XIV, 391. Ce que l'on pourroit espérer du génie des François, si la législation étoit aussi favorable que le climat, 392. Influence du langage des peuples sur leur progrès dans les Belles-Lettres; & caractère des langues différentes de l'Europe, 393. C'est par les Beaux-Arts que l'homme jouit du passé comme du présent, 397

Berkeley (le lord), obtient de Charles II la propriété de la Caroline, en société, 66

Berkeley, gouverneur de la Virginie, 42. Son attachement à la maison royale d'Angleterre, 43. Révolte de la colonie contre lui, 44

Boussole (la), cette invention donne l'Amérique à l'Europe, 291

Boyle, physicien Anglois, vérifie les expériences de Paschal & de Toricelli, 404

Bretons, subjugués par César, 248

Brutus & *Caton*, les plus vertueux des Romains, n'ont à choisir qu'entre deux attentats, 256

C

Canada, la conquête de ce pays par les Anglois, y donne lieu à une nouvelle législation, & quelle elle est, 154

Capitation, combien cette imposition est humiliante, & combien elle est difficile à asseoir avec équité, 369

Caroline (la), colonie Angloise de l'Amérique, 65. Sa situation & son étendue, 66. Sa législation tracée par le célebre Locke, *ibid*. La tolérance religieuse en est la base, 69. Vices de la constitution politique de ce pays, 71. Les violences auxquelles se portent les propriétaires de cette colonie, occasionnent une révolte, 72. La couronne Angloise en reprend le gouvernement, 73. Climat & productions de cette colonie, *ibid*. Variétés de son sol, 74. Sa population, 75. S'adonne à la culture du riz & de l'indigo, 76. Exportations des deux Carolines, 81

Carteret, chevalier Anglois, obtient de Charles II la propriété de la Caroline, en société, 66

Carthage, ce qu'étoit la marine de cette république, 290

Caton & *Brutus*, les plus vertueux des Romains, n'ont à choisir qu'entre deux attentats, 256

DES MATIERES.

Cavalerie (la), préférence qui lui est donnée dans les armées sur l'infanterie, enleve aux Romains leur gloire & leurs succès, 276. Ne peut servir pour l'attaque & la défense des villes & des châteaux, 277

César (Jules), subjugue les Helvétiens, les Gaulois & les Bretons, 246

Charles I, roi d'Angleterre, abandonne les Catholiques, auxquels il s'étoit attaché, 52. Donne quelques encouragemens à la marine, 298

Charles II, roi d'Angleterre, état de la marine Angloise sous ce prince, 299

Charles-Quint, empereur & roi d'Espagne ; ses démêlés avec François I, roi de France, donnent naissance au systême actuel de politique, 261. Son génie l'emporte sur celui de son rival, 262. Accusé d'aspirer à la monarchie universelle, 264

Charles VII, roi de France, est le premier qui garde des troupes armées en tems de paix, 277

Charles-Town, capitale de la Caroline Méridionale, sa situation, 82

Charter government, nom Anglois d'une espece d'administration démocratique ; quels pays y sont soumis dans les colonies Angloises, 154

Chesapeak, nom d'une baie située en Amérique, avantages qu'elle procure à la Virginie & au Maryland, 57

Chicane (la), fléau des états policés, 161

Christianisme (le), son origine & ses progrès, 203. Les richesses & l'autorité du clergé sont cause du schifme des différentes sectes, 205. Erige des monumens de terreur & de tristesse à la place des images riantes du Paganisme, 387

Ciceron, l'harmonie & la raison ont mis cet orateur au-dessus de tous les orateurs sacrés, 397

Clarendon (le lord), obtient de Charles II la propriété de la Caroline, en société, 66

Clergé (le), les richesses & l'autorité le conduisent à un despotisme intolérable, 104. Les rois ne peuvent augmenter leur pouvoir, sans diminuer celui du clergé, 213. Le clergé est une profession stérile pour la terre, lorsqu'il s'occupe à prier, 330; & est le plus cruel ennemi des états, lorsqu'il est animé de l'esprit de persécution, 331

Colbert, met le commerce de luxe entre les mains des François, par l'établissement des manufactures, 310

Colliton, chevalier Anglois, obtient de Charles II la propriété de la Caroline, en société, 66

Colomb (Christophe), par la découverte de l'Amérique, il ranime les bras de toute l'Europe, dont Luther, dans le même tems ranimoit les esprits, 213

Commerce (le), influe autant que la guerre sur la prépondérance des nations, 269. Quels peuples s'adonnerent les premiers au commerce, 303. Les Croisades apportent en Europe le goût du luxe & le commerce, 304. Les Portugais vont établir leur commerce aux Indes Orientales, & les Espagnols en Amérique, 305. Les Espagnols deviennent pauvres avec tout l'or de l'Amérique, & les Hollandois s'enrichissent par leur commerce, 306. Progrès du commerce de la Hollande, 307. La liberté & la tolérance, causes de la prospérité de cette république, 308. L'Angleterre ouvre les yeux sur les avantages du commerce, 309. Etablissement des manufactures en France, sous Colbert, 310. Avantages & inconvéniens moraux attachés au commerce, 312 & *suiv.* Connoissances & lumieres qu'exige la profession du commerçant, 315. L'ame du commerce est la liberté, 317. Tableau des guerres de commerce, 319 & *suiv.*

Connecticut, province Angloise de l'Amérique Septentrionale; a quelle espece de gouvernement elle est soumise, 154

Constantin, faute qu'il fit de ne pas réunir en sa personne le pontificat à l'empire, 204

Cooper (la), riviere de la Caroline Méridionale, 82

Copernic, fait revivre le systême imaginé par Pythagore, que le soleil est au centre du monde, 403

Craven (le lord), obtient de Charles II la propriété de la Caroline, en société, 66

Crédit,

Crédit, ce que c'est que le crédit public & le crédit particulier, 369. L'usage du crédit public ignoré des anciens gouvernemens, 370. Le crédit public est moins ruineux pour certaines nations que pour d'autres, 381. Danger des emprunts publics, 382 & *suiv*. Leur fin est nécessairement une banqueroute publique, 386 & *suiv*.

Créoles, leurs différences physiques & morales d'avec les Européens, 130. Pourquoi les Créoles sont moins propres aux sciences que les Européens, 131

Croisades (les), apportent en Europe le goût du luxe & le commerce, 304, 336. Sont la cause de la richesse des moines, 360

Cromwel, persécute les Quakers, 9; & cherche ensuite à les attirer dans son parti, 10

D

Danois (les), soumis au gouvernement despotique, 215

Delaware (la), riviere d'Amérique sur laquelle est située Philadelphie, 32

Delaware, gouverneur de la Virginie, son caractère, 40. Services qu'il rend à sa colonie, 41

Démocrite, philosophe Grec, son systême, 399, 400

Descartes, brise les chaînes dont l'esprit humain étoit enveloppé, 404

Désertion, moyens tyranniques employés pour empêcher la désertion des sujets d'un royaume dans un autre, 135 & *suiv*. Réflexion sur cet attentat contre le droit naturel, 137 & *suiv*. Invitation à l'Angleterre d'être la première à faire cesser cette iniquité, 139

Despotisme, ce que c'est que cette espece de gouvernement, 215; à quelle dégradation il conduit les hommes, 216. Le despote est criminel, même lorsqu'il est juste, 217

Doge, premier magistrat de Venise, 246

Drake, amiral Anglois, honneurs qu'il reçoit sur le vaisseau avec lequel il avoit fait le tour du monde, 198, 406

Dumplers, secte qui s'établit dans la Pensilvanie, 18.

Tome VII. E e

Son origine & ses progrès, 19. Leur genre de vie, *ibid*. Leur morale & leurs dogmes, 20. Leur maniere de se nourrir & de se vêtir, 21. Simplicité de leurs mœurs, 22 & *suiv*.

E

*E*DENTON, ville de la Caroline Septentrionale, 82
Egalité parmi les hommes, est la base de la secte des Anabaptistes, 4
Elisabeth, reine d'Angleterre, encouragemens qu'elle donne à la marine, 298
Encyclopédie (l'), révolution opérée dans les esprits par ce grand ouvrage, 327. Ce dépôt des lumieres caractérisera dans les siécles à venir le siécle de la philosophie, 408
Epicure, philosophe Grec, ressuscite les opinions de Démocrite, 399
Espagne (l') est sous un gouvernement absolu, 243. Céde la prépondérance à la France, par la paix des Pyrennées, 164. Tableau de la guerre pour la succession d'Espagne, 266 & *suiv*.
Espagnols (les), perfectionnent la discipline militaire des Suisses, & rendent leur infanterie formidable, 281
Esprit des Loix (l'), l'horison du génie est aggrandi par cet ouvrage célebre, 327
Euphrate, nom de la ville que fondent en Amérique les Dumplers, & sa description, 19

F

*F*ÉDERIC II, roi de Prusse, actuellement régnant, change les principes de la guerre, & éleve l'art militaire à son plus haut degré, 285
Fénélon, archevêque de Cambrai; ses ouvrages ont pour but de rendre les rois bons & les peuples heureux, 358
Finance (la), le plus grand fléau des états policés, 162
Floride (la), colonie de l'Amérique, son histoire, 91 & *suiv*. Cédée par les Espagnols à l'Angleterre, 97. Les Anglois donnent des encouragemens aux

habitans de cette colonie, 98. Moyens pour la rendre florissante, 99
Fortifications (l'art des), prend naissance chez les Hollandois, 283
France (la), obtient la prépondérance sur l'Espagne, par la paix des Pyrennées, 264. Jouit un instant de l'empire des mers, 296
François (les), ancien gouvernement de ce peuple, 239. Les longues guerres contre l'Angleterre opèrent des changemens dans la forme du gouvernement, 240. L'autorité des rois affermie depuis Louis XI, 241. Les grands abaissés sans que le peuple y gagne, *ibid*. Politique des rois d'abaisser l'un par l'autre les ordres de l'état, pour dominer sur tous, 242. L'amour du plaisir, du luxe & de l'intrigue arrête en France les progrès du despotisme, 243. Les François imitent la maniere de combattre des Suisses, 281. Achetent des Anglois le métier à bas, & surpassent tous les peuples dans l'art de perfectionner les matieres de luxe, 337
François I, roi de France; ses démêlés avec Charles-Quint donnent naissance au système actuel de politique, 261. Son génie cède à celui de son rival, 262
Franklin, célebre Pensilvain, forme la bibliothéque de Philadelphie, 34. Raisons philosophiques qu'il donne de la multiplication des habitans dans les colonies Angloises, 144
Fox (George), fondateur de la secte des Anabaptistes, 6. Son caractère, *ibid*.

G

Galilée, devine la figure de la terre, & invente le télescope, 303
Gassendi, fait revivre le système d'Epicure sur les atômes, 404
Gaulois subjugués par César, 248
Géorgie (la), colonie Angloise de l'Amérique, 83. Pourquoi ainsi nommée, 84. Ses commencemens, 85. Obstacles qui s'opposent aux progrès de cette colonie, 87. Premiers réglemens qui y sont établis,

88 & *suiv*. L'Angleterre lui en donne de plus sages, 90

Gouvernement, pourquoi les hommes ont besoin de ce lien, 208. Pourquoi tous les gouvernemens sont directement opposés au but de leur institution, 210. Examen des différentes especes de gouvernement, 211. Sur quel esprit est fondé le gouvernement des Turcs, 214. Quel est celui des Russes & des Danois, 215. Gouvernement de la Suéde, 217 & *suiv*. De la Pologne, 222 & *suiv*. De l'Allemagne en général, 224. Gouvernement de l'Angleterre, 229 & *suiv*. Des Provinces-Unies, 234 & *suiv*. De la France, 239 & *suiv*. De l'Espagne, du Portugal & de l'Italie, 243 & *suiv*. Tous les peuples du Midi de l'Europe semblent nés pour le gouvernement despotique, 244. Gouvernement de Venise, 245 & *suiv*. Gouvernement des Suisses, 248 & *suiv*. Réflexions générales sur les différens gouvernemens de l'Europe, 252. La science du gouvernement est la plus digne d'occuper les meilleurs génies, 253. Usage de la Chine, que les gouvernemens Européens devroient imiter, 254. L'intérêt du gouvernement ne doit être que celui de la nation, 256. C'est le gouvernement qui fait les hommes bons ou méchans, *ibid*.

Granville, un des propriétaires de la Caroline, veut asservir les Non-Conformistes au rit Anglican, 72. Suites de cette violence, *ibid*.

Grèce (l'ancienne), doit la fondation de ses états à des brigands, 211. Sa population, 353

Grecs (les), l'art de la guerre institué par eux, & perfectionné par les Romains, 275

Guerre (art de la), les Romains perfectionnent cet art institué par les Grecs, 275. Ancienne maniere de combattre chez les Romains, 276. La préférence accordée par la suite à la cavalerie sur l'infanterie; cause de leurs défaites, *ibid*. Le même vice éternise les guerres entre la France & l'Angleterre, 277. Charles VII, roi de France, est le premier qui conserve des troupes sur pied en tems de paix, 278. Les autres souverains imitent cet exemple, & s'en servent pour asservir leurs peuples, 280. L'invention de la poudre à canon met encore plus les armes sous la dépendance des rois, 279. La maniere dont les Suisses combattent les Bourguignons, les rend fameux, & engage les souverains à prendre ces peuples à leur solde, 280. Les Allemands, & les François ensuite, adoptent la maniere des Suisses, 281. Les Espagnols perfectionnent la discipline des Suisses, *ibid.* A mesure que l'infanterie augmente dans les armées, la guerre s'étend de plus en plus, 282. L'art des fortifications prend naissance en Hollande, 283. Ce que l'art militaire doit à Louis XIV, 284. Cet art porté à sa plus grande perfection par le roi de Prusse régnant, 285. L'état de guerre est presque actuellement l'état naturel en Europe, 286. Inconvéniens qui en sont la suite, 287 & *suiv.* Le gouvernement militaire conduit nécessairement au despotisme, 289

Guillaume III, roi d'Angleterre; pacte des Anglois avec ce prince, 250

Gustave Adolphe, roi de Suéde, enchaîne le Nord de l'Europe à la suite de ses victoires, 263

H

Hébreux (les), combien il leur fallut de tems pour former une nation, 211

Helvétiens, ancien nom des Suisses subjugués par César, 248

Henri VIII. L'Angleterre, sous le régne de ce prince, est obligée de louer des vaisseaux, 298

Histoire Naturelle de M. de Buffon, ouvrage aussi grand & aussi noble que son sujet, dispose les esprits à s'attacher aux objets utiles, 327

Hollande (la), s'empare de l'empire de la mer, 294. L'Angleterre le lui dispute, 295; & le lui enleve, 297

Hollande (la), une des Provinces-Unies, sa part dans l'administration de la république, 235

Hollandois (les), progrès de leur commerce, 307. La liberté & la tolérance en sont les principales causes, 308

Homere, son génie a rendu ineffaçables les caractères de la langue Grecque, 397

Homme. L'homme eſt né pour vivre en ſociété, & pourquoi, 208

Honorius, empereur Romain, réunit en province Romaine la Germanie, la Gaule, la Bretagne & l'Helvétie, 248

I

Impôt, ce que c'eſt que l'impôt, 365. Sa deſtination légitime, & ſur quoi il étoit aſſigné autrefois, 366. Les Grecs & les Romains connoiſſoient peu les impôts, 367. La paſſion des conquêtes eſt cauſe de leur augmentation en Europe, 368. La capitation eſt un impôt humiliant, & difficile à aſſeoir avec équité, 369. L'impôt ſur les conſommations ne doit jamais porter ſur les denrées de premiere néceſſité, 370. Inconvéniens de l'impôt ſur les marchandiſes étrangeres, 372. L'impôt le plus convenable aux intérêts publics & aux droits des citoyens, eſt la taxe ſur la terre, 373 *& ſuiv*. Lorſque le ſouverain met des impôts ſans le conſentement de la nation, c'eſt un acte de deſpotiſme, 376 *& ſuiv*.

Imprimerie, ce que la raiſon & les ſciences doivent à l'invention de cet art, 410

Indigo, plante en uſage dans la teinture, 77

Infanterie, l'uſage de l'infanterie augmentant dans les armées, fait ceſſer la milice féodale, 282

Inquiſiteur, magiſtrat de la république de Veniſe, ſes fonctions & ſon pouvoir, 247

Italie, adopte la premiere les cérémonies & les ſpectacles, 336. Et eſt en poſſeſſion des arts avant le reſte de l'Europe, 337

J

Jacques I, roi d'Angleterre, mépris des Anglois pour ce prince, 230. Donne quelques encouragemens à la marine, 298

Jacques II, roi d'Angleterre, rétablit la marine Angloiſe, 299

James (la), riviere d'Amérique dans la Virginie, 56

James-Town, premier établiſſement des Anglois dans la Virginie, 39, 58

Juifs (les), leur gouvernement théocratique, 202

L

Langues, caractère des langues des différentes nations de l'Europe, 393. La langue Allemande est la langue originelle de l'Europe, 395

Législation, quel doit être le but de toute législation, & moyens à employer pour y parvenir, 155. En quoi elle exige le plus d'attention, 156. Vues générales pour la législation d'une peuplade naissante, *ibid*. Ce que l'on doit, en fait de législation, aux opinions & aux habitudes, 157. Attention que le législateur doit donner à la distribution des terres, 160

Leibnitz, pousse la science de Dieu & de l'ame aussi loin que la raison peut la conduire, 405

Lépante (bataille de), fameuse bataille navale entre les Chrétiens & les Turcs, 291

Locke, célebre philosophe Anglois, donne des loix à la Caroline, 66. Plus métaphysicien que politique, 69. Par la force de son raisonnement, il fait évanouir tous les spectres de l'imagination, 406

Louis XI, roi de France; l'abaissement des grands de son royaume, le rend plus puissant que ses prédécesseurs, 241

Louis XIV, roi de France, accusé d'aspirer à la monarchie universelle, 264. Ce prince n'avoit rien de ce qui fait les héros conquérans, *ibid*. Sa grandeur a dû l'étonner lui-même, 265. L'art militaire lui est redevable de plusieurs usages, 284. C'est à lui qu'il faut attribuer l'excessive multiplication des troupes en Europe, 285

Lucrece, philosophe Romain, écrit au milieu des guerres civiles, 399

Luther, ranime en Europe tous les esprits, dans le même tems que Colomb ranimoit les bras, 213

Luxe (le), est un obstacle à la population, & en quoi, 355

M

Magistrat. Tout écrivain de génie est magistrat né de sa patrie, 255

Mariages, plus fréquens & plus féconds en Amérique qu'en Europe, & pourquoi, 145

Marine (l'art de la), ignorance des anciens peuples fur cet art, 290. Doit ses progrès à l'invention de la bouffole, 291. Ce qu'étoit la marine d'Espagne fous Philippe II, 292. Elle est abattue par les Anglois, 293. L'empire de la mer paffe aux Hollandois, 294. La France en jouit un inftant, 296. Les Anglois s'en emparent pour ne plus le perdre, 297. Histoire des progrès de la marine Angloise, 298 & *suiv*. Et fon état actuel, 300. La marine doit changer la face du monde, 301. La monarchie univerfelle des mers eft une chimere, 302. La marine a dirigé toutes les vues vers le commerce, 303

Maroc, gouvernement de cet empire Africain, 214.

Maryland (le), province Angloise de l'Amérique, réunie d'abord à la Virginie, s'en sépare, 52. Caufes de cette désunion, *ibid*. Origine de cette colonie, 53. Son adminiftration, 55. Sa defcription & fa culture, 56. Son gouverneur nommé par la famille des Baltimore, 153

Maximilien, empereur, abat en Allemagne le pouvoir des grands, 227

Mays, efpece de bled cultivé par les fauvages de l'Amérique, 113. Sa préparation & fon utilité, 114

Médecine (la), n'a peut être rien de meilleur que fon affinité avec la Chymie & la Physique, 402

Monachisme, origine & progrès du Monachifme, 359

Monnoie (Papier-), efpece de monnoie en ufage dans l'Amérique Angloife, fon utilité, 162

Monnoies, différentes efpeces de monnoies dans les colonies Angloifes de l'Amérique Septentrionale, 162

Montesquieu, éloge & erreurs de ce grand homme, 70

Morale (la), ne peut avoir pour bafe les opinions religieufes, 412. Ce que c'eft que la morale au tribunal de la philofophie & de la raifon, 413 & *suiv*. Comment la morale de l'Évangile eft utile à la tyrannie religieufe & politique, 417. La confidération attachée aux richefles eft la perte des mœurs, 420. Ce font les bonnes loix qui font les bonnes mœurs, 422

DES MATIERES.

N

Naples (le royaume de), son gouvernement, 243

New (la), riviere de la Caroline Septentrionale, 82

Newcastle, ville de la Pensilvanie, 36

Newton, étend les principes de la physique & des mathématiques, & découvre le vrai système du monde, 405

Noblesse (la), n'est qu'une distinction odieuse, lorsqu'elle n'est pas fondée sur des services utiles à l'état, 330

O

Oglethorpe, conduit les Anglois qui fondent la colonie de la Georgie, 84

Oiseau mouche, oiseau particulier à l'Amérique Septentrionale, sa description, 108. Sa maniere de se nourrir, 109

Orange (le Prince d'), son caractère & ses projets, 265, est l'ame des ligues qui se forment contre Louis XIV. *ibid.*

Overissel, une des Provinces-Unies, sa part dans l'administration de la république, 235

P

Pascal, fait des expériences pour mesurer la hauteur de l'athmosphère, 404

Penn (Guillaume), le plus célèbre des Quakers, 10. Achete des Sauvages un terrein en Amérique, & y fonde un établissement composé de Quakers, 11. Lui donne le nom de Pensylvanie, *ibid.* Se fait aimer des Sauvages par ses vertus, 12. Sages réglemens qu'il fait pour le gouvernement de son nouvel état, 13 & s. iv. Prospérité qui en est la suite, 15. Effet de la sagesse de ses loix en Pensylvanie, 365

Pensacole (baie de), baie de l'Amérique sur les confins de la Louisiane; les Espagnols s'y établissent, 96

Penseurs, nom d'une des classes de ministres à la Chine, leurs fonctions, 254

Penſilvanie, contrée d'Amérique qui doit ſon nom à Guillaume Penn, voyez *Penn*; ſa ſituation, 16. Sa température, 17. Différentes ſectes qui s'y établiſſent, 18. Accroiſſemens & population de cette colonie, 22 & 23. Maniere de ſe nourrir & de ſe vêtir chez les Penſilvains, 24. Félicité dont ces peuples jouiſſent, *ibid. & ſuiv.* Leurs uſages civils, 25 & 26. Leur magnificence dans les funérailles, 27. Commerce de la Penſilvanie, 28. Ses échanges, 29. L'horreur des Penſilvains pour la guerre les empêche de ſe mettre à l'abri des invaſions, 38. Raiſons de leur ſécurité à cet égard, *ibid.* Rendent la liberté à tous leurs eſclaves, 142. La Penſilvanie eſt ſoumiſe à l'eſpece de gouvernement nommé *gouvernement propriétaire*, & raiſon de cette dénomination, 155

Philadelphie, ville d'Amérique, capitale de la Penſilvanie, 31. Sa poſition & ſa deſcription, 32 & *ſuiv.* Les ſciences y ſont en honneur, 34. Excellente police qui y régne, 35

Philippe II, roi d'Eſpagne; toute ſa politique n'eſt qu'en intrigues, 262. Ce qu'étoit la marine d'Eſpagne ſous ſon regne, 292

Philippe III, roi d'Eſpagne, ſa politique étroite, ſuperſtitieuſe & pédanteſque, 263

Philoſophie (la), eſt aux Belles-Lettres & aux Arts ce que l'âge mûr eſt à la jeuneſſe, 398. Les nations n'ont de philoſophes qu'à l'époque de leur vieilleſſe, 399. Philoſophes Grecs, & leurs différens ſyſtêmes, *ibid.* La philoſophie bornée à la morale, a fait peu de progrès chez les anciens, 400. La philoſophie reſte près de mille ans étouffée ſous le croiſſant des Mahométans & la croix des Chrétiens, 401. C'eſt aux Arabes que l'Europe doit la renaiſſance de la philoſophie & des ſciences, 402. Tableau de la philoſophie de l'école, *ibid.* La philoſophie s'appuie ſur la phyſique, qui eſt ſa véritable baſe, 403. Découvertes des philoſophes & des phyſiciens modernes, *ibid. &* 404 *& ſuiv.* La phyſique doit plus aux événemens qu'à la méditation, 406. Comment la philoſophie lie, éclaire & ſoulage les hommes, 409

Piémont (le), son gouvernement, 243
Pierre (le Czar), inutilité de ses efforts pour faire germer les arts en Russie, 343
Pigalle (M.), célebre sculpteur; sa statue de M. de Voltaire, 396
Pin, arbre commun dans la Caroline Septentrionale, 79, ses usages, *ibid.*
Platon, disciple de Socrate, noie la philosophie dans la théologie, 399
Politique, tient lieu de législation chez les peuples sauvages, 258. Tableau de la politique de Rome moderne, 259 & *suiv.* Charles-Quint & François I. donnent naissance au systême actuel de politique, 261. Politique intrigante de Philippe II, roi d'Espagne, 262. Politique superstitieuse & pédantesque de son successeur Philippe III, & politique de Richelieu, 263. Politique ambitieuse de Louis XIV, 264. Politique de l'Angleterre, 269. La politique devenue tres-épineuse en Europe, 271. La politique subordonnée au caractère des princes, 273
Pologne (la), constitution de ce royaume, 222. Causes qui s'opposent à sa prospérité, 223. Démembrement de la Pologne, & ce qu'on peut en espérer en faveur des peuples, *ibid.*
Ponteack, chef des Sauvages de la Floride, terrible aux Anglois, 100. Trait héroïque de ce Sauvage, 101
Population. Examen de la question, si le monde a été plus peuplé autrefois qu'il ne l'est aujourd'hui, 348 & *suiv.* L'Italie & l'Espagne peuvent avoir déchu de leur ancienne population; mais la Gaule & la Grande-Bretagne paroissent avoir augmenté la leur, 350. L'Allemagne étoit anciennement très-peuplée, & l'est encore, *ibid.* Les longues & cruelles guerres qui remplissent l'histoire ancienne, s'opposent à l'idée d'une excessive population, 351. Le despotisme & l'aristocratie ne sont pas favorables à la population, 352. La Grèce & l'Italie, seuls pays de l'Europe plus peuplés autrefois qu'aujourd'hui, 353. La population dépend de l'égalité dans la distribution des biens fonds, 354. Le luxe, l'inaliénabilité des domaines du clergé, & les substi-

tutions des biens nobles, sont des obstacles à la population, 359. L'intolérance est la cause de la dépopulation de plusieurs états, 361. l'établissement des rentes viageres est contraire à population, & comment, 362 & *suiv.* La grande population est-elle utile au bonheur du genre-humain, 364 & *suiv.*

Portugal (le), est sous un gouvernement absolu, 243

Potowmak, riviere d'Amérique, 52

Poudre à canon; cette invention donne dans les armées l'avantage à l'infanterie sur la cavalerie, 279

Propriétaire (gouvernement), ce qu'on appelle ainsi dans les colonies Angloises de l'Amérique Septentrionale, & quels pays y sont soumis, 153

Provinces-Unies (les), origine de cette république, 234. Constitution de son gouvernement, 235. Suppriment le stadhoudérat, 236 ; & le rétablissent, 237. Raisons qui font espérer que les Provinces-Unies conserveront leur liberté, 238

Puissance ecclésiastique, inconnue dans les colonies Angloises de l'Amérique Septentrionale, 149

Pury, conduit en Georgie une peuplade de Suisses, & donne son nom à leur établissement, 86

Purysbourg, nom d'une peuplade de Suisses dans la Georgie, 86

Pyrennées (paix des), fait passer la prépondérance de l'Espagne à la France, 264

Pythagore, imagine le système d'astronomie, ressuscité par Copernic, 403

Q

Quakers, leur maniere de vivre, 7. Leur aversion pour tout ce qui ne tient qu'à l'extérieur, 8. persécutions exercées contre eux, 9

R

Raleigh, Anglois, aborde à la baie de Roénoque, 77

Rappahannock (la), riviere d'Amérique dans la Virginie, 56

DES MATIERES. 445

Religion, ce que c'est, & la maniere dont les légiſlateurs l'ont fait entrer dans leurs vues, 202. Origine & progrès de la religion Chrétienne, 203. Sa diviſion en différentes ſectes, 204. Quel devroit être le code moral de religion dans tous les états, 205. La tolérance religieuſe ſera dûe à la découverte du nouveau-monde, 206. Les Eſpagnols ont rendu la religion odieuſe par les cruautés dont elle a été le prétexte en Amérique, 207. La communication entre l'ancien & le nouveau-monde, doit faire ceſſer un jour le fanatiſme, 208

Rhodes (iſle des), iſle Angloiſe de l'Amérique Septentrionale; à quelle eſpece de gouvernement elle eſt ſoumiſe, 154

Richelieu (le cardinal de), profite de la foibleſſe de l'Eſpagne pour remplir ſon ſiécle de ſes intrigues, 263. Mot de ce miniſtre, 272

Riz, plante cultivée avec ſuccès dans la Caroline, 76. Sa culture nuiſible par les vapeurs humides qui s'exhalent des rizieres, 77

Roénoque (baie de), baie de la Caroline Septentrionale, eſt le premier endroit de l'Amérique où les Anglois abordent, 77

Rome (l'ancienne), n'eſt dans ſon origine qu'un repaire de bandits, 211. La guerre, cauſe de ſa grandeur, & enſuite de ſa décadence, 212. Se repent d'avoir détruit Carthage, 271. Sa population, 353

Rome moderne, politique & artifices de cette cour, 259. Son adreſſe pour parvenir à la monarchie univerſelle, en abattant les trônes les uns par les autres, 260

Romains (les), ont perfectionné l'art militaire inſtitué par les Grecs, 275

Royal (gouvernement), ce qu'on appelle ainſi dans les colonies Angloiſes de l'Amérique, & quelles provinces y ſont ſoumiſes, 152

Ruſſes (les), quelle eſt leur eſpece de gouvernement, 215

S

Saint-Augustin, ville de l'Amérique dans la Floride, 93

Sainte-Marie, ville du Maryland, 58
Saint-Joseph, établissement Anglois dans la Floride, *ibid.*
Saint-Marc, établissement Anglois dans la Floride, 93
Saint-Pierre (l'Abbé de), ses ouvrages respirent par-tout l'amour de l'humanité, 358
Saltzbourg, ville d'Allemagne ; les Protestans chassés de cette ville se réfugient en Georgie, 85
San-Mattheo, ville de l'Amérique dans la Floride, 91 & *suiv.*
Saffafras, arbre particulier à l'Amérique, 91. Sa culture & ses usages, 92. Employé avec succès dans les maladies vénériennes, *ibid.*
Savanah (la), riviere d'Amérique dans la Georgie, 83, 86
Schuylkill (le), riviere d'Amérique sur laquelle est située Philadelphie, 32
Signeurs, nom d'une des classes de ministres à la Chine, & leurs fonctions, 254
Société royale de Londres, ce que les arts & les sciences doivent à cette société, 407
Socrate, ramene la philosophie à la vertu, 399
Solon, législateur d'Athènes, effet de ses sages loix, 365
Sparte, refuse, par politique, de rendre Athènes esclave, 271
Stadhouderat, les Hollandois suppriment cette magistrature, 236 ; & la rétablissent, 237. Pouvoir de celui qui en est revêtu, *ibid.*
Substitutions des biens nobles, sont un obstacle à la population, 355
Suéde, constitution de ce royaume, 217. Son ancien gouvernement, 218 & *suiv.* Révolution arrivée dans ce royaume, 221. Quelle en peut être la suite, *ibid.*
Suisses (les), forment le peuple le plus sensé de notre politique moderne, 248. Gouvernement de cette république, & confédération des Treize-Cantons, 249. La différence de religion altere leur union, 250. La population leur tient lieu du commerce qui leur manque, par le trafic qu'ils font

DES MATIERES.

de leurs soldats, *ibid*. Le Suisse est par état destructeur d'hommes, 251. Leur maniere de combattre contre les Bourguignons, rend les Suisses formidables, 280. Et engage les souverains à prendre des Suisses à leur solde, 281

Swif, mot admirable de ce philosophe Anglois, 326

Sydoniens, anciens peuples commerçans, ce qu'étoit leur marine, 290

T

Tabac, propriétés médicinales de cette plante, 59. Ses différens usages, 60. Pays où on le cultive, & sa description, *ibid*. Maniere de le cultiver & de le recueillir, 61. Commerce que le Maryland & la Virginie en font, 62 *& suiv*. Utilité de cette culture pour la Grande-Bretagne, 65

Tamarisk, arbrisseau propre au climat de l'Amérique, sa description, 105. Son utilité, 106. Maniere d'en extraire une espece de sucre, 107

Thalès, philosophe Grec, écrit sur la physique, 399

Théocratie, législation dictée par la Divinité elle-même, 202

Timbre (acte du), droit imposé dans les colonies Angloises, 175. Cause la révolte de ces colonies; moyens dont elles se servent pour faire retirer le bill qui ordonne cet impôt, 176

Tolérance, prêchée dans quelques endroits de l'évangile, & rejettée dans un plus grand nombre, 68. La tolérance universelle sera dûe un jour à la découverte du nouveau-monde, 206 *& suiv*.

Toricelli, invente le thermomètre, 404

Trembleurs ou *Quakers*, voyez *Quakers*, 9

Turcs (les), sont moins avancés du côté de la législation que les autres peuples de l'Europe, & pourquoi, 214

Tyriens, anciens peuples commerçans; ce qu'étoit leur marine, 290

U

Utrecht (paix de), les alliés ne recueillent pas tout le fruit qu'ils devoient s'en promettre, 268

TABLE

V

Vasco de Gama, double le cap de Bonne-Espérance, & rend les Portugais maîtres du commerce des Indes, 305

Venise (république de), comment peuplée dans son origine, 245. Sa constitution actuelle, 246. Sévérité de sa police, 247

Vertu (la), peut s'aigrir & s'indigner jusqu'à l'atrocité, 256

Villiamsbourg, capitale de la Virginie, 58

Virginie (la), colonie Angloise de l'Amérique, son étendue, 39. Ses commencemens malheureux, 40. Ses progrès sous le gouvernement de Berkeley, 42. Reçoit des loix de la métropole, 44. Administration de cette colonie, 45 & *suiv*. Sa population, 50. Ses établissemens militaires, 51. Ses cultures, 55 & *suiv*. Inconvéniens de la multiplication des habitans dans cette colonie, 58

Voltaire (M. de), statue érigée en l'honneur de ce grand homme, 396

Y

Yorck (Nouvelle-), s'oppose à l'exécution des ordres venus d'Angleterre ; suite de la désobéissance de cette colonie, 175

Yorck (l'), riviere d'Amérique dans la Virginie, 56

Z

Zénon, philosophe Grec, devient après sa mort chef de secte, 400

Fin de la Table des Matieres.

www.ingramcontent.com/pod-product-compliance
Lightning Source LLC
Chambersburg PA
CBHW060519230426
43665CB00013B/1573